马克思主义学说体系

与中国化实践探索

MAKESI ZHUYI XUESHUO TIXI

YU ZHONGGUOHUA SHIJIAN TANSUO

车 华◎著

中国水利水电出版社
www.waterpub.com.cn

内 容 提 要

本书通过对马克思主义学说体系的解读以及马克思主义中国化历史进程的梳理，力图从多个方面形成中国马克思主义博大精深的思想内容，丰富中国化马克思主义的理论。在内容上，本书系统阐述了马克思主义学说体系，在此基础上，阐述了当代基本国情下马克思主义中国化的理论创新，包括社会主义和谐文化建设、共产党执政理论和社会主义生态文明建设理论三个方面。

图书在版编目（CIP）数据

马克思主义学说体系与中国化实践探索 / 车华著
. -- 北京 : 中国水利水电出版社, 2015.6（2022.9重印）
ISBN 978-7-5170-3397-4

Ⅰ. ①马… Ⅱ. ①车… Ⅲ. ①马克思主义－发展－研究－中国 Ⅳ. ①D61

中国版本图书馆CIP数据核字(2015)第163742号

策划编辑：杨庆川　责任编辑：陈　洁　封面设计：崔　蕾

书　　名	马克思主义学说体系与中国化实践探索
作　　者	车　华　著
出版发行	中国水利水电出版社
	(北京市海淀区玉渊潭南路1号D座 100038)
	网址：www.waterpub.com.cn
	E-mail：mchannel@263.net(万水)
	sales@mwr.gov.cn
	电话：(010)68545888(营销中心)、82562819（万水）
经　　售	北京科水图书销售有限公司
	电话：(010)63202643、68545874
	全国各地新华书店和相关出版物销售网点
排　　版	北京厚诚则铭印刷科技有限公司
印　　刷	天津光之彩印刷有限公司
规　　格	170mm×240mm　16开本　17印张　220千字
版　　次	2015年11月第1版　2022年9月第2次印刷
印　　数	2001-3001册
定　　价	52.00元

前　言

马克思主义的诞生，是人类近代工业文明发展的历史产物，它标志着人类思想文化历史演进的精华所在，构成了人类有史以来优秀思想文化的集大成者。作为无产阶级政治实践经验的科学总结，马克思主义历史地构成了国际共产主义运动的指导思想，并随着国际共产主义运动的不断发展而与时俱进，从而形成了无产阶级政治实践与马克思主义理论体系互动共进的生动局面。

马克思主义学说体系是时代精神的精华，是科学的世界观和方法论。无论是社会主义革命时期，还是社会主义建设和改革时期，马克思主义都是指导我们取得胜利和成功的强大理论武器。今天，在全面实现中华民族伟大复兴的中国梦的伟大实践中，更离不开马克思主义科学世界观和方法论的指导，正如习近平所讲，要“在错综复杂的形势变化面前保持头脑清醒，坚定理想信念，科学分析我国发展面临的机遇和挑战，全面看待前进道路上的主流和支流、出现的矛盾和问题，都离不开马克思主义的指导，离不开辩证唯物主义和历史唯物主义的思想方法”。

本书通过对马克思主义学说体系的解读以及马克思主义中国化历史进程的梳理，力图从多个方面形成中国马克思主义博大精深的思想内容，丰富中国化马克思主义的理论。在内容上，第一章系统阐述了马克思主义哲学的基本问题；第二章主要论述了马克思主义关于人的本质和人的全面发展的思想；第三章阐述了马克思主义认识论的内容体系；第四章主要研究了马克思主义关于社会发展的理论内容；第五章主要论述了马克思主义中国化的历史成果，包括毛泽东思想、邓小平理论、“三个代表”重要思想和科学发展观的指导思想，详细阐述了这些重要理论成果的发展进程、理论体系以及历史地位；第六章总结了马克思主义中国化的历史经验；第七章主要阐述了当代基本国情下马克思主义中国化的理论创新，包括社会主义和谐文化建设、共产党执政理论和社会主义生态文明建设理论三个方面。

在本书写作过程中，本人引用了马克思、恩格斯、列宁、毛泽东、邓小平、江泽民、胡锦涛、习近平等马克思主义者的一些第一手资料，借鉴了国内外很多相关的研究成果及期刊、著作、论文等，在此对有关的学者、作者表示诚挚的感谢。当然，由于各种主客观条件的局限，书中可能还存在一些不足之处，所以，作者恳切地希望广大读者朋友给予批评、指正。

作　者

2015 年 4 月

目　录

第一章　马克思主义哲学

哲学是一门古老而常新的学问。马克思主义哲学是人类哲学史上伟大的创新和发展，是科学的世界观和方法论，是关于资本主义发展和转变为社会主义的一般规律的学说，是关于人类的彻底解放和人的自由全面发展的学说；马克思主义是与时俱进的理论、是共产主义运动的思想指导和行动指南。

第一节　马克思主义哲学的创立

马克思主义哲学是当代最科学的哲学，这不仅表现在它是适应时代的需要而诞生的哲学，是时代精神的精华，不仅表现在它科学地解决了哲学的研究对象，建立起一个真正的科学体系，而且还在于它把实践的观点引入哲学，解放思想、实事求是、与时俱进、开拓创新，在实践的基础上，不断向前发展，这就使得马克思主义哲学永远站在时代的前列，永葆青春活力，成为时代的最强音。

一、哲学和哲学的基本问题

哲学是智慧之学，是人类文明的灵魂。哲学是人类文明发展到一定阶段的产物，从产生到现在已经有大约 3000 多年的历史。在漫长的历史发展过程中，不仅形成了众多的哲学派别，演绎出一幅幅艳丽多姿的历史发展画卷，而且不同派别哲学的对立和斗争激励着人们朝着更加美好的未来发展。

(一)哲学

1. 哲学的产生

哲学是智慧之学。"哲",聪明、智慧之意,在中国古代一般指聪明而又具有智慧之人。中国古代历史文献中就是这样讲的,《尔雅》解释说:"哲,智也。"《孔氏传》中说:"哲,智也。无所不知,故能官人,惠爱也。爱则民归之。"在古希腊,哲学的原词就是由Philein和Sophia两个词演化而来。Philein是"爱"的意思,Sophia的意思是"智慧",两个词结合起来就是"爱智慧"。智慧就在于说出真理,并且按自然行事,听自然的话。古希腊著名哲学家亚里士多德认为,哲学不是一门具体的知识,而是一门高贵、神圣的求知之学,其目的就是为了帮助人们求知和解惑。

作为一种智慧之学,哲学是伴随着人类的产生而产生的,但作为一门科学,哲学是在人类思维能力有了相当程度的提高和人类文明有了相当程度的发展以后才产生的。因为哲学的产生需要四个基本条件:一是人类实践水平的提高,最重要一点是生产力的发展导致体力劳动和脑力劳动分工的出现,使得一部分脑力劳动者有可能进行专门的哲学理论研究;二是具体科学的初步形成,只有在人类对自然现象和社会现象有了一定认识的基础上,才有可能对整个世界的本质作出一般性的概括;三是人类抽象思维有了明显进步,只有人类抽象思维提高到一定程度,才有可能形成完整的自我意识和对象意识,才有可能透过万事万物呈现给我们的现象去把握世界的共同本质;四是社会集团利益的需要,任何一种知识的形成和发展都要取决于它是否满足于一定社会集团利益的需要以及满足的程度,这是哲学形成和发展的重要的社会历史根源。

由此应当说哲学萌生于原始社会,形成于奴隶制社会。古代的埃及、巴比伦,特别是印度和中国以及稍后的希腊是哲学最早的发源地。因为当时这些国家和地区有过繁荣的经济发展的历史,农业、水利灌溉业、建筑业、航海业的发展,造就了高度的古代物质文明，同时也促进了精神文明的发展，数学、天文学等自然知识有了相当程度的发展，逻辑学、语言学和某些社会知识也取得了一定的成果。古代的自然知识和社会知识，还有同它相交织的宗教神话、占卜巫术体现了古代人对世界的认识，它们为哲学的产生提供了可能性。进入奴隶制社会以后，经济的进一步发展，阶级统治的需要和从事脑力劳动的专门家的出现，使哲学的产生由可能变成了现实。

2. 哲学是世界观和方法论的统一

哲学是一种系统化、理论化的世界观，或者说是世界观的理论体系。人们在认识世界和改造世界的活动中，必然会产生对世界上各种事物和现象的看法，这些看法经过积累和提升，就会逐渐形成关于世界的总的看法或总的观点，也就是形成一定的世界观。所谓世界观，就是对于包括人在内的整个世界、特别是对于人与世界关系的总的看法。哲学就是一种世界观，是人们对于整个世界、特别是对于人与外部世界的相互关系的总的看法或根本观点。例如，世界的本质是物质的还是精神的、世界上的事物是运动变化的还是静止不变的、各种事物和现象之间是相互联系还是彼此孤立的、事物的运动变化和相互联系有没有内在的规律、人的本质和价值是什么、人能否认识世界和改造世界以及如何认识世界和改造世界，等等，都是作为世界观的哲学所要探讨和回答的问题。不过，哲学是一种系统化的世界观，它不同于人们在日常活动中形成的世界观。人们在日常的认识世界和改造世界的活动中也会形成对于周围世界的某种看法即形成某种世界观，但这种世界观一般带有自发的性质，往往显得比较零散。与此不同，哲学探索是一种高度自觉的思维活动，它总是将关于人、世界及其相互关系的各种观点建构为完整的系统。同时，哲学还是一种理论化的世界观，它与宗教世界观有着根本的区别。宗教也是一种系统化的世界观，世界上的一些主要宗教都有自己的完整教义，它们对于整个世界有着相当系统的看法。但是，宗教世界观并不采取理论的形式，即不是靠事实根据和逻辑论证使人们信服它，而是通过虚伪的说教使人们盲目地信仰它。作为理论化的世界观，哲学是对人们认识世界和改造世界的活动及其成果、特别是对科学认识及其成果的总结和概括，表现为由一系列的概念、范畴、命题按照一定的逻辑规则构成的理论体系。

哲学既是世界观又是方法论，是世界观和方法论的统一。人们认识世界和改造世界的活动，总要自觉不自觉地采用一定的方法，而关于方法的理论就是方法论。世界观和方法论是紧密联系的，世界观决定着方法论。人们关于世界的总的看法或根本观点，就是世界观；用这样的看法、观点分析问题，就是方法论。一般来说，世界观和方法论是统一的，有什么样的世界观，就有什么样的方法论。世界观与方法论的统一在哲学中得到了集中体现，哲学既是世界观又是方法论。作为世界观，哲学是人们在认识世界和改造世界的活动中表现出来的智慧的理论集中和升华，是对科学认识及其成果的总结和概括；作为方法论，哲学为人们认识世界和改造世界的一切活动提供总的普遍的方法，或者说是提供一般的指导原则，并由此教导人们善于认识世界和改造世界。当然，世界观与方法论的统一的具体表现形式是极其复杂的。例如，在现实生活中，有的人在理论上大讲辩证唯物主义的世界观，在实际工作中却大搞唯心主义和形而上学。但是，这并不意味着世界观与方法论是不统一的，而只是表明有这种倾向的人或者是并没有真正树立辩证唯物主义的世界观，或者是背离了其本应遵循的方法论。从本质上讲，哲学作为世界观与作为方法论是内在统一的。

3. 哲学的性质

哲学在不同的历史时代，哲学的理论旨趣、所关注的核心问题及其主导形态都是很不相同的。但是，其都有共同的基本性质，它们构成了哲学作为一门人文学科的特殊本质。哲学所特有的这种基本性质主要表现在以下几个方面：

第一，哲学具有思想性质，哲学本身就是一种特殊的思想体系。哲学是理论思维的意识形式，是人类理性对于包括人在内的整个世界、特别是对人与外部世界的关系的独立、自由的思考及其结果。虽然哲学所思考的人与世界的关系总是为人类已有的确切的知识所不能肯定，但它们对人类的生存和发展却具有根本的重要性。可以说，没有对人与世界关系的哲学思考和理性自觉，人类的生存就会难以为继，人类的发展就会寸步难行。

第二，哲学具有知识性质，哲学本身就是一种特殊的知识体系。作为智慧之学，作为系统化、理论化的世界观，哲学总是包含着关于人与世界及其相互关系的普遍性的知识。哲学对人与世界及其相互关系的反映是以科学为中介的，哲学知识是对各门具体科学知识的概括和总结；同时，哲学知识总是一定哲学思维的结果，而哲学思维总是既立足于现实又超越于直接的现实，它不满足于对现实的经验直观和一步一步的求证，而是既要穷根究底，又要瞻前窥远。因此，哲学知识又具有高度的思辨性。

第三，哲学具有意识形态性质，哲学本身就是一种特殊的社会意识形态。哲学属于建立在一定社会经济基础之上的上层建筑的组成部分，是一定社会观念上层建筑即社会意识形态诸形式之一。同其他意识形态一样，哲学理论也反映着并服务于一定社会的经济基础，体现着特定社会集团的意志、愿望和要求。在阶级社会中，哲学属于一定阶级的思想体系，总是为一定阶级的利益服务的，因而具有强烈的阶级性。

4. 哲学的特点

哲学的基本性质决定了哲学的主要特点。既然哲学具有思想性质，哲学思考是哲学家们的高度个性化的创造性思维活动，那么，不同哲学家的哲学思想就必然是各具特点的。而从总体上看，与人类的其他思想体系和其他意识形式相比较，哲学具有以下主要特点：

第一，哲学具有反思性。哲学是人类理性对于包括人在内的整个世界、特别是对人与外部世界的关系的思考，这种思考具有反思的特点。正如黑格尔所说："哲学的认识方式只是一种反思，意指跟随在事实后面的反复思考。”①哲学思维是一种反思思维，而哲学反思具有多方面的本质规定。首先，哲学反思是一种“后思”即事后思维。哲学是时代精神的精华，而时代精神是一定时代的本质特征，哲学就是对时代及其本质特征的反思。只有时代条件成熟了，时代的本质特征得到了充分的表现，作为该时代之时代精神的精华的哲学才会出现。其次，哲学反思是一种本质性思维。反思要逾越间接性，诉诸事物的本质和根据。再次，哲学反思是一种反身思维即人对自身的反观。人的活动既是各个时代的基本内容，也是人与世界关系的基本表现形式。因此，哲学对时代的反思、对人与世界关系的反思，说到底是对人的活动的反思。

第二，哲学具有批判性。哲学思维是一种反思性的思维，而反思一词内含有反省、内省之意，是一种批判性思考。作为人类理性的运用和表现，哲学具有突出的批判精神。马克思认为，哲学的活动就是一种理论批判，而哲学参与现实的方式也是理论批判的。他说：“哲学的实践本身是理论的。正是批判从本质上衡量个别存在，而从观念上衡量特殊的现实。”②哲学的批判本性，集中地体现在辩证法的批判本质上。

第三，哲学具有民族性。各民族的生存状况、文化背景、理想信念等都凝聚在哲学的内容和形式中。哲学的这种民族性，集中地表现为各民族的哲学所探索的哲学问题、所形成的哲学范畴和哲学理论的民族特色。不同民族的哲学往往会关注不同性质和类型的哲学问题，它们表现出对于世界和生命的不同认知和感受；而对各种不同的哲学问题的理解和概括，又会凝练出不同的哲学范畴，并由此构成各具民族特色的哲学理论体系。这些民族特色体现出哲学的个性，而民族性的哲学中所必然包含的普遍性的内容如本体论、认识论、历史观、价值观、人生观等则体现出哲

---

① ［德］黑格尔．小逻辑［M］．北京：商务印书馆，1980，第7页

② 马克思恩格斯全集（第40卷）［C］．北京：人民出版社，1982，第258页

学的共性。一个民族的哲学越是具有个性,就越能为人类哲学思想宝库作出独到的贡献,从而也越能在世界范围内产生广泛的影响。因此,哲学越是民族的,也就越是世界的。

第四,哲学具有时代性和历史性。哲学虽然都表现为哲学家的作品,具有哲学家个人的风格和特性,但是真正的哲学又都是反映一定的时代精神的。马克思说:“任何真正的哲学都是自己时代精神的精华。”[①]哲学以高度抽象的形式反映着一定时代人们普遍关注的问题,并凝结着一定时代人们最精致、最珍贵和看不见的思想精髓,因而具有鲜明的时代性。

(二)哲学的基本问题

哲学的基本问题,就是思维和存在的关系问题。思维和存在的关系问题也可以表述为精神和物质的关系问题、意识和物质的关系问题、精神和自然界的关系问题。这都是同一个意思。

哲学的基本问题包括两个重要方面:第一个方面,也是最重要方面,是思维和存在、精神和物质何者为第一性、何者为第二性的问题,即思维和存在、精神和物质谁先谁后、谁产生谁、谁决定谁的问题,也就是世界本原是物质的还是精神的问题。对哲学基本问题的第一个方面的不同回答,形成了哲学中唯物主义和唯心主义两大对立的派别。凡是主张物质第一性,意识、精神第二性,物质在先,意识、精神在后,物质产生意识、精神并决定意识、精神的,属于唯物主义派别。凡是主张意识、精神第一性,物质第二性,意识、精神在先,物质在后,意识、精神产生物质并决定物质的,属于唯心主义派别。唯物主义是以“物”为根本的哲学,这个“物”就是物质;唯心主义是以“心”为根本的哲学,这个“心”就是思维、意识、精神。

哲学史上,一切哲学派别,不是属于唯物主义,就是属于唯心主义,任何自称“独立”的第三派别,实际上都是不存在的。当然,

① 马克思恩格斯全集(第1卷)[C].北京:人民出版社,1956,第121页

哲学史上，也有少数哲学家(如18世纪法国哲学家笛卡尔等人)称世界有物质和意识两个本原，二者并行不悖。这种哲学称为二元论。但是，二元论是一种不彻底的折中主义哲学，最后它会倒向唯心主义。所以，就基本哲学派别来说，只有唯物主义和唯心主义两个基本派别。

哲学基本问题的第二个方面：就是思维能不能反映存在、世界是否可以认识的问题，也就是思维和存在有没有同一性的问题。对这个问题的不同回答，是划分可知论和不可知论的标准。凡是肯定思维和存在具有同一性，主张世界是可以认识的，就是可知论。哲学史上，绝大多数哲学家，不仅所有的唯物主义哲学家，而且彻底的唯心主义哲学家，都主张世界是可知的，因此，都是属于可知论者。但也有少数唯心主义哲学家否认思维和存在具有同一性，否认认识世界的可能性，或者否认彻底认识世界的可能性，这是不可知论。近代英国哲学家休谟(1711—1776)就是一个典型的不可知论者，近代德国哲学家康德(1724—1804)则是一个不彻底的不可知论者。

哲学的基本问题的两个方面是不可分割的，但两个方面在地位和作用上是不一样的。其中，第一个方面较之第二个方面更为根本，是全部哲学的最高问题，也是回答第二个方面问题的出发点。但是，第二个方面也不可忽视，因为第二个方面的问题的如何解决，会影响到对第一个方面问题的解决。因此，哲学基本问题的两个方面是相互联系和相互制约的。特别是到了近现代，在社会生产力巨大发展和科学技术进步的推动下，哲学研究更多的是以认识论的形态出现的。从这个意义上说，第二个方面也必须引起我们足够的重视。

思维和存在的关系问题之所以是哲学的基本问题是由哲学这门科学本身的性质和特点所决定的。具体说，主要有以下四点：

第一，这是任何哲学派别都不能回避的问题。世界上的事物尽管纷繁复杂、千差万别，但是，归结起来，无非是两大类：一类是物质现象，一类是精神现象。这两大类现象及其相互关系是任何哲学体系、任何哲学家都必须研究和首先要回答的问题。

第二，这是划分唯物主义和唯心主义的唯一标准。这就是说，对思维和存在、物质和意识的关系的不同回答，就决定一种哲学的性质。凡是承认物质第一性、意识第二性，必然是唯物主义；凡是承认意识第一性、物质第二性，必然是唯心主义。所以，我们只要从思维和存在、物质和意识的关系着手，就能区分一种哲学是什么性质。

第三，这是研究和解决其他一切哲学问题的前提和基础。任何哲学体系都包括许多方面的问题。但是，总的说来，一般包括四个方面：自然观（本体论）、认识论、历史观和方法论。从哲学的发展历史来看，历史上各派哲学所阐述的这些方面的问题，都是围绕着思维和存在的关系展开的，都是以对于这一问题的解决作为自己哲学的基本前提和出发点的。

第四，这也是人们实际工作中的根本问题。人类一切社会活动，说到底包括两个方面：一是认识世界，二是改造世界。认识世界是人的主观思维同客观事物之间反映与被反映的关系，即主观反映客观；改造世界是人们按照主观的意图和认识去变革客观对象，即主观见之于客观。这两个方面实质上都是思维和存在的关系问题。人们在实践活动中，能不能正确认识世界和有效地改造世界，关键在于能否处理好思维和存在（主观和客观）的关系问题。人们只有在实际工作中，从实际出发，主观符合客观，才能达到预期的目的；反之，将一事无成。

二、马克思主义哲学的创立

（一）马克思主义哲学创立的基础

1. 社会根源和阶级基础

19 世纪的欧洲，许多国家已经进入到资本主义高度发展的阶段，创立无产阶级世界观已经成为必要和可能，这是马克思主义及其哲学产生的具有决定意义的原因。

1640 年和 1789 年，英国和法国先后完成了资产阶级革命，建立起资本主义制度。从 18 世纪末到 19 世纪初，由英国开始的产业革命迅速传播，欧洲各国普遍建立起机器大工业，资本主义经济得到一定程度的发展。随着资本主义经济的发展，资本主义所固有的生产社会化和生产资料私人占有之间的矛盾加深了。1825 年英国爆发了资本主义社会的第一次经济危机，表明了资本主义私人占有制不能适应社会生产力进一步发展的要求，预示着社会制度要进行新的变革。

由于资本主义经济的发展，无产阶级的队伍很快成长壮大，为反对资产阶级的剥削和压迫，1831 年和 1834 年，法国里昂纺织工人先后两次举行了大规模的武装起义；1836 年，英国工人开展了声势浩大的"宪章运动"；1844 年，德国西里西亚纺织工人举行武装起义，提出了反对私有制社会的口号。这些情况表明，从 19 世纪 30 年代起，西欧各国无产阶级的斗争已经发展到了一个新的阶段：由自发的、分散的反抗活动，发展到自觉的、有组织的联合行动；由经济斗争发展到政治斗争，无产阶级作为独立的政治力量登上了历史舞台，显示了自己是解决资本主义矛盾和变革社会的现实力量，并且已经开始肩负起历史赋予的推翻资本主义制度，创建社会主义、共产主义制度的伟大使命。为完成这一历史使命，无产阶级迫切需要真正反映自己利益和正确指导自己行动的新哲学。马克思主义哲学产生的必要性，就是由历史的这种要求和无产阶级斗争的需要而提出来的。

资本主义经济的发展，也使社会历史的本质和规律日益显露出来。较之以往的奴隶制社会和封建制社会，资本主义社会的阶级对立更加简单化，社会发展的经济原因和经济状况决定阶级地位以及阶级斗争在社会发展中的作用等，已明显地表现出来。同时，由于机器大工业生产的发展，交通、贸易事业的发达，形成了世界统一市场，这就打破了封建时代那种地区的和民族的闭关自守状态，扩大了人们的眼界，人们有可能把各个国家、各个民族、各个地区的情况联系起来，加以比较、研究，发现其共同性和重复性，揭示社会发展的真正原因，达到社会历史的科学认识，这使得马克思主义哲学的产生具备了现实的可能性。

2.科学前提

哲学是自然知识和社会知识的概括和总结，随着自然科学领域中的每一个划时代的发现，唯物主义都必然要改变自己的形式。从18世纪下半叶开始，自然科学的研究发生了一个质的飞跃，即从经历长达4个世纪之久的搜集资料的阶段逐步转变到系统地整理资料和上升到理论概括的阶段。这种转变带来的最重要的成果是揭示了自然界各种运动形式的许多重要规律。特别是细胞学说、能量守恒和转化定律、达尔文进化论"三大发现"，不仅揭示了自然界各个领域内的过程之间的联系，而且揭示了各个领域之间的联系，使得哲学可以依靠事实材料描绘出一幅自然界联系的清晰画面，这就为马克思主义哲学的产生打下了牢固的自然科学基础。

在社会领域，欧洲各主要国家的发展与变革，不仅在现实中明显地表露出历史发展的脉络，而且可以称为社会科学的学科也已经开始形成或有了重大发现，由亚当·斯密和大卫·李嘉图为代表的资产阶级古典经济学家对资本主义生产关系的内部联系和资本主义社会发展规律进行了初步探讨，特别是提出了劳动价值论；由基佐和米涅为代表的历史学家则提出用阶级斗争的观念来考察社会历史，这些社会领域中的科学成果，对马克思主义哲学，特别是历史唯物主义的创立是有价值的。

3.直接理论来源

任何一种新的思想的产生，都不能离开人类文明的大道。马克思主义哲学是在吸取和继承人类文明优秀思想成果基础上产生的。18世纪末19世纪初的德国古典哲学是马克思主义哲学的直接理论来源。

德国古典哲学是指从康德开始，经过黑格尔再到费尔巴哈的德国哲学,它是处于革命前夜的德国资产阶级哲学。黑格尔是这种哲学的集大成者,他是第一个全面地有意识地叙述了辩证法的一般运动形式的哲学家。他对形而上学进行了系统的批判,恢复了辩证法这一最高的思维形式。但是,黑格尔的辩证法是头脚倒置的,它的表现形式是唯心主义、神秘主义的。费尔巴哈一反德国哲学思辨的传统,力求为哲学寻找一个新的立足点,使哲学从空谈自由回到争取现实的幸福中来,从抽象的思辨回到实在的自然,终于在唯心主义长期占统治地位的德国建立起唯物主义的哲学。但是费尔巴哈在批判黑格尔的唯心主义时,未能充分吸取其中的辩证法因素,这就使得他的这种唯物主义哲学带有较浓厚的形而上学性,并且在历史观上仍然是唯心主义,是一种不彻底的"半截子"唯物主义。尽管如此,它毕竟恢复了唯物主义的权威,预示着彻底的、科学的唯物主义哲学的诞生。

4. 个人因素

马克思、恩格斯之所以成为新哲学的创始人,是由历史和时代决定的,但他们个人因素的作用也非常重要。其一,他们具有彻底的民主主义并进而转向无产阶级的立场。他们始终面向实际,面向真理,不迷信任何权威;其二,他们具有渊博的学识,有丰富的自然知识和经济、哲学、历史知识,尤其对德国古典哲学有着精湛的研究和透彻的了解;其三,他们积极投身于无产阶级反对资产阶级的革命实践活动。由于这样三个因素,使马克思、恩格斯能够在总结工人运动经验和科学发展成果的基础上,冲破旧思想体系的束缚,揭示了社会历史发展的客观规律;抛弃黑格尔哲学的唯心主义体系,批判地吸取了他的辩证法的"合理内核";抛弃费尔巴哈哲学中宗教、伦理的唯心主义杂质,批判地吸取了它的唯物主义的"基本内核",把唯物主义和辩证法、辩证唯物主义和历史唯物主义有机地结合起来,创立了崭新的马克思主义哲学。

(二)马克思主义哲学创立的三个阶段

1.第一阶段——以马克思的《1844年经济学哲学手稿》(以下简称《手稿》)为标志

马克思1842年参加《莱茵报》活动,从此便开始了从唯心主义向唯物主义、从革命民主主义向共产主义的转变,《手稿》是这一阶段的总结。《手稿》虽然具有内容庞杂、思想叙述不尽严密等不成熟之处,甚至还借用了费尔巴哈的"类""类生活""类本质"等术语,但它是马克思思想演变的转折点,是马克思主义哲学的诞生地,在马克思主义哲学发展史上处于继往开来的地位。

《手稿》的基本内容包括相互关联的三个方面:一是以异化劳动为核心的资本主义批判。马克思概括了资本主义条件下人的异化劳动的四种形式,即劳动者的劳动同其劳动产品的异化、劳动者同其劳动活动的异化、劳动者同其类本质的异化、人与人关系的异化,由此揭示了异化劳动和资本主义私有制相互利用、互为表里的关系。从创立新哲学的思想积累来看,马克思批判异化劳动的一个重大突破就是明确把"异化"和"对象化"区别开来。在马克思看来,对象化是劳动的肯定方面,是一切劳动的共性;异化则是劳动的否定方面,是特殊条件下的表现。这样一种认识,表明马克思已经切中现实生活世界的要害。二是以扬弃异化为目标的共产主义思想。如果说异化劳动是资本主义社会的现实,那么,扬弃异化就是共产主义的目标。马克思厘清了原有的种种共产主义学说与"市民社会"的抽象对立,认为作为"人类社会"原则的共产主义不是凭空产生的,而是有其坚实的现实基础的。马克思阐发了关于共产主义的基本理解:"共产主义是私有财产即人的自我异化的积极的扬弃,因而是通过人并且为了人而对人的本质的真正占有;因此,它是人向自身、向社会的即合乎人性的人的复归,这种复归是完全的,自觉的和在以往发展的全部财富的范围内生成的。”[1]三是以对象性的活动为原则对以往哲学的批判。以“对象性的活动”为原则，是马克思在批判异化劳动时所提出的劳动是人的“生命活动”、人的“类特性”的思想的延伸。一方面，这一原则的提出，的确受到了费尔巴哈所阐发的“感性—对象性”原理的启发，但却超越了费尔巴哈，因为马克思没有像费尔巴哈那样仅仅停留于单纯的直观，而是在论述对象性关系时始终把“活动”作为原则一以贯之。另一方面，“活动”原则又从由黑格尔推向极致的能动性学说中获得灵感，但与黑格尔迥然有别，因为黑格尔唯一知道并承认的是“抽象的精神的”活动，而马克思抓住的则是“现实的活生生的”人的活动。这样一来，马克思不仅在原则上超越了以往的哲学，而且还发现了以往哲学的积极成果，特别是黑格尔哲学的辩证法。

2.第二阶段——以1844年11月底马克思、恩格斯合著的《神圣家族》为标志

《神圣家族》把批判的矛头直接指向《文学总汇报》精神领袖鲍威尔兄弟的自我意识哲学，由此追根溯源，揭示了黑格尔思辨哲学结构的因素，点明了“现实的人和现实的人类”是黑格尔哲学的巨大秘密。它表明，马克思、恩格斯更加深入地疏离于以往哲学，并进一步清算了自己过去的哲学信仰。除此之外，《神圣家族》在“新世界观”形成中的重要性还表现在：其一，把“历史的发源地”确定为“尘世的粗糙的物质生产”，与唯心主义用精神或观念解释历史的做法明确区别开来。马克思认为，只有用“世俗人的眼睛”而不是“神学家的眼睛”，并且只有在“工商业的实践”中，才能看透“犹太精神”的产生和发展。这里所说的“物质生产”、“工商业的实践”，也就是《手稿》中“对象性的活动”的具体化。其二，提出“历史活动是群众的事业”，思想的实现需要“使用实践力量的人”，进而肯定无产阶级“具有世界历史意义的作用”，初步论

---

① 马克思.1844年经济学哲学手稿[M].北京：人民出版社，2000，第81页

证了无产阶级的历史使命。其三，强调物质利益在历史发展中的作用，从两个方面揭示了社会生活的秘密：一是把思想与利益相勾连，指出思想一旦离开利益就会出丑；二是肯定正是利益才让市民社会成员彼此联系起来，正是市民生活才使每个人作为“利己主义的人”而存在。可以说，经过《神圣家族》这一思想环节，马克思主义哲学形成的理论准备工作已经完成，以马克思的名字命名的哲学即将诞生。

3.第三阶段——以1845年春马克思的《关于费尔巴哈的提纲》和1845年月11月至1846年8月马克思、恩格斯合著的《德意志意识形态》为标志

其中，《关于费尔巴哈的提纲》是“新世界观”的理论总纲，《德意志意识形态》则全面阐述了“新世界观”的基本内容。马克思、恩格斯这时的思想宏大深邃，我们简要归纳如下：其一，用“感性活动”来表述实践，明确把实践作为“新世界观”的存在论（本体论）原则。其二，系统阐述了马克思主义哲学特别是唯物史观的基本原理，如关于社会存在决定社会意识的理论、关于历史的前提和动力的理论、关于现实的人的理论、关于精神生产的理论、关于交往和世界历史的理论等。其三，从生产力和交往形式（亦即生产关系）的矛盾运动中论证了共产主义的历史必然性，指出无产阶级是资本主义的掘墓人，是实现共产主义的物质力量。总之，《关于费尔巴哈的提纲》和《德意志意识形态》标志着马克思主义哲学的形成。

不过，由于种种原因，《关于费尔巴哈的提纲》和《德意志意识形态》写成后并没有公开出版，马克思、恩格斯在其中系统阐述的“新世界观”仍然不为世人所知。在1847年出版的《哲学的贫困》中，马克思通过与蒲鲁东论战的形式，第一次公开了“新世界观”中具有决定意义的论点。1848年年初，马克思、恩格斯合著并出版了国际共产主义运动的第一个纲领性文献《共产党宣言》，通过运用“新世界观”总结历史、分析现状和预见未来，使马克思主义哲学开始与无产阶级革命的实践相结合，标志着马克思主义哲学

已经成为一种成熟的世界观和方法论而公开问世。

（三）马克思主义哲学的创立是哲学思想发展史上的伟大变革

马克思主义哲学既是物质世界发展的普遍规律的科学反映，又是无产阶级根本利益和历史地位的理论表现。马克思主义哲学的创立是哲学思想发展史上的伟大变革，具体表现为以下几个方面：

第一，在研究对象上，马克思主义哲学结束了包罗万象的旧哲学体系，成为关于自然、社会和思维发展的普遍本质与普遍规律的科学。它第一次正确地解决了哲学和具体科学、哲学意识和其他社会意识的关系问题。

第二，在理论内容上，马克思主义哲学把唯物主义和辩证法有机统一起来，并将唯物辩证法的基本观点贯彻到认识论、逻辑学、历史观、自然观、人生观等各个方面。特别是历史唯物主义的创立，把唯物辩证的世界观和唯物辩证的历史观有机统一起来，二者在理论上互为前提、不可分割，如同“由一整块钢铁铸成的”，使马克思主义哲学成为彻底的唯物主义一元论哲学。

第三，在社会作用上，马克思主义哲学是无产阶级的哲学，为无产阶级、劳动群众和人类进步提供了认识世界和改造世界的强大理论武器，马克思主义哲学是科学社会主义、共产主义的世界观，它是在社会主义、共产主义实践基础上将科学性和革命性高度结合的哲学。

第四，在理论趋向上，马克思主义哲学结束了旧哲学理论脱离实践的封闭体系，自觉地坚持理论和实践的统一，创立了随实践与科学的发展而不断发展的开放体系，使它成为永葆青春的充满生命力的哲学。

第二节　马克思主义哲学的本质及特征

马克思主义哲学适应时代发展的要求，始终把人类解放事业作为奋斗的目标。在理论内容上，马克思主义哲学在理解和阐发人与世界关系时，形成了以实践为基本原则的辩证唯物主义与历史唯物主义相统一的理论形态，成为以彻底的批判性为基本品格的、科学性与革命性相统一的思想体系。

一、马克思主义哲学的理论主题

立志为“人类的幸福和我们自身的完美”而工作，这是马克思、恩格斯的共同心愿。马克思创办《德法年鉴》时，为杂志确定的办刊方针就是“对当代的斗争和愿望作出当代的自我阐明”。这样一个方针，其实正是马克思主义哲学创始人为即将诞生的“新世界观”制定的行动纲领，它不仅贯穿于马克思主义哲学创始人毕生的理论活动，而且始终规范着马克思主义哲学的发展过程。简言之，实现人类解放和人的全面发展，是马克思主义哲学的永恒主题。

概括地说，马克思主义哲学为之奋斗的人类解放，就是使人类摆脱奴役和束缚，克服片面性，获得自由，达到人的全面发展。我们可以从以下几个方面来把握马克思主义哲学的这一理论主题。

（一）从天国的批判转向尘世的批判

在马丁·路德的改革之后，宗教日益走向世俗化，渗透到人们日常生活中，成为人们的精神寄托，以至于人们遗忘了自身，也遗忘了宗教的本质。在这种情况下，费尔巴哈高呼：“人认为上帝的，其实就是他自己的精神、灵魂，而人的精神、灵魂、心，其实就是他的上帝：上帝是人之公开的内心，是人之坦白的自我；宗教是人的隐秘的宝藏的庄严揭幕，是人最内在的思想的自白，是对自己的爱情秘密的公开供认。”“属神的本质之一切规定，都是属人的本质之规定。”[①]费尔巴哈明确指出“宗教是人的本质的异化”，把宗教归结为人本身的选择，有助于暴露宗教实施精神控制的本来面目。可是，人是在现实生活中形成自己的宗教信仰的，因而就需要从“世俗基础的自我分裂和自我矛盾”中透析人的现实生成。费尔巴哈没有走到这一步，因为在费尔巴哈的哲学境域中这是不可能做到的。

在马克思看来，在费尔巴哈揭穿了“人的自我异化的神圣形象”之后，需要进一步揭露“具有非神圣形象的自我异化”。宗教的存在固然是一个“缺陷的存在”，但宗教不过是世俗狭隘性的表现。马克思指出：“政治国家的成员之所以信奉宗教，是由于个人生活和类生活、市民社会生活和政治生活的二元性；他们信教是由于人把处于自己的现实个性彼岸的国家生活当做他的真实生活；他们信教是由于宗教在这里是市民社会的精神，是人们相互脱节和分离的表现。”[②]既然如此，只有用人们的“世俗桎梏”来说明他们的“宗教桎梏”，并进而消灭人们的“世俗桎梏”，才能帮助人们克服他们的宗教狭隘性，摆脱宗教的精神控制。于是，对宗教的批判，就需要转变为对政治国家的批判。

（二）阐明人类解放高于政治解放

政治国家成员的二元化生活，是指人们在“市民社会”和“政治国家”中的不同境遇。在“政治国家”中，每个人不管属于什么等级，都因为是国家成员而拥有同样平等的权利，不会因为财产、地位、信仰等方面的差异而有所不同，每个人都是作为“人”亦即国家公民而存在。而在“市民社会”中，每个人都以“私人”的面目出现，都变成了有着自己利益考虑的独立的“原子”，都必定把“利己主义”当做行为准则。而且，每个人都把别人看做工具，也把自己降为工具，劳动只是一种生存的手段。由此看来，人们的世

---

① 费尔巴哈哲学著作选集（下卷）[C]. 北京：商务印书馆，1984，第38、39页

② 马克思恩格斯全集（第1卷）[C]. 北京：人民出版社，1956，第434页

俗生活处于分裂之中，现实的市民社会生活中的人，实际上生活在政治国家作为“彼岸存在”的政治异化之中。因此，要砸碎人们的宗教桎梏，必须首先打破人们的世俗桎梏。就是说，“政治解放和宗教的关系”问题已经成了“政治解放和人类解放的关系”问题。

所谓“政治解放”，实际上就是资产阶级革命。英、法资产阶级革命的实际情况表明，作为“市民社会的革命”的政治解放，没有也并不谋求消灭人们的宗教观念，不仅不能让人们从宗教桎梏中解放出来，反而加重了现实生活的二重化，强化了宗教桎梏。资产阶级革命打着全人类利益的旗号，解放的却是他们自己，如此“毫不触犯大厦支柱”的政治解放恰是“乌托邦式的空想”。与此不同，“人类解放”则要彻底消灭人类自我异化及其所有根源。政治解放只有深入并扩展到对市民社会的改造，废除私有制，才能转变为人类解放，才有望克服现实生活的二重化。当然，人类解放的完成绝不是一蹴而就的，而是一个复杂艰难的过程，其基本的要求或目标，正如马克思所说，就是“把人的世界和人的关系还给人自己”①。

（三）探索人类解放的实现力量

既然人类解放具有毋庸置疑的必然性，那么，究竟如何实现人类解放？通过什么社会力量来实现人类解放？马克思的解答是：关键就在于形成一个“并非市民社会阶级的市民社会阶级”，也就是无产阶级。作为“市民社会阶级”，无产阶级是在资本主义社会胎胞中产生的，是处于资本主义社会底层的一个阶级，是除了自身便一无所有的赤贫阶级。就此说来，无产阶级代表着资本主义社会人的完全丧失，最具有大公无私的品质，并且知道自己的实际生存状况就是资本主义社会的致命之处。作为“非市民社会阶级”，无产阶级是被资本主义社会戴上“彻底的锁链”的阶级，

① 马克思恩格斯全集(第1卷)[C].北京：人民出版社，1956，第434页

是与资本主义私有财产制度全面对立的阶级。无产阶级存在的秘密就是现存制度的实际解体,并且只有通过人的完全恢复才能恢复自身。这就是说,无产阶级"若不从其他一切社会领域解放出来从而解放其他一切社会领域就不能解放自己的领域",无产阶级的解放与人类的解放是一致的。① 因此,无产阶级解放这个"19 世纪的秘密"透露出的信息,就是只有无产阶级才是人类解放的中流砥柱,无产阶级的解放就是人类的彻底解放。

(四)解构"物的依赖性"的束缚

按照列宁的理解,"马克思学说中的主要的一点,就是阐明了无产阶级作为社会主义社会创造者的世界历史作用"②。这一判断切中了马克思思想演变的实际。正是无产阶级的历史作用和发展前途这个"主要之点"的提出和初步论证,使马克思的哲学致思开始了具有决定意义的转向——马克思把理论视线对准了资本主义社会的经济事实。通过这一转向,马克思越来越深入地认识到无产阶级作为"现实的人"的生存状况,越来越全面地洞察到劳动异化与资本主义社会的相互作用关系,越来越明确地把握到资本主义社会"物的依赖性"的必然性,越来越强烈地感受到物对人的奴役在资本主义社会的普遍性。

资产阶级推行的商品经济,消解了"人的依赖关系"以及人的"原始的"丰富性,发展了"人的独立性"。商品经济的日益发达,必然要求并实际引导整个社会按照商品经济的规律发展。于是,伴随商品经济而来的,则是"物的依赖性"的不可遏制地生成及其向社会生活各个向度的扩张。所谓"物的依赖性",就是指整个社会生活受着物的力量的役使,人际交往以物为媒介,人的发展水平以人占有物的多少为标准。其最极端的症候,就是马克思所说的"物的世界的增值同人的世界的贬值成正比",使用体现人的本

① 马克思恩格斯选集(第 1 卷)[C]. 北京:人民出版社,1995,第 14—15 页

② 列宁选集(第 2 卷)[C]. 北京:人民出版社,1995,第 305 页

质的话语竟是“对人类尊严的侮辱”，“物的价值的异化语言倒成了完全符合于理所当然的、自信的和自我认可的人类尊严的东西”[①]。更为严重的是，由于商品经济实际需要并建构着“人的独立性”，因而社会生活就以形式上合法的方式不断地把“物的依赖性”再造出来。

“物的依赖性”是在资本主义社会中产生的，它依靠资产阶级巩固起来，同时又被为资产阶级意识形态的合法性的辩护掩盖起来。“物的依赖性”将在一定时期内存在，也许会延续很长时间，但绝不是人类社会的永恒现象。“物的依赖性”所造成的人的片面而畸形的发展，其实正是对人的宰割，绝不是人的生存常态和归宿，必须也能够予以消除。这是资本主义发展到发达阶段人类解放面临的新课题，也是当代人生存和发展必须解决的新问题。

马克思指出：“物的依赖关系无非是与外表上独立的个人相对立的独立的社会关系，也就是与这些个人本身相对立而独立化的、他们互相间的生产关系”[②]。显然，破除“物的依赖性”，最终还是有赖于人们社会关系的彻底变革，有赖于人的全面发展的真正实现。

（五）探寻人的全面发展

马克思在 1844 年论述共产主义时曾经说过：“自我异化的扬弃同自我异化走的是一条道路”[③]。由此可见，“物的依赖性”越是加剧了人的片面发展，就越能为人的全面发展提供现实的条件。人的全面发展不是自然的产物，而是历史的产物。马克思指出：“要使这种个性成为可能，能力的发展就要达到一定的程度和全

---

① 马克思.1844 年经济学哲学手稿[M].北京：人民出版社，2000，第 51、183 页

② 马克思恩格斯全集(第 46 卷)[C].北京：人民出版社，1979，第 108—109 页

③ 马克思恩格斯全集(第 3 卷)[C].北京：人民出版社，2002，第 294 页

面性，这正是以建立在交换价值基础上的生产为前提的，这种生产才在产生出个人同自己和同别人的普遍异化的同时，也产生出个人关系和个人能力的普遍性和全面性。"[①]因此，人的全面发展才是人类的真正解放，亦即人类解放的实现。

在马克思看来，人的全面发展的基本内涵表现为：其一，人的"生命力"的最大限度的发挥。人直接地是一个"有生命的自然存在物"，蕴藏着丰富的肉体和精神两个向度的潜能。这是人与生俱来的"自然力"。人的全面发展的首要标志就是要把沉睡在每个人身上的这些素质充分地展示出来。其二，人的对象性关系的全面生成。人还是一个"对象性的存在物"，是需要对象来确证自己的"生命力"的存在物。人通过自己的感性活动即实践，与外部世界形成了多种多样的关系，就能够全面地表现和证明自己的本身力量。人的全面发展意味着人创设了丰富多彩的对象世界，人与对象世界和谐相处，以至于对象世界就是另一个"感性地存在着的人"。其三，人的社会关系的高度丰富展开。每个人的现实生存活动总是处于与别人生存活动的关联之中，通过交往，每个人传输自己活动的信息，同时吸取来自他人的对己有用的信息，就可以及时地调整自己的行为，并能够利用其他人的成就来弥补自身活动的欠缺，共创一个合乎人的意愿的生活世界。人的全面发展无疑包括人的生活世界的现实运行，人的社会关系的协调发展。上述三个方面相互交织，共生于人的实践中，体现了人的实践的全面性。由于人是通过自己的感性活动即实践而自我创生的，实践是人的生命活动，因此，人的实践的全面性就表征着人具有了"丰富的个性"，意味着人成了"有个性的人"，意味着人类解放的真正实现。

---

① 马克思恩格斯全集(第46卷)[C]. 北京：人民出版社，1979，第108—109页

二、马克思主义哲学的本质——马克思主义哲学是以实践范畴为核心的完整的理论体系

实践概念的完备规定和实践观点的确立，是实现哲学上的伟大变革的关键。实践的观点规定了马克思主义哲学解决哲学基本问题的独特方式，它是唯物论与辩证法的统一、自然观与历史观的统一、认识论与本体论的统一的基础。马克思主义哲学以体现能动性与受动性的统一的实践范畴作为自己理论体系的核心，它也就必然具备革命性与科学性高度统一的理论特征。

（一）实践的观点是马克思主义哲学的首要的基本的观点

马克思主义哲学区别于其他一切哲学的根本之处，在于它解决哲学基本问题的独特方式。马克思主义哲学首先是一种唯物主义哲学。从对于哲学基本问题的解决方式上看，一切唯物主义哲学都是肯定物质第一性、意识第二性的。马克思主义哲学解决哲学基本问题的物质实践活动原则，就是一种唯物主义的现实的能动性原则。马克思主义哲学把实践理解为一种客观的活动，一种能动的现实存在，与此同时就克服了旧唯物主义与唯心主义的经验概念的缺陷。马克思主义哲学从物质实践活动来规定人的本质，这就为唯物论与辩证法的统一提供了现实的基础。以实践概念为基础去解决哲学的基本问题，把思维与存在的统一理解为人与自然相互作用的现实的历史过程，揭示了人的实践的本质和人类社会生活的实践的本质，也就逻辑必然地要将唯物主义的原则贯彻于社会历史的领域，使哲学唯物主义彻底化，成为完备的唯物主义。马克思主义哲学运用实践的观点，揭示了自然史和人类史的相互制约关系，从而使自然观与历史观统一起来。

在马克思主义哲学中，认识论与本体论也在实践概念的基础上达成了统一。实践是整个现存感性世界的非常深刻的基础，从而也是人类把握现在感性世界的认识活动的非常深刻的基础。

因此，马克思主义哲学既在实践概念的基础上建立了作为存在论或本体论的自然观和历史观，也在同一实践概念的基础上建立了它的认识论。

总之，实践范畴是马克思主义哲学最为核心、最为基础的范畴。只是在实践范畴的基础上，马克思主义哲学才超越了以往的全部哲学，构成了一个唯物论与辩证法相统一、自然观与历史观相统一、本体论与认识论相统一的完整严密的理论体系。

（二）马克思主义哲学是革命的批判的哲学

马克思主义哲学在本质上是革命的、批判的。马克思主义哲学的革命性、批判性特征，不仅在于它公开申明自己服务于无产阶级批判旧世界、创造新世界的人类解放事业，而且更在于这种哲学本身就内在地包含着革命性、批判性的规定。这种革命性、批判性的规定在逻辑上内含于作为马克思主义哲学之基石的实践概念之中。实践作为人类的基本存在方式，是人对于外部自然的一种否定性关系。人不是像动物那样肯定自然的直接存在状态，使自己消极地适应自然，而是以自身的活动否定自然的直接存在状态，赋予它以合乎人类目的或需要的形式，使“自在之物”成为合乎人的目的的“为我之物”。这种客观的、实在的否定性活动，是人类一切革命性、否定性活动的原初形态，也就是说，物质生产作为人对自然的否定性关系，是人类一切否定性即革命性活动之源。物质生产活动是最基本的实践活动，它构成了全部人类活动的基础。因此，物质生产领域的革命性变化必然导致人类活动的所有其他领域的革命性变化，即人对外部自然的关系的革命性变化必然导致人与人之间的经济的、政治的以及精神的交往关系的革命性变化。这也就说明，只有当人与外部自然的否定性关系的进展能够提供人的解放的现实条件时，解放才是可能的。马克思主义哲学把人类的自由解放作为自己的宗旨，它也就必然要把革命地改造现实的实践提到首位。可见，马克思主义哲学把内含否定性、革命性规定的实践概念作为自身的基础，便从根本上决定了它的革命的批判的本质。

马克思和恩格斯在标志着他们的新世界观创立过程的成熟阶段的《德意志意识形态》中曾经宣布："实际上和对实践的唯物主义者，即共产主义者说来，全部问题都在于使现存世界革命化，实际地反对和改变事物的现状。"这里表达的正是马克思主义哲学的基本精神。马克思主义哲学就是一种实践的唯物主义哲学，因而也就是一种革命的批判的哲学。

三、马克思主义哲学的特征

实践性是马克思主义哲学的根本特征。具体来说，马克思主义哲学的特点主要表现在以下几个方面。

（一）科学性与革命性的统一

马克思主义哲学以前的哲学都是代表剥削阶级利益的哲学。剥削阶级处在上升阶段时，它们的利益与人民群众的利益和社会发展的客观要求有某种程度的一致性，它们还需要在一定程度上揭示世界的本来面貌，并与维护腐朽阶级利益的理论作斗争。这时它们的哲学还能有相当的科学性和革命性。但是，即使在这种情况下，它们的科学性和革命性也受到其狭隘的阶级利益的限制。至于它们发展到腐朽阶段时，就更加害怕揭示世界的真相、害怕触动代表它们利益的制度，它们的哲学就更谈不上科学性和革命性了。马克思主义哲学代表了无产阶级哲学，指导着无产阶级解放斗争。无产阶级代表了最先进的生产方式的阶级，代表了社会发展要求和人民利益。因此，作为无产阶级世界观的马克思主义哲学必然是完全科学和彻底革命的哲学。

（二）理论与实践的统一

马克思主义哲学以前的哲学虽然也从实践中概括出某些原理原则，但都不能做到理论与实践的高度统一。以往的哲学都没有正确的实践观,也不了解实践对社会生活的意义。旧唯物主义者心目中的"物"虽然是意识之外的客观存在,但他们只是把"物"看做人们直观的对象,而没有看做改造的对象;而且也不懂得人们改造世界的活动本身就是物质性的活动,更不懂得正是这种物质性的活动改变着社会的面貌和人本身。唯心主义哲学中有些派别(例如黑格尔的哲学)也论述过实践的重要性,但是它们理解的实践又只是精神的活动,并不是真正的实践活动。因此,以往的哲学虽然讲了许多理论,但归根到底都无非是以各式各样的方式解释世界,而改造世界(作为物质活动的实践)却被忽视了。这就决定了它们不可能彻底实现理论与实践的统一。马克思主义哲学与此根本不同。它第一次把实践理解为人们改造世界的物质的感性的活动,并且揭示了正是人们的实践活动改变着人们的生存环境,改变着人本身。

(三)自然观与社会历史观的统一

马克思主义哲学以前的哲学对社会历史的理解全都在唯心主义的迷雾中徘徊,没有科学的理论。旧唯物主义在理解自然界的时候还能坚持物质第一性、意识第一性的正确观点(虽然它们的具体解释未必科学),但是一踏进社会历史领域就陷入了唯心主义的泥沼。它们都把"意见""动机"等等看成社会历史存在和变化的最终原因,而看不到"意见""动机"等等背后起最终决定作用的物质原因。它们只是"半截"的唯物主义,无法科学地解释社会历史,也无法科学地解释人本身。马克思主义哲学第一次把唯物主义贯彻到社会历史领域,创立了历史唯物主义即唯物史观。它指出,不是人们的意识决定人们的存在,而是人们的社会存在决定人们的意识。社会存在就是由人们以自然界为舞台、通过实践活动造成的社会物质生活条件,首先是生产力的状况和生产关系的状况。从此,对社会历史的研究才成为像自然科学一样严格的科学。这是石破天惊的伟大发现,是人类认识史上的突破性的变革。唯物主义从此踏进了人类认识的千年"死角",成为可以合理地解释整个世界的科学的世界观了。

（四）唯物主义与辩证法的统一

唯物主义是对世界本原的唯一正确的说明，辩证法则是对世界存在状况的唯一正确的说明。要按照世界的本来面貌来认识世界和改造世界，而不给以任何的附加，就必须坚持唯物主义和辩证法，并使两者在实践的基础上统一为一个有机整体。但是，在马克思主义哲学以前，从来没有一种哲学实现过这种统一。古代哲学中有丰富的唯物主义和辩证法思想，两者也有一定程度的结合，但那时的唯物主义和辩证法都是在近代实验科学出现以前的产物，世界万物的真实联系还远未揭示出来，它们还不可能从确凿的科学成果中概括出严密的理论，它们的许多合理思想还只能是笼统的猜测（虽然有不少天才的猜测），还只能是朴素形态的东西，还谈不上唯物主义与辩证法的科学的统一。近代以后，唯物主义和辩证法则基本上是分离的，唯物主义基本上是形而上学的唯物主义，辩证法则基本上是唯心主义的辩证法。它们虽然都有片面的真理性，但在总体上都不能全面正确地反映世界的本来面貌，不能成为完全科学的哲学。同时，它们又总是把自己的理论说成是终极真理，总想把自己设想的世界状态说成是终极状态，否认世界的无限发展，这就使它们不可能是彻底革命的哲学。马克思主义哲学第一次在实践的基础上把唯物主义与辩证法贯彻到底并且融为一体，赋予了崭新的内容和形态。在马克思主义哲学看来，世界是无限发展着的物质统一体，世界的万事万物都有发生、发展和灭亡的过程。它除了承认事物相对于它赖以存在的条件而言具有存在的合理性之外，不承认有永恒不变的事物，也不承认有终极真理。这样的哲学从根本上反映了世界的本来面貌，具有批判的革命的本质。这种统一也是哲学史上的一次革命。

第三节 马克思主义哲学在实践中不断发展

马克思主义哲学的创立，绝不意味着人类哲学思想发展的终结。马克思主义哲学作为一个开放的体系，不断从社会实践和科学发展中吸取营养以丰富和发展自身，从而显示出强大的生命力。马克思主义哲学创立一百多年来，一代又一代的马克思主义者运用马克思主义的世界观和方法论，不断根据自己所处时代的实际特点，对社会发展的现实问题进行理论研究和理论思考，提出了许多富有创造性的理论和观点，使马克思主义哲学的理论宝库不断得到丰富和完善。

一、马克思和恩格斯对马克思主义哲学的完善和发展

马克思主义哲学创立之后，马克思、恩格斯始终致力于完善、丰富和发展这一科学的世界观和方法论，并使之与无产阶级和人类解放的实践活动紧密结合起来。

在写于1859年的《〈政治经济学批判〉序言》中，马克思对历史唯物主义的基本原理作出了经典论述，深刻地阐明了生产力与生产关系、经济基础和上层建筑之间的辩证关系，对极其复杂的人类社会经济形态作了科学的解释，从而揭示了人类社会历史发展的规律。马克思强调，“不是人们的意识决定人们的存在，相反，是人们的社会存在决定人们的意识”①。这是马克思对历史唯物主义基本原理所作的最概括、最精辟的阐述。这一简明的论述，把历史唯物主义和历史唯心主义根本区别开来。马克思阐述，“社会的物质生产力发展到一定阶段，便同它们一直在其中运动的现存生产关系或财产关系（这只是生产关系的法律用语）发

① 马克思恩格斯文集(第2卷)[C].北京：人民出版社，2009，第591页

生矛盾。于是这些生产关系便由生产力的发展形式变成生产力的桎梏。那时社会革命的时代就到来了。随着经济基础的变更，全部庞大的上层建筑也或慢或快地发生变革”①。马克思的这段论述深刻地阐明了生产力和生产关系、经济基础和上层建筑的矛盾运动对人类社会发展的重要意义。马克思指出，“无论哪一个社会形态，在它所能容纳的全部生产力发挥出来以前，是决不会灭亡的；而新的更高的生产关系，在它的物质存在条件在旧社会的胎胞里成熟以前，是决不会出现的。所以，人类始终只提出自己能够解决的任务，因为只要仔细考察就可以发现，任务本身，只有在解决它的物质条件已经存在或者至少是在生成过程中的时候，才会发生”②。马克思的这段论述，阐明了并不是生产力和生产关系发生了矛盾，就会爆发革命。实际上，任何一种社会生产关系在它所能容纳的全部生产力发挥出来以前，它就还有一定的生命力，就不会很快地灭亡。同样一种新的生产关系必须在物质条件成熟时，才能产生。人类只能依据客观条件提供的可能，提出革命的任务。在这部著作中，马克思还根据不同的生产方式把社会主义社会以前的人类社会划分为四个时期：亚细亚的、古希腊罗马的、封建的和现代资产阶级的生产方式，并指出资产阶级的生产关系是社会生产过程的最后一个对抗形式。因为“在资产阶级社会的胎胞里发展的生产力，同时又创造着解决这种对抗的物质条件”③。这就是说，资产阶级一方面创造着社会化的生产力，它为资本主义私有制转变为社会主义公有制创造了物质条件；另一方面，随着资本主义的发展，无产阶级在斗争中发展和壮大起来，这就是为资本主义的灭亡准备好了掘墓人。

1867 年，马克思倾注 40 年心血撰写的划时代巨著《资本论》第 1 卷出版。《资本论》运用唯物史观的观点和方法，将社会关系

---

① 马克恩恩格斯文集（第 2 卷）[C]. 北京：人民出版社，2009，第 591—592 页

② 马克恩恩格斯文集(第 2 卷)[C]. 北京：人民出版社，2009，第 592 页

③ 马克恩恩格斯文集(第 2 卷)[C]. 北京：人民出版社，2009，第 592 页

归结为生产关系，将生产关系归结于生产力，从而证明了社会形态的发展是一个不以人的意志为转移的自然历史过程，进一步阐述了马克思主义的辩证法和唯物史观思想。《资本论》还通过对资本的生产过程、流通过程和总过程的层层分析，揭示了资本主义社会的生产社会化与生产资料私人占有之间的基本矛盾，指出了资本主义剥削的实质和经济危机的根源，阐述了资本主义必然灭亡，社会主义、共产主义必然胜利的历史规律。

在1876—1881年期间，马克思研究了许多论述史前社会状况的著作和材料，其中主要有：马·柯瓦列夫斯基的《公社土地占有制、其解体的原因、过程和结果》、路易斯·亨利·摩尔根的《古代社会》、亨利·萨姆纳·梅恩的《古代法制史讲演录》、约·拉伯克的《文明的起源和人的原始状态》、约翰·菲尔的《印度和锡兰的雅利安人村社》。马克思对这些著作和材料作了详细的摘录并进行了评论，形成了《人类学笔记》。《人类学笔记》通过对人类古代社会形态的历史考察，进一步完善了马克思关于五种社会形态的理论。马克思晚年提出的跨越资本主义“卡夫丁峡谷”的思想，阐述了落后国家实现社会主义的问题，丰富和发展了他们关于社会主义革命的道路的理论。

在长期的革命斗争实践和理论研究中，恩格斯敏锐地把握住时代发展的脉搏，在不断总结新的实践经验的基础上，在不断与各种错误思想进行斗争的过程中，写出了许多不朽的著作，提出了一系列新思想、新观点，极大地丰富和发展了马克思主义哲学的理论宝库。在1876—1878年，恩格斯花了两年多的时间，写下了经典名著《反杜林论》。《反杜林论》总结了《共产党宣言》发表之后30多年来无产阶级革命的经验和自然科学的成就，系统地阐述了马克思主义哲学、政治经济学和科学社会主义三个组成部分的主要内容及其内在联系，集中概述了马克思主义在当时所达到的成果。该著作在彻底清算杜林的哲学唯心主义和形而上学的同时，粉碎了杜林对马克思主义的猖狂进攻，对于捍卫马克思主义世界观，维护科学社会主义纲领，推动德国工人运动和整个共产主义运动的发展，起了十分重要的作用。

《自然辩证法》是恩格斯的一部重要哲学著作，这部著作是由恩格斯从1873—1886年陆续写成的一系列论文组成的。在这部著作中，恩格斯阐明了哲学与自然科学的关系，解析了辩证唯物主义的自然观代替形而上学自然观的历史必然性；阐明了唯物辩证法的总特征和一般性质，批判了唯心辩证法，论述了辩证法的三大规律，论证了逻辑学和认识论的基本原理；阐明了劳动在从猿到人转变过程中的决定作用，丰富和发展了马克思主义的唯物史观原理，批判了唯心主义和宗教神学在人的起源问题上的错误观点。这部著作对于无产阶级确立科学的世界观，正确认识和把握社会历史起了重要作用。

1884年恩格斯撰写了《家庭、私有制和国家的起源》，他利用美国学者摩尔根《古代社会》一书提供的研究成果，充分吸收并发挥了马克思研读有关古代社会史著作时所表述的思想，以历史唯物主义观点作指导，对人类社会的历史进行了科学考察，系统地阐述了家庭形态、氏族制度和国家政权的产生、特点及其演化，深刻揭示了家庭、私有制、阶级、国家的本质，科学阐明了人类从蒙昧、野蛮到文明的发展过程，预见了人类社会走向共产主义的历史必然性。列宁称赞“这是现代社会主义的基本著作之一，其中每一句话都是可以相信的，每一句话都不是凭空说的，而是根据大量的史料和政治材料写成的”①。

恩格斯撰写于1886年的《路德维希·费尔巴哈和德国古典哲学的终结》一书，在马克思主义哲学史上占据重要的地位，它系统论述了马克思主义哲学与德国古典哲学的关系，特别是与黑格尔、费尔巴哈哲学的关系，全面总结了马克思、恩格斯40多年哲学研究的硕果和哲学斗争的经验，在哲学史上第一次对哲学基本问题的内容进行了概括和论述，深刻阐明了马克思主义哲学在哲

① 列宁专题文集(论辩证唯物主义和历史唯物主义)[C].北京：人民出版社，2009，第284页

学史上实现的伟大变革的实质。

二、列宁、斯大林对马克思主义哲学的发展

19世纪末20世纪初，世界进入帝国主义时代。伴随着世界大战而发生的世界范围的社会主义革命，马克思主义哲学开始在世界范围内传播和实践。列宁在概括俄国和国际无产阶级革命经验、俄国社会主义革命和建设的经验以及自然科学新成果基础上，坚持马克思主义哲学基本理论与俄国革命实际相结合的原则，批判了第二国际机会主义、孟什维克主义、经验批判主义等各种错误思潮，提出了一系列新观点、新命题和新结论，对辩证唯物主义和历史唯物主义作出了多方面的、创造性的发展，把马克思主义哲学推进到一个新的发展阶段。

1908年，列宁写作了《唯物主义和经验批判主义》一书。在这部著作中，列宁坚持哲学的党性原则，坚持实践论和反映论、辩证法和认识论的统一，对马赫主义的主观唯心主义进行了系统的批判，提出了"生活、实践的观点，应该是认识论的首要的和基本的观点"①，并在此基础上提出了客观真理以及绝对真理和相对真理的辩证关系的思想，强调了实践是检验真理标准的原理。这部著作在粉碎俄国马赫主义的斗争中起了决定性作用，对辩证唯物主义认识论的发展作出了特殊贡献。

《哲学笔记》汇集了列宁1895～1916年所写的有关哲学的读书摘要、评注、札记和短文等，主要包括1895年对马克思、恩格斯的《神圣家族》和1909年对费尔巴哈的《宗教本质讲演录》两书的摘要，对黑格尔的《逻辑学》《哲学史讲演录》等著作的摘要以及列宁的《黑格尔辩证法(逻辑学)纲要》《辩证法的要素》《谈谈辩证法问题》等提纲和短文。这部著作对于唯物辩证法等问题作了深刻

---

① 列宁专题文集(论辩证唯物主义和历史唯物主义)[C]. 北京：人民出版社，2009，第49页

的研究，特别是《谈谈辩证法问题》作为总结性著作，其内容十分丰富，首次明确提出对立统一规律是辩证法的实质和核心，首次提出辩证法和形而上学是两种根本对立的发展观；首次得出了同一是相对的，斗争是绝对的结论，并指出一切事物都是在其内部对立面的统一和斗争的推动下运动、变化和发展的。这是列宁对马克思主义辩证法的重大贡献。

1916 年列宁写作完成了《帝国主义是资本主义的最高阶段》一书。在这部著作中，列宁对帝国主义的本质、特征和基本矛盾进行了全面而系统的科学分析，揭示了帝国主义产生、发展和必然灭亡的客观规律，批判了卡尔·考茨基(1854—1938 年)的"超帝国主义论"等错误思想，创立了关于帝国主义的系统理论，提出了帝国主义是资本主义最高阶段的新论点，作出了帝国主义是垄断的、腐朽的、垂死的资本主义的科学论断。

1917 年在十月革命前夕，列宁写作了《国家与革命》一书。在这部著作中，列宁全面系统地阐述了马克思主义的国家学说，批判了第二国际机会主义的反动国家观，总结了马克思主义关于打碎资产阶级国家机器、建立无产阶级专政的学说，充分论证了无产阶级专政的必要性，揭示了无产阶级专政与社会主义新型民主的一致性。《国家与革命》是列宁关于国家和法方面最重要的著作，是马克思主义关于国家与法的学说发展中的一个重要里程碑，不仅清除了机会主义对马克思主义国家学说的歪曲，而且进一步发展了这个学说，并且用俄国革命的经验加以丰富，使它成为指导无产阶级革命斗争和政权建设的强大思想武器。

十月革命后，围绕着如何巩固无产阶级专政、如何建设社会主义等问题，列宁进一步论述了理论与实践、普遍与特殊的辩证法思想；提出了"马克思主义的精髓，马克思主义的活的灵魂：对具体情况做具体分析"①；捍卫和发展了马克思主义社会意识形态

① 列宁专题文集(论马克思主义)[C]. 北京：人民出版社，2009，第 293 页

学说，提出了研究和学习马克思主义哲学以及创造社会主义新文化的战略任务；还对俄国革命和建设走过的道路进行了深入反思等等。

斯大林对马克思主义哲学的贡献集中体现在他于 1938 年出版的《论辩证唯物主义和历史唯物主义》一书中。在这部著作中，斯大林指出辩证唯物主义是马克思列宁主义政党的世界观，是用辩证的方法和唯物主义的理论来认识、研究、解释自然现象，并给马克思主义哲学奠定了一套由“两个名称（辩证唯物主义和历史唯物主义）、三大块（唯物论、辩证法、历史观）”构成的基本模式。《论辩证唯物主义和历史唯物主义》以简明、通俗的形式阐述了马克思主义哲学的许多原理，这在当时人们对马克思主义哲学还了解不多，马克思主义哲学水平还普遍不高的情况下，起到了宣传普及马克思主义哲学基本理论的积极作用，也成为当时学习马克思主义哲学的必读书。

三、马克思主义哲学在中国的发展

十月革命的胜利，开辟了世界历史的新纪元。作为世界社会主义革命的一部分，中国革命是在马克思主义哲学指导下取得成功的。以毛泽东为代表的中国共产党人，致力于马克思主义的中国化，形成了毛泽东思想。1930 年，毛泽东撰写了《反对本本主义》，第一次提出了“从斗争中创造新局面”的思想路线。1937 年，毛泽东在《实践论》和《矛盾论》中，结合中国革命的实际，分别阐述了以实践为基础的革命的能动的反映论和唯物辩证法的基本思想，把马克思主义哲学从高深的理论原理转化为实际工作中的工作方法和行为准则，为马克思主义哲学在中国的实际运用和通俗化开辟了道路，“两论”由此被称为马克思主义哲学中国化的典范著作。此后，毛泽东撰写了一系列重要文章，系统论述了从实际出发、理论联系实际、调查研究、实事求是和依靠群众等马克思主义哲学的基本原则，总结了一整套行之有效的易于为广大干部群众掌握的领导方法和工作方法，不仅丰富了马克思主义哲学的内容，而且开辟了一条把一般哲学理论与具体实践相结合的新路。在中国社会主义建设新时期，以邓小平为代表的中国共产党人，紧紧抓住什么是社会主义、怎样建设社会主义这个关系到当代中国前途的根本问题，深刻揭示了社会主义的本质，把对社会主义的认识提及到新的科学水平，形成了包含着丰富哲学思想的邓小平理论，并由此开创了中国特色社会主义理论体系。进入新世纪后，以江泽民为核心的第三代中央领导集体根据国际国内形势的新变化，提出了“三个代表”重要思想。“三个代表”重要思想最鲜明的特点和最突出的贡献，在于运用一系列紧密联系、相互贯通的新思想、新观点、新论断，着重回答了在中国共产党长期执政的历史条件下建设什么样的党、怎样建设党这一重大问题，并进一步回答了什么是社会主义、怎样建设社会主义的问题，深化了我们对建设中国特色社会主义规律的认识，把中国特色社会主义理论体系的发展推进到了一个新的阶段。党的十六大以来，党中央继续推进理论创新，形成了科学发展观和“中国梦”战略思想，提出了以人为本的执政理念和构建社会主义和谐社会的奋斗目标，创造性地回答了什么是发展、为什么发展、怎样发展的重大问题，进一步丰富了中国特色社会主义理论体系的内容。毛泽东思想和包括邓小平理论、“三个代表”重要思想、科学发展观、“中国梦”在内的中国特色社会主义理论体系，都是马克思主义（包括马克思主义哲学）中国化的标志性成果，都为丰富和发展马克思主义哲学作出了重大贡献。

第二章　马克思的人的本质和人的全面发展思想

马克思非常注重对人的本性的探索，人的本质与发展问题与马克思哲学体系研究的基本问题之一。马克思对人的全面的发展的相关论述，对我们今天的研究仍然有重大指导意义。

第一节　马克思人的本质理论的科学内涵

马克思主义从来没有放松过对人的研究，人一直是马克思主义哲学研究的一个重要内容，明确人的本质与价值能够更好地帮助我们探究人的需求，把握人的行为。

一、人的本质是劳动

作为人的形成和发展的原因、根据，人的本质是什么，这个问题在马克思对其进行解释之前一直没有得到最为科学的解释。马克思在人的本质的阐述中，创造性地将人的本质与劳动联系了起来，至此人们对人的本质才有了一个科学全面的认识。在《1844 年经济学哲学手稿》中，马克思从人与动物相区别的意义上或"类"的意义上将人的本质规定为自由自觉地活动。他说："一个种的全部特性、种的类特性就在于生命活动的性质，而人的类特性恰恰就是自由的自觉的活动。"①这也是马克思首次对人的本

① 马克思恩格斯全集(第 42 卷)[C].北京：人民出版社，1979，第 96 页

质进行全面的解释与论述。

在这里马克思强调“劳动是人的类特性”，“类特性”术语带有费尔巴哈的痕迹。劳动是人之为人的类本质，是人区别于动物的本质特征，这点在《1844年经济学哲学手稿》中很明确。在《德意志意识形态》中马克思也对劳动是人的本质这一命题再次进行了肯定。恩格斯在《劳动在从猿到人转变过程中的作用》中也强调：“劳动是于人和动物的族类差异的决定性因。”

人的劳动本质，这一思想最早是由著名的哲学家黑格尔提出的，但是黑格尔所说的劳动主要是指精神的劳动，我们可以通俗的理解为思考。出于这一点考虑，实质上黑格尔所说的劳动是人的本质并不是在说体力劳动，而是强调“思考是人的本质”。

需要注意的是，一般人们习惯于把马克思关于人的类本质是“自由自觉的活动”简称为“劳动”或“生产劳动”，这么说虽然不存在认识上的错误，但是这一说法并不严密，因为从这一角度出发很容易导致与动物的活动的混淆，从使自然发生某种改变的角度讲，动物也进行“生产”，只不过动物的生产和人的生产劳动性质上存在差异。动物的生产是“盲目”、“本能”的，而人的生产劳动的性质为“自由”、“自觉”的活动。

首先，人的活动是自由的。自由主要体现在人的活动的自主性和选择性。和人相比，动物的活动则是受肉体需要和本能的支配，如饿了就去觅食，冷了就去造窝，这就是说动物只能按照自然界给予的各种“信号”行事，它们的生产是没有自主选择的。而人的生产劳动可以不受肉体需要的支配而按照自己的种种目的有选择地进行生产。

其次，人的活动是自觉的。这主要体现在活动的目的性、计划性。马克思说：人在“劳动过程结束时得到的结果，在这个过程开始时就已经在劳动者的表象中存在着，即已经观念地存在着”①。而动物学研究表明，动物的活动是盲目自发的，它意识不

① 马克思恩格斯全集(第44卷)[C].北京:人民出版社,2001,208

到自己在生产，它的生产没有明确的目的或目标，并且是无计划的，而人的生产劳动是自觉的，他意识到自己在生产，而且知道生产什么、怎样生产和为什么而生产。

人的本质是劳动这一观点具有严密的科学性，我们可以从以下两个方面进行论证。

（一）劳动创造了人本身

劳动创造了人本身，这一论断科学的阐述了人类的产生与发展，纵观人类的发展的历史，我们可以发现“劳动”这个词基本可以完整的概括整个进程。正是劳动，将人类从动物世界中分离出来，将人类从茹毛饮血的原始文明带入到文明开化的现代文明。可以促进人不断发展的根源，就是人类为了认识自然、改造自然的劳动实践。

1.劳动是人产生的根源

达尔文的《进化论》告诉我们，人是从动物当中分化出来的，而造成这种分化的根源就是劳动。恩格斯指出：“劳动对于人类形成的作用达到这样的程度，以至于我们在某种意义上不得不说，劳动创造了人本身。劳动创造了双手，实现了手脚的分工；劳动促使语言的产生；劳动促使人脑的形成。从人与动物的重要区别看，有意识的生命活动把人同动物的生命活动直接区别开来，而人的意识是在劳动实践中生成、实现和确证的。正是在劳动实践过程中，人的肉体组织发展出了意识和自我意识的能力，从而使人的生命活动成为有意识的生命活动。”

2.劳动是人生存的基础

劳动是人类所具有的特殊的品质，这也是人在与自然的抗争中最终能够改变环境的基础。在人类的生存和发展中，人通过自己辛勤的劳动从自然界获取食物以及其他生存与生活的资料，从这一点来看正是劳动使得人能不断生存与繁衍下去。从人类的生存条件来看，吃穿自不必说，都是由人类的劳动获得的。从生活的角度来说，在基本的生存问题得到解决之后，人们的劳动为人类创造了丰富的物质文化生活与精神文化生活，这一点也符合马克思主义基本哲学中，物质决定意识的基本规律，即人类通过劳动创造的物质条件使得人能够有足够的物质条件去支撑自己的思考，去支持那些改造世界、认识世界的行动。

3. 劳动是人发展的动力

纵观人类历史，我们可以发现人类的发展史实际就是人用过自己的劳动不断的认识世界、搞糟世界的过程，劳动是促进人类发展与文明进步的根源。人在劳动的过程中，不仅仅在改造世界同时也在改造自身的对客观世界的认识和理解。

4. 劳动是人的自我表现、自我肯定的形式

劳动不仅仅是人类认识自然与改造自然的一种手段，同时也是人认识自身、改造自身，激发自身肉体潜力与精神潜力的一种手段。如果人不参与到劳动过程当中去，那么人作为人的主体性根本无法得到有效的展现；如果离开了劳动产生的劳动产品，人会失去自己作为人的本质力量；如果人类不会劳动，只凭自己的本能行事，那么人与动物没有任何区别，人也失去了作为世界主体的资格。从这几点中，我们可以看出人劳动过程是人的本质力量的实现过程，人类的劳动果实是人类生存与发展的基础。

（二）人就是人的劳动

人的特性实际上就是人的劳动的特性。人固然有许多特性，但人的最根本的特性是劳动，人的自然、精神、社会属性是由劳动派生的，是受劳动的影响和制约的，也只有通过劳动，这些属性才可能被统一理解为一个有机的“属性集”。

(1)人有自然属性，但人的自然属性是在劳动过程中得到改造的自然属性。人在历史进化过程中，通过劳动不断培养和积累了某些对社会有益的品质和属性，这些社会品质和属性对人的自然性有一定的约束作用，如道德规范、价值观念等后天意识。

(2)人有社会属性，但人类改造社会及人的社会属性是劳动

的产物。“以一定的方式进行生产活动的一定的个人，发生一定的社会关系和政治关系。”[①]正是在改造自然的实践活动中，人们之间结成了一定的社会关系。这种社会关系反过来又制约和规定人的本质。

(3)人有精神属性，它是一种能动的创造性的活动。物质的创造以观念的、精神的创造为前提，人的生产劳动要求人有动物所没有的创造性和目的性。人的意识既可以能动地反映世界，也可以通过劳动有目的地对世界施加影响。

二、人的本质是社会关系的总和

劳动是人的本质，准确地说应该是：劳动是人类的本质或人的类本质。对一般事物或动物而言，揭示出类特性，找到了区别他类的根本属性也就足够了，因为，一般事物或动物，其类特性同时也就是个体的特性。比如蜜蜂：一窝蜜蜂实际上也就是一只蜜蜂，因为一窝蜜蜂就是一只只单个蜜蜂的简单机械组合，因此一只蜜蜂的特性也就是一窝蜜蜂的特性。

但人和其他事物不同，个体的人不同于作为整体的人类。劳动只是人类的本质，劳动不是人类个体固有的特性，人作为孤立的个体并不具有这样的特性，单个的个体并不能从事现实的劳动，一切劳动都离不开个人，但劳动并不是个人的劳动，劳动是集体性的活动。

所以说“人的劳动本质”只是揭示出人的“一般本质”，只揭示出人作为一个类与动物的不同；同时人的“劳动”本质没有考虑一定的社会形态、社会结构对人的影响，没有看到不同历史时期的经济关系、政治关系、思想关系对人的不同作用，即劳动没有揭示出单个人的本质。所以，在《关于费尔巴哈的提纲》(《提纲》发表于 1845 年，恩格斯称之为“包含新世界观的天才萌芽的第一个文

---

① 马克思恩格斯全集(第 1 卷)[C].北京：人民出版社，1995，第 71 页

件”。《提纲》之前马克思主要是批判唯心主义，在《提纲》中马克思突出批判以前的一切唯物主义）中，马克思指出：“费尔巴哈把宗教的本质归结于人的本质。但是，人的本质不是单个人所固有的抽象物，在其现实性上，它是一切社会关系的总和”。[①] 这个命题可以看做是马克思对个体的人的本质的揭示。

三、马克思关于人的本质观点的特点

关于人的本质，马克思只是在不同的场合针对不同的情况作出了不同的说明，也就是说，马克思其实没有给人的本质下一个确切明确的定义，只不过是出于实践的需要，分别根据不同情况对人的本质特征作出了说明。但是这些观点显然都是正确的，且这些观点结合在一起，呈现出关于人的本质特征之间的有机联系。学术界对此有不同的归纳和论述，见仁见智。在这里参照杨金海的观点进行介绍。

（一）从人的一般本质上升到具体本质

简单地说“人的一般本质”是指人与动物相比照而显现的本质，回答的是“人的本质是什么”这个问题。马克思关于人的本质是“自由自觉的活动”揭示的是人的一般本质。“人的具体本质”：是指人与人相比照而显现的根本性质，要回答的是“张三的本质是什么”。马克思关于人的本质“在其现实性上，是一切社会关系的总和”揭示的是人的具体本质。

人的一般本质是指，人作为最一般的类存在物所具有的最一般的、最抽象的本质。人的本质当然首先指的是人的一般本质，在这一点上马克思和旧哲学关于人之本质论可以说有共同之处，但是马克思与旧哲学的人之本质论存在着本质区别。这种本质区别表现在：首先，虽然都讲人的一般本质问题，但在规定人的一

① 马克思恩格斯全集（第42卷）[C].北京：人民出版社，1979，第24页

般本质时有着本质的差别;其次马克思则从抽象的人的一般本质研究深入到具体的人的本质研究之中,得出人的本质在“其现实性上,是一切社会关系的总和”的结论。

(二)对人的理想本质和现实本质做了区分

马克思主义的方法论就是辩证法,“辩证法在对现存事物的肯定的理解中同时包含着对现存事物的否定的理解”[①]。马克思这句话充满了唯物辩证法的味道与智慧,他通过对客观事物的肯定与否定,在肯定与否定的基础之上阐述了一种朴素的辩证统一的关系,即事物存在现实本质与理论上的理想本质。大致地说,所谓的现实本质指的是事物在现实存在状态下的本质,现实本质与周围的环境以及社会背景有着紧密的联系,它并不是固定不变的而是随着社会环境以及时代背景的变化而不断变化的,通俗的说现实本质就是事物在不同的社会环境和时代背景下所能呈现出的一种相对稳定的存在状态。理想本质与现实本质是同一事物的两种状态,理想状态难以在现实中存在,但是如果条件合适理想本质的出现将是事物最本质面貌的呈现。从事物的发展过程来看,现实本质在发展的过程不断向理想本质靠近,二者不是对立的相反理想本质是现实本质的最终归宿,当然并不是所有的现实本质最终都能发展到理想本质,但一定是向着理想本质的方向不断靠近。

马克思指出应当从现实的人和现实的社会状况出发去追求和实现人的理想本质。马克思对资本主义制度不合理性的批判就在于指出资本主义社会的异化劳动,导致了工人的“非人”本质。“非人”即不符合人的本质的人,即其现实本质的非人性化,而这正是由资本主义现实的社会关系所决定的。

① 马克思恩格斯选集(第2卷)[C].北京:人民出版社,1972,第218页

四、认识人的本质的方法论意义

马克思把对人的本质问题的研究看作是研究人、自然和社会历史等问题的出发点和前提，是为达到某种目的提供一种方法论。

（一）为揭示社会历史的本质提供方法论

在马克思看来，人是社会历史的主体或"剧作者"，因而整个历史也无非是人类本性的不断改变而已。既然如此，要想认识社会历史，就必须对人的本质有所认识。从揭示人的本质入手认识社会历史，是马克思人学研究中采用的一种方法。

马克思把自我意识看作人的类本质，因而他从此出发说明社会历史，认为社会历史是自我意识的表现和实现。在《黑格尔法哲学批判》中，他把理性和自由看作人的社会本质，从此出发，他把国家看作是理性和自由的产物和表现，进而又把家庭、市民社会和国家看作是人的本质的实现和客观化，并从此出发批判了封建王权和等级制，认为后二者是人的活动脱离人的本质之结果。《莱茵报》时期，他认为人的类本质是"理性和自由"，与此相应，他把理性和精神作为社会的本质。在《德法年鉴》中，马克思把人本身和人的存在看作人的本质，并从此出发说明宗教、国家和社会，认为它们都是人的本质异化。在《关于费尔巴哈的提纲》以及以后的著作中，马克思把有生命（有个性）的个人、物质生产实践活动和社会关系看作人的本质的规定，看作是社会历史的基本前提、出发点和本质内容（因素），并以此来说明社会历史发展：社会历史是"个人本身力量发展的历史"，是物质生产劳动的发展史，是生产力和社会交往形式（社会生产关系）矛盾运动的历史。

（二）为说明人的问题提供方法论

人的本质是人得以存在和发展的一个根据，马克思从有个性的个人、生产实践活动和社会关系三者的统一出发，分析说明人的全面而自由的发展、人的平等、人的权利和人的解放之内容和条件，来批判以往的人的学说。马克思把人置于社会关系中来说明人的解放，从人的社会生产实践活动来说明人的解放，并指出人的解放的目的是消灭异化劳动，从人的个性来理解人的解放，指出人的解放是自己支配自己。

他把人的全面发展的基本内容和条件归结为三个基本方面：一是人的社会关系充分达到全面、和谐一致的发展，消灭私有制；二是人的生产实践活动达到充分的丰富性、变动性和完整性，消灭旧式分工和发展社会生产力；三是个人本质力量、能力、潜能和个性的充分发挥，唤醒个人自我意识。

他从有个性的个人、实践活动和社会关系三者的统一出发，来分析和说明人的自由的内容及实现条件。人的自由是从如下三个基本方面来分析的：一是人作为人类一员所享有的自由；二是人作为社会和社会关系中的一员的自由；三是人作为有个性的个人之自由。

他还从有个性的个人、实践活动和社会关系三者的统一出发批判以往的人的学说。在马克思看来，以往的人的学说抽象地谈论人和个人，其根本原因在于忽视了人的实践活动和社会关系。国民经济学只关心劳动的经济学意义，忽视了劳动的属人性质。

（三）为分析社会经济现象提供一把钥匙

作为社会经济现象的社会经济关系是人与人之间的经济关系，既然如此，对人的本质内容之揭示，无疑对分析社会经济现象具有重要的意义。

马克思就是从有生命的个人、实践活动和社会关系三者的统一出发，来分析说明社会经济现象，来阐明政治经济学原理的。他在《1844年经济学哲学手稿》中，第一次集中分析了“劳动者及其产品的异化”这一基本的社会经济现象（或事实）：一方面从社会关系出发分析这一现象，指出这一现象表明人与人之间存在着私有财产关系，存在着资本家对工人的占有关系，另一方面，从人的自由自觉的活动出发说明这一现象，认为这一现象表明人的劳动产生了异化。另外，他还从有个性的个人出发来考察这一现象，认为这一现象表明人的个人价值、尊严和幸福的丧失，表明个人需要和发展受到压抑。

在《资本论》中，马克思又指出，他对资本主义社会的经济现象的分析，首先是从人与人之间的社会关系的一种特殊表现形式即商品交换关系出发的，并且力图在物与物的关系中揭示出人与人的关系。同时又指出，他在分析社会经济现象时在某些方面陷入困境，其原因在于没有把人还看作是有个性的个人。另外，马克思还从实践活动的一种特殊社会形式——雇佣劳动出发，来分析社会经济现象，说明资本家对工人的经济剥削和压迫的秘密，说明资本和私有财产。从这里可以看出，通过对雇佣劳动的分析来说明社会经济现象，在马克思的理论中占有十分重要的地位。

（四）为说明“自然”提供方法论

“自然”是马克思学说中的一个重要概念，对这一概念的揭示和分析，马克思也是从有生命的个人、实践活动和社会关系三者的统一出发的。在他那里，关于“自然”的概念有三种基本含义：一是从有生命的个人出发来理解自然，指出自然是有生命的个人的无机身体；二是从社会关系出发来考察自然，认为自然是“历史的自然”或“社会中的自然”，自然只有在社会和社会关系中才成为人和人联系的纽带，成为人生存的基础；三是从人的实践活动的对象性出发来说明自然，认为自然是“人化的自然”。

(五)为制定科学共产主义学说提供线索

科学共产主义学说是马克思理论体系的核心,从他对共产主义学说的阐释中可以看出,其中贯穿着一条基本线索,这就是始终对有个性的个人、实践和社会关系的深切关注。

首先是对有个性的个人的关注。这一点充分体现在《德意志意识形态》《共产党宣言》和《资本论》等著作中。其基本思想是:“共产主义所造成的存在状况,正是这样一种现实基础,它使一切不依赖于个人而存在的状况不可能发生,因为这种存在状况只不过是个人之间迄今为止的交往的产物”;个人能力的全面发展是共产主义社会的最大财富,自由个性的实现是它的最高成果,在共产主义社会这一自由个人的联合体中,每个个人的自由而全面的发展将与人类社会的发展取得和谐一致。

其次是对实践的关注。马克思把实践的唯物主义看作他的共产主义学说的一个中心内容。这一内容包含两个方面:一是共产主义实质上是通过实践消灭现存状况的现实运动,是通过革命实践改造旧世界的运动过程,二是通过人的实践改造活动,实际地批判和改变事物的现状,使现存世界革命化。

再次是对社会关系的关注。马克思指出,共产主义是由消灭陈旧狭隘的社会关系产生的,是私有财产关系的积极扬弃,它的理论可概括为一点,这就是消灭私有制这一社会关系。

由此,我们不难看出,马克思对人的本质的揭示,是离不开他对实践、社会历史和社会经济关系的分析和认识的。实际上,他对人的本质的认识过程同他把这一认识作为方法加以运用的过程是一致的,即是同一过程的两个不同方面。

第二节　马克思人的全面发展思想

人的全面发展理论是马克思主义学说的核心理论,马克思主义所有的学说和理论,归结到一点就是实现人的自由和解放,促进人的自由全面发展。马克思主义人的全面发展理论有着十分丰富的内涵。

一、马克思人的全面发展思想的主要观点

(一)人的发展

马克思对人的发展十分重视,并且进行了深入与研究。在马克思看来,人的发展的内容并不是随意选取的,而是因为人们的现实需要以及提升自己的渴望倾向决定的。有需求人们才会产生动力,人之后在具备了一定的需要后,才会获得发展的动力,才会使自身得到发展。

马克思指出,在人类发展的最初阶段物质是困扰人们生活的主要阻碍,由于生产力水平的限制,人们不得不将大部分的体力与精力花费在获取食物等物质资料上。随着生产力的发展,人类得到食物、生产食物的水平得到了提高,除去保证生存的基本需求外,还产生了规定的生育物品,这时人类其他方面的需求开始产生,尤其是精神需求的满足成为人追求的一个重要目标。马克思认为人只有在物质需要和精神需要都得到满足的时候,才算是得到了全面的发展,人才称得上是真正的人。

在社会主义社会形态下,我们向往和所追求的是这样一个社会(人类社会发展的第三种形态),人的需要实行"按需分配"原则,人的物质和精神方面得到充分发展,即最终实现共产主义。大学生个人素质的提升,以及思想道德的培育,都应该紧紧围绕建设社会主义这个核心追求来进行,这样做符合历史发展的规律和时代的潮流。

(二)人的全面发展思想

在马克思看来,人的全面发展是所有属性与素质的综合进

步，而不是某一项特长的进步，马克思曾经说："人以一种全面的方式，就是说，作为一个总体的人，占有自己的全面的本质"。从人类的特点来看，有思想、有意识、有需求的人是一种各种复杂因素结合在一起的综合体，人性和人的需要具有多样性的特点，正是这种多样想使人的活动呈现出多样性，使人对自己的发展具有强烈的全面性的诉求。人要获得适应环境变化发展的能力，人的能力要不断提升。正如恩格斯在《反杜林论》以及《社会主义从空想到科学的发展》中提出的人的发展要"适应于不断变动的劳动需求"。

在马克思看来，人的全面发展包含了多个内容，比如人的个性自由，人的性格、智慧、情感等特质的发展等。人必须能自己自由地支配自己，有自己独立的思想意识和做人的理念，对于不同的认识，应该秉持敢于怀疑的态度。从人的特质来看，人的精神自由是人的全面发展的重要方面，精神属性不健全的人不能称之为一个全面发展的人。从马克思主义的相关理论来看，在资本主义条件下，人的个性实际上是被泯灭了。

生产力的发展推动了社会的发展，同时也为人的各种潜能和天赋的发挥提供了足够的物质条件和物质基础。从历史发展的角度来看，旧的分工体系对人类的全面发展有着严重的束缚和限制，想要获得全面、健康的发展，人类只有从原有的社会体制和分工模式下解放出来，才能突破束缚实现自身的全面发展。每个人在生来都不是尽善尽美的，后天的学习能不断的丰富自己知识结构，提高自己的个人认识。

（三）人的自由全面发展思想

马克思认为，在消灭资本主义生产关系的前提下，最终实现人的发展，要实现这样的发展状态，"代替那存在着阶级和阶级对立的资产阶级旧社会的，将是这样一个联合体，在那里，每个人的自由发展是一切人的自由发展的条件。"关于马克思的这句话，我们可以从三个方面来理解。

第一,只有人的潜能和自身特质都得到了全面自由的发展,我们才能说其潜能被最大程度的地挖掘了,从这个意义上来说,促进人的全面自由发展对其能够取得成就及其所能达到的人生上限具有重要的意义。在资本社会,金钱作为主要的价值衡量标准,是对公平的一种亵渎,如果没有足够的财力作为保障,那么只能在不平等的社会规则下沦为牺牲品。

第二,每个人都是有自己独立思想与人格的个体。我们知道,人性无论是在其内容上还是在每个人身上都有着不同的体现和差异。正是这些丰富多彩的个体,构成了丰富多彩人类社会,人类社会的丰富多彩取决于每个个体能否得到全面自由的发展,彰显自己的个性。由此,我们得出这样的结论:个人的发展是以自身为主体的自觉、自愿、自主的发展。

第三,人的本质和人的特征是人真正获得发展的重要方面。人的最基本的生存需要首先要得到发展,人的生存需要发展并不是人的自由发展,人只有充分发扬自己的个性,享受自己的生活,才能自由发展。

人的自由和解放的最高境界是人的自由的充分实现和人类天性的彻底解放,它是全面的最基本表现,同时这也标志着人类社会形态的进步。从人的发展的角度来看,社会发展的最终目的和最终归宿必然是每个社会成员都能按照自己的意愿自由、全面发展自己的能力。从原始社会开始人就是一种集体性很强的物种,毫不夸张地说,任何人离开群体后都难以维持自己的生存和发展,群体是每个成员最基本的生存和发展依靠。

每个社会都有其社会关系和社会制度,不同的社会制度对社会成员以及社会的进步具有不同的影响有作用,并且先进的社会制度和生产关系必将随着时间的发展而逐渐取代旧的、落后的社会制度,比如资本主义取代封建主义。从历史上来看,只有社会获得解放,人的潜能才能得到最好的开发与利用。

二、马克思关于人的全面发展的科学内涵

（一）人的全面发展是指劳动能力的逐步提高

马克思在《1844 年经济学哲学手稿》中指出："劳动这种生命活动、这种生产生活本身对人来说不过是满足他的需要即维持肉体生存的需要的手段。而生产生活就是类生活。这是产生生命的生活。一个种的全部特性、种的类特性就在于生命活动的性质，而人的类特性恰恰就是自由的有意识的活动。生活本身仅仅成为生活的手段。"由此可以看出，人的类特性就在于自由自觉性。劳动，作为人的根本实践活动，创造了人，也造就了人的类本质。因此，劳动能力的强弱和劳动水平的高低，直接决定并且反映着人的自由自觉性的发展程度，劳动能力的全面发展，成为人的自由全面发展的根本。

（二）人的全面发展是指人的多重需要的极大满足

在马克思看来，正是人的需要的发展和需要的不断满足推动着人类和人类社会的文明进步。人的需要是人的意识活动及其他各方面行为活动的内在动力。人的需要是多样的和多层次的，不仅有物质需要，还有精神需要，精神需要中又有发展需要、自我实现的需要等。人们总是在旧的需要得以满足的基础上产生新的需要，从而推动各项事业的发展。所以，马克思指出，人的需要的发展证明了人的本质力量和人的本质的充实。人的需要具有层次性，需要形式的日渐多样，以及需要的不断得以满足，推动着人的全面发展，进而推动人类社会的全面进步。

（三）人的全面发展是指人的社会关系的不断丰富

人的本质属性是社会性。人是处于社会关系中的人。人的发展与其社会关系紧密相连。马克思在《关于费尔巴哈的提纲》

中指出："人的本质不是单个人所固有的抽象物，在其现实性上，它是一切社会关系的总和。"人总是社会的人，总是在一定的社会关系中生存和发展。任何一个人的能力的形成、发展和完善，都离不开特定的社会关系。人的社会关系的发展，是个人形成的社会关系日益普遍化、全面化的过程。每个人都有自己的社会圈，每个人每天都在同他人交往着，只有在同他人交往的过程中，人才能发展，所以说，个人的发展通常取决于与他发生交往的人。一个人的社会交往程度越高，社会关系越丰富，他的视野就会越开阔，获取的信息、知识、技能、经验就越多，能力的发展就越快，进步就越全面、越迅速。

（四）人的全面发展是指人的独立个性的自由发展

从马克思关于人的发展的三个阶段来看：第一个阶段，是人对人的依赖，人的个性被淹没在依赖性的畸形人际关系之中；在第二个阶段，在对物的依赖的基础上人的独立性有所发展，人的个性有所表现；只有到了第三个阶段，即自由个性的阶段，生产力高度发展，社会财富极大丰富，人们才注重追求个性的自由发展。这一阶段，也被称为"自由人的联合体"阶段。人的个性的自由发展程度，是人的全面发展的综合表现。人的全面发展，以人的个性的自由全面发展为基点，而人的个性的自由全面发展的程度，代表了人的全面发展的优劣。

三、人的全面发展的实现

历史唯物主义不仅揭示了人的全面发展的内涵，而且从生产力、社会关系、社会交往、教育等多重维度探讨了实现人的全面发展的条件，从而为人的全面发展的实现寻找到了一条现实的道路。

(一)社会生产力的巨大增长

生产力不仅是社会发展的最终决定力量,而且也是实现人的全面发展的最终决定力量。社会生产力的不断发展,使整个社会物质文明水平不断提高,人民物质生活能得到日益改善,从而为人的全面发展奠定坚实的经济基础。历史经验证明,当人们的基本物质生活条件难以保证时,是根本不可能实现人的全面发展的。正如马克思所说:"人们每次都不是在他们关于人的理想所决定和所容许的范围之内,而是在现有的生产力所决定和所容许的范围之内取得自由的。"①

(二)社会关系的合理构建

人不是生活在社会之外,而是生活在社会之中。马克思讲:"只有在共同体中,个人才能获得全面发展其才能的手段,也就是说,只有在共同体中才可能有个人自由。"②社会制度和社会关系的合理与否,决定着人的需要的满足程度、能力发挥和实现的程度以及人的发展的协调程度。要促进人的全面发展,必须扫除社会关系中的障碍,构建合理的社会关系。

(三)社会交往的普遍发展

人的发展的全面性包含着社会交往的普遍性。马克思指出,一个人的发展"完全取决于交往扩展的情况"③。扩大社会交往,自觉参与社会交往,这是人丰富自己的社会关系,扩展自己的发展舞台的重要途径,也是加强相互学习,相互交流,进而完善自己,发展自己的有效方式。尤其是在经济全球化的条件下,要促进人的全面发展,必须促使社会交往普遍发展。

---

① 马克思恩格斯全集(第3卷)[C].北京:人民出版社,1960,第507页

② 马克思恩格斯选集(第1卷)[C].北京:人民出版社,1995,第119页

③ 马克思恩格斯文集(第1卷)[C].北京:人民出版社,2009,第559页

（四）教育的充分发展

教育是造就全面发展的人的基本途径。教育可以使人获得全面发展所必需的知识，可以提高人的素质和能力，可以帮助培养健全的人格。加强教育，是造就人的全面发展的必由之路。

人的全面发展既是一种社会理想，又是一个逐步实现的历史过程。人总是在现有的条件下来促进其全面发展，并积极创造条件、改变条件来加快其全面发展。总体来看，人的发展状况同社会的发展状况是相适应的，随着社会的发展，人的发展程度会不断提高。

四、共产主义是实现人的全面发展的社会形态

真正实现人的全面发展的社会形态，即马克思所说的“自由王国”是未来的共产主义社会。实现共产主义是人类历史发展的必然趋势，是马克思主义最崇高的社会理想。

马克思主义经典作家在揭示人类社会发展一般规律的基础上，在对资本主义旧世界的剖析和批判中，揭示了未来共产主义社会的一般特征：第一，生产力、科学技术高度发展，社会产品极大丰富，第二，一切阶级差别彻底消失，工农之间、城乡之间、脑力劳动和体力劳动之间的差别逐渐消失，人们摆脱了固定分工。共产主义社会里，劳动已经不是谋生的手段，而是人们生活的第一需要。列宁曾经讲到：“所谓共产主义，是指这样一种制度，在这种制度下，人们习惯于履行社会义务而不需要特殊的强制机构，不拿报酬地为公共利益工作成为普遍现象。”[①]第三，全体人民的共产主义思想、集体主义精神和大公无私的道德品质极大地提高，共产主义劳动态度普遍地树立起来，全民教育普及并不断提高，人们过着高尚的、丰富的精神文化生活，每个人都得到全面自

① 列宁专题文集(论社会主义)[C].北京：人民出版社，2009，第382页

由的发展；等等。

恩格斯在描述人类社会的这个美好愿景时写道："一旦社会占有了生产资料，商品生产就将被消除，而产品对生产者的统治也将随之消除。社会生产内部的无政府状态将为有计划的自觉的组织所代替。个体生存斗争停止了。于是，人在一定意义上才最终地脱离了动物界，从动物的生存条件进入真正人的生存条件。人们周围的、至今统治着人们的生活条件，现在受人们的支配和控制，人们第一次成为自然界的自觉的和真正的主人，因为他们已经成为自身的社会结合的主人了。人们自己的社会行动的规律，这些一直作为异己的、支配着人们的自然规律而同人们相对立的规律，那时就将被人们熟练地运用，因而将听从人们的支配。人们自身的社会结合一直是作为自然界和历史强加于他们的东西而同他们相对立的，现在则变成他们自己的自由行动了。至今一直统治着历史的客观的异己的力量，现在处于人们自己的控制之下了。只是从这时起，人们才完全自觉地自己创造自己的历史；只是从这时起，由人们使之起作用的社会原因才大部分并且越来越多地达到他们预期的结果。这是人类从必然王国进入自由王国的飞跃。"①因此，在共产主义社会，束缚人的盲目的自然力被消除，压抑人的异己的社会力量被消除，人的思想也得到了彻底的解放，也就实现了人的自由全面发展。

共产主义是历史的必然，而共产主义制度的实现则需要无产阶级及其政党的长期奋斗。当代共产主义运动处于严峻的低潮，确实出现了挫折，但是，不论实现共产主义的道路多么不平坦，都不会改变共产主义在全世界取得胜利的历史总趋势，因为这是不可抗拒的客观历史规律。

社会主义社会是共产主义社会的低级阶段，是共产主义高级阶段的必要准备，共产主义则是社会主义发展的必然趋势。我国

① 马克思恩格斯选集（第3卷）[C]. 北京：人民出版社，1995，第633—634页

目前处于社会主义的初级阶段，它包含两层含义：其一，我国已经是社会主义社会，我们必须坚持而不能离开社会主义；其二，我国的社会主义是社会主义的初级阶段，这个初级阶段是指我国是在生产力落后、商品经济不发达的条件下建设社会主义必然要经历的特定阶段。根据我国的具体国情，我们必须在中国共产党的领导下，从现时代的具体情况出发，建设有中国特色的社会主义。只要我们坚定不移地坚持马克思列宁主义、毛泽东思想的基本原理，在邓小平理论、“三个代表”重要思想和科学发展观及“中国梦”的指引下，努力奋斗，共产主义的崇高理想就一定会实现，人的自由全面发展也一定会实现。

第三章　以实践为基础的马克思主义认识论

在对认识本质问题的理解上马克思主义哲学在合理吸收了以往哲学的思想基础上，要求以实践为基础，从认识与实践、主体与客体、认识与对象的多重矛盾关系的统一中深刻领悟认识活动及其成果的本质规定性，科学地总结出在实践基础上主体对于客体的能动的创造性的反映是人的认识的本质。

第一节　实践是认识发生的现实基础

马克思主义认识论阐明了实践是认识发生的现实基础，揭示了认识的本质是在实践基础上主体对客体的能动反映，创立了以科学实践观为基础的辩证唯物主义能动反映论，与唯心主义先验论和不可知论以及旧唯物主义直观反映论等一切旧哲学划清了界限。

一、实践是认识的基础

“生活、实践的观点，应该是认识论的首要的和基本的观点。”[①]实践是认识的基础，对认识起着决定性作用。当然，认识对实践也有重要的反作用。

---

① 列宁全集(第18卷)[C].北京：人民出版社，2009，第49页

(一)实践是认识的来源

人的认识不是人的头脑里固有的,也不是从天上掉下来的,而是从实践中产生和发展的。实践是联系人和客观事物的桥梁,只有通过实践,人才能与客观事物相接触,才能产生人对客观事物的认识。对此,毛泽东早就讲过:“人的正确思想是从哪里来的?是从天上掉下来的吗?不是。是自己头脑里固有的吗?不是。人的正确思想,只能从社会实践中来,只能从社会的生产斗争、阶级斗争和科学实验这三项实践中来。”①任何人的聪明才智都是他们勤奋实践和善于学习的结果。正如毛泽东所说:“你要有知识,你就得参加变革现实的实践。你要知道梨子的滋味,你就得变革梨子,亲口吃一吃。”②英国著名的生物学家达尔文创立了科学的物种起源学说,就是他长期实践的结果。他从小就爱好采集和收藏贝壳、昆虫之类的标本。1831年,他大学毕业,以博学者身份参加了一个探险队,乘“贝格尔”号军舰开始了他的著名环球旅行,从欧洲到南美洲、澳洲、亚洲,沿途一路采集各种动植物标本,详细观察和研究各种物种的发展情况,最终掌握了生物物种的发展变化规律,写出了具有重要历史意义和学术价值的《物种起源》一书,创立了科学的物种起源学说。

当然,认识来源于实践,并不是说每一个人的认识都必须全靠直接经验,实际上,间接经验对一个人知识的积累和认识能力的提高也是有着非常重要的作用的。因为任何个人的生命和实践范围都是有限的,他的知识不可能也不必要都通过亲自实践来获得,不必事事都亲身体验和直接经历。其实,对每一个具体的个体来说,其知识更多地是来自间接经验,即通过接受教育、读书学习等方式获得的。人类知识的发展是代代相传的,每一代人都把前人所取得的认识成果作为自己认识的出发点,并把自己的实

① 毛泽东文集(第8卷)[C].北京:人民出版社,1999,第320页

② 毛泽东选集(第1卷)[C].北京:人民出版社,1991,第287页

践经验深化为新的知识，增添到人类知识的宝库中去，从而成为后代人认识的新起点。因此，学习书本知识，接受间接经验是非常重要的。但这并不意味着人的认识有两个来源，因为在今天于我们而言是间接经验的东西，对前人来说就是直接经验，所以不论是直接经验还是间接经验，其最终来源都是实践，直接经验和间接经验是“源”与“流”的关系。

（二）实践是认识发展的动力

首先，实践的需要推动认识发展。社会实践的发展，不断提出新的课题，推动主体从事新的探索和研究。同时，主体也正是在总结实践所提供的新材料的基础上，才能对新课题给予正确的回答，获得新认识，产生新科学。可见，科学就是从实践需要中产生的，又是随着实践的发展而发展的。例如，战争活动的愈来愈复杂和愈来愈现代化，推动了军事科学的发展；航天实践的迅速发展，推动了原子核物理学、基本粒子物理学、放射化学和放射生物学的巨大发展。

其次，实践提供认识的工具和技术手段。认识由低级到高级的发展离不开认识工具和技术手段。从实践中创造出来的新的认识工具和技术手段，帮助人们深入探索研究自然的奥秘，促进了认识的发展。比如，要想认识遥远的天体，就必须有望远镜；要认识细胞的构造，就必须有显微镜；要认识基本粒子，就必须有高能加速器和电子仪器设备。望远镜、显微镜、雷达、高能加速器、电子计算机为更深入地认识客体的本质提供了认识工具和技术手段，为认识的发展提供了条件。

再次，实践决定纯理论研究的发展。现代的纯理论研究有较大的独立性，它的研究课题有时并不直接来源于实践，但归根结底是由实践的发展所决定的。所谓纯理论研究总要以前人所积累的材料作为前提，这些材料仍来源于前人的实践。在纯理论研究中，人们仍然重视成果的实践意义。现代科研中的纯理论项目多数是同实践的需要相联系的，只不过是有些同长远的实践需要有联系罢了。恩格斯指出:“社会一旦有技术上的需要,这种需要就会比十所大学更能把科学推向前进。”[①]因此,从根本上说,实践是认识发展的终极动力。

最后,实践决定认识能力的发展。社会实践水平的高度决定着主体认识能力的强度。在现代社会实践中,由于现代人的实践高于古代人的实践,这就决定了现代人的认识能力高于古代人。实践主体通过总结正反两方面社会经验,不断地提高了分析问题和解决问题的能力。

马克思主义哲学认为,天才并不是天生之才,而是天赋加上后天的实践。马克思指出:“搬运夫和哲学家之间的差别要比家犬和猎犬之间的差别小得多,他们之间的鸿沟是分工掘成的。”[②]高尔基说,天才就是劳动。人的天赋就像火花,它既可能熄灭,也可能燃烧起来,而使它成为熊熊烈火的方法,只有一个,那就是劳动,再劳动。天才来源于实践,没有实践做基础,再好的天赋也不能成为天才。

(三)实践是检验认识真理性的唯一标准

人们通过实践活动所获得的对客观世界的认识,是否能够正确地反映了客观事物的本质及其规律,是否与客观世界相符合、相统一,只有经历实践的检验才能得到证明。正如马克思指出:“人的思维是否具有客观的真理性,这不是一个理论的问题,而是一个实践的问题。人应该在实践中证明自己思维的真理性。”[③]

(四)实践是认识的目的和归宿

实践不仅是认识的起点,而且同时也是认识的目的和归宿。人们之所以要认识世界,归根到底是为了改造世界。一切科学的理论、知识,说到底都是为实践服务的,都必须回到实践中去指导

---

① 马克思恩格斯选集(第4卷)[C].北京:人民出版社,1995,第732页

② 马克思恩格斯选集(第1卷)[C].北京:人民出版社,1995,第158页

③ 马克思恩格斯文集(第1卷)[C].北京:人民出版社,2009,第500页

人们改造世界的活动。如果有了正确理论，但只是把它束之高阁，不实行，那么这种理论再好也将失去其存在的价值。正因为此，马克思强调“一步实际运动比一打纲领更重要”[①]，习近平也反复强调“空谈误国，实干兴邦”。

总之，认识从实践中产生，随实践发展，受实践检验，为实践服务，这些都充分说明了实践在认识中的决定作用。

马克思主义认识论在充分肯定实践对认识的基础性、决定性作用的同时，也非常重视认识对实践的反作用，强调认识特别是反映客观事物本质和规律性的理论认识，对实践有着巨大的指导作用。理论是认识的高级形式，它往往走在实践的前面，规定实践的目的、范围和过程，影响和预见实践的结果，指导实践的发展。比如，艾思奇的《大众哲学》，就对中国人民取得抗日战争和解放战争的胜利起了重要作用。艾思奇是1910年3月出生在云南的人民哲学家。他在日本留学的时候是学工的，他的一位中学同学曾问他，为什么搞了哲学？艾思奇说，只有改造社会制度，中国才有出路，而要改造社会制度，就首先要改造人们的思想观念。1934年11月到1935年10月，他在上海《读书生活》杂志连载发表《哲学讲话》，把马克思主义哲学大众化，赢得了人民大众的喜爱。连载结集出版后，洛阳纸贵，到1948年居然连续印发了32版。成千上万的青年正是读了它受到启发和影响，奔向延安，后来艾思奇本人也到了延安，并在抗日军政大学讲课。毛泽东也读过《大众哲学》，知道艾思奇到了延安，亲临他的窑洞，与艾思奇一起讨论哲学问题。在解放战争时期，蒋介石无可奈何地哀叹：“一本《大众哲学》，冲垮了三民主义的思想防线！”承认其失败，是人心丧失，“乃败于艾思奇先生之《大众哲学》”！[②] 退到台湾后，蒋介石又多次讲道，“我们同共产党的较量，不仅输在军事上，乃是输在人心上。一本《大众哲学》搞垮了我们的思想战线”。由此可

---

① 马克思恩格斯文集(第3卷)[C].北京：人民出版社，2009，第426页

② 艾思奇.大众哲学[M].北京：人民出版社，2004，第16页

见，认识、理论本身虽不是物质的力量，但却可以通过实践变成改造世界的强大的物质力量。

任何认识或理论对实践都有反作用，但正确的认识或理论和错误的认识或理论的反作用的性质截然相反。正确的认识或理论对实践起积极的促进作用。因为正确的认识或理论如实揭示了客观事物的本质和规律，因而能够指导实践达到预期的目的，获得成功。错误的认识或理论对实践起消极的阻碍作用，妨碍主体自觉地按照客观规律改造世界，从而导致失败。

马克思主义认识论既强调认识对实践的依赖性，同时又指出认识对实践的指导作用。认识来源于实践，反过来又指导实践；在实践中产生了认识，实践又要受认识的制约。认识与实践的关系是辩证关系，两者相互依存、相互制约、相互作用，共同促进了人类社会的进步与发展。这就要求我们既要坚持实践，又要坚持学习理论，把二者辩证地统一起来。

二、认识是主体在实践的基础上对客体的主观能动反映

马克思主义哲学在实践的基础上，从认识与实践、主体与客体、认识与对象的多重矛盾关系的统一中揭示了人类认识的本质，认为认识是在实践基础上主体对客体的能动反映。

（一）认识的主体与客体

认识主体是处于一定历史条件和社会关系中的从事实践活动和认识活动的个人或社会集团。作为认识主体的形式是多种多样的：个体主体，是认识主体的基础和细胞，是在一定的历史条件下从事相对独立的实践和认识活动的个人；群体主体，即按照一定的利益、目的、信仰和规范而组织起来，共同从事实践活动的集团，如民族、阶级、政党、科学共同体；类主体，即指全人类，是从事着实践和认识活动的个人和集体的总和。个体主体和群体主体都是类主体的局部，类主体就其本性来说，是具有无限的认识

能力的。作为认识的主体有多种属性:第一,具有自然属性,是有生命的自然存在物。这表明,人是自然界长期发展的产物,是高度组织起来的、有特殊能动性的物质体,成为思维活动和现实活动的现实基础,永远不能完全摆脱外部自然和自身自然的制约。第二,具有社会性。人从自然界分化出来,并上升为社会存在物,由此确立了人在世界中的认识主体地位,并在一定的历史条件下的社会关系中从事着实践和认识活动。主体的本质规定也是从人的社会属性和社会关系中获得的。第三,具有意识性。所谓意识性就是作为主体的人具有意识机能。人不仅能生动地感知事物的现象,而且能理性地把握事物的本质和客观规律,并能动地指导实践活动。

认识客体是主体在认识活动中所指向的对象。随着实践向深度和广度扩展,原来不曾是主体活动指向的客观对象,有可能被确定为认识的客体。同认识主体一样,认识客体也具有多种属性:第一,具有客观性,是现实的存在物。这不仅是对自然客体,而且对于社会客体和精神客体也同样是,因为社会客体和精神客体都具有现实的根源,并且一经表现出来就不再以主体的意志为转移而为主体所反映。第二,具有对象性。因为主体的实践需要使客体纳入主体的认识范围,并成为主体的实践和认识具体指向的东西。第三,具有社会历史性。客体总有自己的历史发展过程并总是在一定的社会历史条件下进入主体的实践和认识范围的,因而它也具有社会历史性。客体有自然客体、社会客体和精神客体三种形式。自然客体既包括自然界存在着的物质,又包括已通过人类的劳动改造的“人化自然物”;社会客体是指社会存在和社会关系;精神客体也叫观念客体,是指物质世界高度发展的产物即人类精神及其物质的结果,包括人的感觉、思想、心理等精神活动,也包括书、报纸、音像等精神产品。

(二)认识是主体对客体的能动反映

主体和客体在实践活动中是对立的两极,两者处于不同的地位，具有不同的规定性和作用。认识的能动性的基础是主、客体的辩证运动。认识主体是从事认识活动的人，具有主观能动性、主动性；客体是被认识的对象，具有受动性。一个是改造者，另一个是被改造者；一个是信息的接受者，另一个是信息的发送者。这两者虽然处于同一实践过程中，但两者在特定实践关系中是不能混淆并互易其地位的。主体和客体是相互规定、互为前提的。由于实践是主体作用于客体的过程，是主体和客体之间由此达彼的两座桥梁，那么主体与客体必定相互规定，互为前提。因为去掉任何一方，都不可能构成实践。主体和客体又是相互渗透和相互转化的。这种关系表现为在实践过程中主体客体化和客体主体化。所谓主体客体化，是指主体实践的结果是主体通过劳动改变自然物的形式而创造一定的劳动产品，它是主体的思想、意图和主体的本质力量通过实践形式转化为物质的存在形式。所谓客体主体化，一方面是指客体转化为主体生命结构中的因素和主体本质力量的因素。比如，主体消费作为客体的生活资料，或使用作为客体的劳动工具，这样，客体就转化为主体的一部分。另一方面，是指在实践过程中，客体的信息渗入主体并转化为主体的认识、知识，进而作为主体的精神力量而起作用。具体来说，实践基础上主体对客体的能动反映，集中表现为：

第一，认识是主体对客体的反映。马克思主义哲学对认识本质的理解，首先坚持了唯物主义反映论的原则，认为人的认识必然是以某种客观事物为原型的，并且在人的认识中一定含有反映或摹写某种客观事物的内容，从而坚持了认识的客观性。

第二，主体对客体的反映是一个能动的创造性过程。马克思主义哲学认为，人为了从事实践活动，不仅要反映事物的现象，还必须透过现象反映事物的本质和规律。在客观世界中，现象和本质是浑然一体的，人为了把握事物的本质和规律，就必须在实践的基础上，运用一系列科学的抽象方法进行创造性的思维活动，采用抽象的范畴、概念、符号、公式、图形等形式更深刻、更正确、更全面地反映客体，并建构出符合主体需要的理想客体。如自然界中只有山川、河流等自然物质,并没有铁路、桥梁、房屋、水库等等符合人需要的现成形式,而人却能在头脑中把自然界中不存在的这些东西创造性地建构出来。正是有了这种超前性的、创造性的反映活动及其成果,人类的认识才能指导实践。

第三,实践是主体对客体能动反映的基础。社会实践活动是马克思主义认识论的基础,它认为人与世界的关系首先是改造与被改造的关系,然后才有所谓的反映与被反映的关系。人类能够对世界作出反应是在自觉地、主动地改造世界的过程完成的。并且人对世界的反映能力不是一成不变的,而是随着实践的发展不断扩大。正如恩格斯所指出的,“人的思维的最本质和最切近的基础,正是人所引起的自然界的变化,而不单独是自然界本身;人的智力是按照人如何学会改变自然界而发展的。”[①]可见,马克思主义的认识论必须建立在实践的基础上。

第二节　认识运动的总规律

主体对客体的认识是一个辩证的发展过程。在实践中,人们先是产生感性认识,在感性认识积累的基础上,产生了理性认识,然后在理性认识的指导下去进行新的实践,在新的实践中又产生新的认识。人的认识就是从实践到认识、再从认识到实践这样一个不断反复、无限发展的过程。

一、从感性认识到理性认识

从某种意义上讲,实践只是提供了认识发生的基础,它还只是认识形成的“外在因素”,认识的“独立”发展和“思维自己构成自己”的道路需要经过由感性认识阶段向理性认识阶段的过渡和

① 马克思恩格斯选集(第3卷)[C].北京:人民出版社,1995,第512页

飞跃。

（一）感性认识

感性认识属于认识的初级形式、第一阶段，是人们在实践基础上通过各种隔绝器官对外部世界的直接描述，更为形象和生动。具体来说，感性认识包含着相互联系、依次发展的三种形式：感觉、知觉和表象。

感觉是人脑对直接作用于感觉器官的客观事物的个别属性、个别方面的反映，它是感性认识从而也是整个认识过程的起始环节。“感觉是运动着的物质作用于我们的感觉器官而引起的”。感觉的产生及其性质，既依赖于客体刺激的形式和强度，也依赖于主体感觉器官的结构和功能。外部物质客体刺激的形式很多，其刺激的强度变化也很大。不同形式的客体刺激作用于不同的感觉器官，会产生不同的感觉，如视觉、听觉、嗅觉、味觉、体觉等，这些感觉为主体提供关于客体的颜色、声音、气味、味道、软硬、冷热等方面的信息，它们是主体关于客体的某一状况、属性、特征或方面的直接反映。感觉作为一种反映，也具有主观性。主体的各种因素包括心理因素，都对感觉的产生具有影响和制约作用，因而不同的主体对同样的刺激会有不同甚至完全相反的感觉。但是，我们不能因此就认为感觉是在主体头脑中主观自生的。客观实在是人的感觉的唯一来源，感觉是外部刺激向意识事实的最初转化。

在感性认识中，比感觉高一级的反映形式是知觉。知觉是人脑对直接作用于感觉器官的客观事物的整体的反映。知觉是在感觉的基础上形成的。感觉信息、感觉材料涉及的是事物的个别属性、个别方面，人在大脑中把有关事物的各种属性、各个方面的感觉信息、感觉材料加以整合，在意识中形成反映该事物各个方面特性的整体的感性形象，这就是知觉。知觉是感觉的集合，但并不是感觉的简单相加或堆积。知觉的形成总要受到过去经验的制约，从而表现出某种定势效应。所谓知觉定势，是指主体总是根据先前的知识储备或经验准备，按照一种相对稳定的模式去知觉对象。知觉定势有利于人们对熟悉的事物迅速地作出反应，但有时也会成为人们对待事物的一种顽固的习惯模式，妨碍对新鲜事物的敏锐的反应。知觉虽然以感觉为基础，是感觉的集合，但它并不是对感觉材料的知觉。与感觉一样，知觉也是对客观事物的具体形象的直接反映，只不过知觉的反映具有整体性特征。

表象是感性认识的最高级形式，它是人脑对过去的感觉和知觉的回忆，是曾经作用于感觉器官的那些客观对象的形象的再现和重组。感觉和知觉是客体的刺激直接作用于主体的感觉器官而在人脑中形成的感性映象，当客体的刺激消失以后，这种感性映象并不随之消失，而是可以暂时地或较持久地保留在记忆中。这种保存在记忆中的感性映象通过回忆而再现出来，就是表象。不仅如此，人脑还可以通过对记忆中的感性映象进行分解和重新组合，形成在现实中并没有直接原型的新的表象。不论是再现表象还是重组表象，都不是对客观事物的刻板模写，它们可以从直接的外部刺激和外部刺激物的原型分离出来，并通过感性形象或词(符号)来唤起和加以巩固。这表明，表象已摆脱了感觉和知觉过程的直接性，获得了一定程度的间接性和概括性，从而为感性认识打开了通向理性认识的闸门。但是，表象仍然属于感性认识阶段，它是此时此刻并未作用于我们的感觉器官的客观事物的形象化的认识。因此，表象是由感性认识上升、过渡到理性认识的一个中介环节。

感性认识不同于动物的感觉心理活动，因为它是以人的社会实践为基础并在实践过程中直接形成的。人的感知能力并不仅仅是自然进化的结果，而是以往全部世界历史的产物。对社会的人来说，感觉器官及其功能的完善，感知能力的发展，都是在社会劳动实践中实现的。例如，人的感觉器官的敏锐程度个别地说来往往不如某些动物，但人的感知能力从总的水平来说却是任何动物所不能比拟的。恩格斯说："鹰比人看得远得多，但是人的眼睛识别东西却远胜于鹰。狗比人具有更敏锐得多的嗅觉，但是它不能辨别在人看来是各种东西的特定标志的气味的百分之一。至于触觉(猿类刚刚有一点儿最粗糙的萌芽),只是由于劳动才随着人手本身的形成而形成。”[①]同时,由劳动实践所创造的人化自然界,为人的感觉器官提供了丰富多彩的感知对象,由此才形成和锻炼了有音乐感的耳朵,能感受形式美的眼睛,如此等等。在社会实践过程中,人还创造了各种人工技术手段,把外界不能为人的感觉器官直接感受的刺激,转化为能借助于技术手段感受的刺激,从而突破了人的感觉器官的天然界限,大大地提高了人的感知能力。总之,离开了社会实践,就不会有人的感性认识。

(二)理性认识

理性认识属于认识的高级形式、高级阶段,它是人们关于事物的本质、事物的全体、事物的内部联系的认识,是人们通过大脑的思维活动对认识客体的间接反映。它以抽象概括性为特点,以事物的本质为内容。理性认识是在感性认识的基础上,并通过理性思维对感性认识材料的抽象而形成的。它超越了感性认识的界限和范围,达到了对事物的一般属性、内在本质和规律的把握,因而是一种具有普遍性的认识。

理性认识包括多种形式,其中主要有概念、判断和推理。这些形式的联系和统一又构成复杂的理论体系。

概念是理性认识最基本的形式,它是客观事物的一般属性、内在本质在人的思维中的反映。概念是在感性认识的基础上,通过对感性认识所提供的关于事物的各种属性和具体形象的抽象概括,把那些偶然的、易变的、个别的和非本质的东西舍弃,把那些必然的、稳定的、普遍的和本质的东西集中地揭示出来而形成的。概念是抽象的结果,但它的内容又是具体的,概念所抽象、概括出来的普遍、一般是包含着个别和特殊的全部丰富性的普遍、一般。作为事物固有的一般属性和内在本质的反映,概念具有确

---

① 马克思恩格斯选集(第3卷)[C].北京:人民出版社,1995,第512页

定性,但概念的确定性不是僵死的、绝对的。它要随着客观事物的发展和自身内在矛盾的展开而变化发展。概念也是主观性和客观性的统一,“人的概念就其抽象性、分隔性来说是主观的,可是就整体、过程、总和、趋势、来源来说却是客观的”[①]。与感性反映形式相比,概念是客观事物向意识事实更高层次的转化,是人们认识和掌握自然现象之网的网上纽结。

判断是对事物之间的联系和关系的反映,是对事物是什么或不是什么、是否具有某种属性的判明和断定。

就其与概念的关系而言,判断是概念以浓缩的形式包含着的个别和特殊的东西的丰富性的展开,它把概念自身规定中潜存着的对立统一部分,如个别和一般、特殊和普遍,既区分开来,又统一起来。因此,虽然在逻辑形式上判断表现为概念之间的一定的联系和关系,但概念的形成也以一定的判断为前提。作为概念的展开,判断也是对对象的规定的揭示和陈述,通常表现为通过肯定和否定的形式,对事物的存在、性状、关系等等加以判定。判断从个别判断经由特殊判断而过渡到普遍判断,是人类科学认识发展的一般进程。

推理也是人的思维对外部世界的理性把握,它是从事物的联系或关系中由已知合乎逻辑地推出未知的反映形式。在逻辑形式上,推理表现为由概念构成的判断之间的一定的联系或关系。推理的结果,表面上看来是概念在判断中的位移,但这种位移是新的判断的形成,它通过揭示客观世界的新的联系,又使原有概念的规定更加充实和具体,甚至还可以浓缩成新的概念。推理是同实际作用于客体的实践活动相分离的具有独立性的思维过程,它有自己的形式即逻辑的式。但是,逻辑的式不是人的头脑中固有的先验形式,而是客观事物的逻辑以亿万次实践为中介而内化到人的头脑中的。在推理中,人的思维能够把正在变动着的事件、已经过去的事件和尚未发生的事件,都纳入“现在”进行处理,

---

① 列宁全集(第55卷)[C].北京:人民出版社,1985,第178页

从而使人们对客观世界的认识由已知领域向未知领域拓展。

理性认识不仅表现为个别概念、个别判断和推理的形成，而且还包括由概念、判断、推理所组成的完整的理论体系。理论是思维概括地反映客体的系统形式，也是主体观念地把握客体的最高形式。它是在感性认识的基础上，由理性思维对感性材料系统地进行加工改造、抽象概括的结果，它的任务是要把事物的内部联系、本质和规律在思维中全面地再现出来。理论的形成和建立，标志着人的认识的发展已经远远地超出了感性认识的水平。

（三）感性认识和理性认识的关系

感性认识和理性认识作为认识发展的两个不同的阶段是相互区别、相互对立的。这种相互区别、相互对立表现在内容和形式两方面：在内容上，感性认识的对象是事物的现象，理性认识的对象是事物的本质；在形式上，感性认识是人脑凭借感官以感觉、知觉和表象等具体形象的形式直接反映事物，理性认识则是人脑在感性材料的基础上以概念、判断和推理等抽象思维的形式反映事物。

但是，还必须指出，感性认识和理性认识一方面是相互区别、相互对立的，另一方面又是相互依赖、相互转化和相互渗透的。这种相互依赖、相互转化和相互渗透表现在以下三个方面。

1. 感性认识有待于发展为理性认识

感性认识是认识的起点，是理性认识的基础，但它有局限性。它只是对事物的表面的、片面的、外部联系的认识，即使它数量再多、内容再生动丰富，也还是停留在对事物的外部印象阶段。“感觉只解决现象问题，理论才解决本质问题。”[①]要反映事物的本质和规律，感性认识必须上升到理性认识；而且认识的真正任务在于经过感性认识而达到理性思维，认识的最终目的，是为了变革现实、改造客观世界，而单凭感性认识不能指导实践，达不到改造

① 毛泽东选集(第1卷)[C]. 北京：人民出版社，1991，第286页

世界的目的。只有掌握了事物的本质和规律,按规律办事,才能达到有效地改造世界的目的。因此,感性认识必须发展到理性认识,这是由感性认识的局限性和认识的最终目的决定的。感性认识有待于发展到理性认识,这是认识论的辩证法。从感性认识上升到理性认识不是量的变化,而是质的变化,是认识的飞跃。理性认识的特点表现为一系列的抽象和概括、分析和综合的过程。科学的理性认识已经不是对个别事物的印象,而是综合了许多事物或各方面的感性材料,经过思考加工,舍弃了次要的东西,从中抽出了本质的和规律性的认识。抽象的理性认识虽然离开了个别的具体的事物,但只要是依据实践而进行的科学抽象,不是主观臆造和随意剪裁事实,那它就是更深刻、更正确、更完全地反映了客观事实的正确认识。

2.理性认识依赖于感性认识

感性认识是认识的起点,是认识的必经阶段和初始阶段,没有感性认识也就没有理性认识。因为理性认识是对事物本质的认识,而事物的本质就存在于事物的现象之中。人们只有通过事物的现象,才能把握事物的本质。人们认识任何事物,总是先积累有关事物的感性材料,然后通过头脑加工制作,才形成一定的理论。如果把人脑比作"加工厂",把理性认识比作成品的话,感性认识就是"原材料"或"半成品"。没有"原材料"或"半成品",也就无法制作出成品。所以,没有感性认识,就不可能产生理性认识。理性的东西之所以靠得住,正是由于它来源于感性,有感性作基础。否则,理性的东西也就成了无源之水、无本之木,成为主观自生的东西了。"认识开始于经验——这就是认识论的唯物论"。"如果以为理性认识可以不从感性认识得来,他就是一个唯心论者。"①

3.感性认识和理性认识是互相渗透的

感性认识和理性认识的统一不仅表现在它们的相互依存和

① 毛泽东选集(第1卷)[C].北京:人民出版社,1991,第290页

相互转化上，而且还表现在它们的相互渗透上。也就是说，在人的认识中，感性认识和理性认识也总是交织在一起，你中有我，我中有你。二者的相互渗透，表现在两方面。一方面，感性中有理性。人的感觉与其他动物的感觉的根本区别在于人的感觉是包含着理性的感觉，是在理性指导下的感觉，脱离了理性的纯粹感性，在现实的人的认识中实际上是不存在的；另一方面，理性中有感性。理性认识不仅以感性材料为基础，而且以具有一定声响或文字符号等感性形式的语言作为自己的物质外衣与表达手段。离开了感性的纯粹理性，在现实人的认识中也是不存在的。

感性认识和理性认识的相互渗透，在“经验”这个概念中表现得十分明显。我们平常说的“经验”，传统上是把它看成感性认识，有时又说成“感性经验”。实际上在“经验”中，总是已经带有理性成分，是感性和理性的综合形式。在科学知识中，通常区分为经验科学（实验科学）和理论科学（纯科学）。经验科学偏重于处理感性经验材料，理论科学侧重于抽象的理论思维，但是，二者的区分只具有相对的意义。事实上，经验科学总是离不开理性思维，理论科学也总是离不开感性经验。

哲学史上曾经有过唯理论和经验论的争论。经验论只承认感性认识的可靠性，而否认理性认识的可靠性；唯理论则只承认理性认识的可靠性，而否认感性认识的可靠性。因此，从感性认识和理性认识的相互渗透的角度看，唯理论和经验论尽管都包含有正确的因素，但它们都歪曲了整个认识的发展过程，把统一的认识过程中的感性和理性两个阶段截然对立起来，各执一端、片面夸大，在认识的整体上都是偏颇的。唯理论和经验论这两种思想倾向在国际共产主义运动史上，在实际工作中也有表现，那就是曾经多次给社会主义革命和建设事业带来巨大危害的教条主义和经验主义。教条主义者轻视实践，不从实际出发，而是从本本出发，把马列主义当成教条，到处生搬硬套；经验主义者轻视理论的指导作用，否认感性认识上升为理性认识的必要，沾沾自喜于一得之功和一孔之见，满足于表面的、片面的感性经验，抓不住事物的本质和规律。理论上的偏颇必然导致实践中的危害，这是必然的。

澄清感性认识与理性认识的区别与联系，是为了获得正确认识的条件，达到正确认识的目的。一般来说，从感性认识上升到理性认识有两种可能：一种可能是把感性材料经过头脑的加工，透过现象、抓住本质，从而获得了正确的认识；另一种可能是对感性材料经过头脑的加工，歪曲了事物的本质，得到了错误的认识。因此必须审慎地处理从感性认识到理性认识的过渡和飞跃。毛泽东对此在《实践论》中结合中国革命实践做了精辟的论述，其要旨在于：第一，必须占有大量反映客观实际的感性材料，“只有感觉的材料十分丰富（不是零碎不全）和合于实际（不是错觉），才能根据这样的材料造出正确的概念和论理来。”①第二，“要完全地反映整个的事物，反映事物的本质，反映事物的内部规律性，就必须经过思考作用，将丰富的感觉材料加以去粗取精、去伪存真、由此及彼、由表及里的改造制作工夫，造成概念和理论的系统。”②显然，在获得十分丰富和合于实际的感性材料基础上，经过一系列的逻辑思考和创造性的想象，形成由概念、判断和推理所构成的理论体系，这是一个能动的飞跃。它要求认识主体充分地发挥自觉能动性，既要勤于和善于实践，又要勤于和善于思索。

二、从理性认识到实践

人们在社会实践的基础上，从感性直观上升到抽象思维，产生了理性认识，这是认识过程的第一次飞跃。然而，认识运动并没有到此完结，人们还必须将在实践中获得的认识再回到实践中去，指导实践，使理论得到实现，这是认识过程的第二次飞跃。毛泽东指出：“认识的能动作用，不但表现于从感性的认识到理性的

① 毛泽东选集（第1卷）[C].北京：人民出版社，1991，第290页

② 毛泽东选集（第1卷）[C].北京：人民出版社，1991，第291页

认识之能动的飞跃，更重要的还须表现于从理性的认识到革命的实践这一个飞跃。”①

（一）理性认识向实践飞跃的必要性和重要性

从理性认识到实践的飞跃是人类认识过程的意义更加重大的一次飞跃。首先，理性认识回到实践中去，是实践的需要。实践即改造世界是认识的目的。而要有效地改造世界，就需要科学理论的指导。马克思主义所以十分重视理论，就是因为正确的理论对实践有指导作用，能够揭示事物发展的规律，预见事物发展的趋势，给实践指出明确的方向和道路。其次，理性认识回到实践中去，也是理论自身的需要。这又表现在两个方面。一是理论本身是一种精神的力量，只有回到实践中去，被群众所掌握，才能变成改造世界的强大的物质力量，其作用方可显现。毛泽东曾经强调指出：“马克思主义哲学认为十分重要的问题，不在于懂得了客观世界的规律性，因而能够解释世界，而在于拿了这种对于客观规律性的认识去能动地改造世界。”②如果有了正确的理论，只是空谈一阵，而不付诸实践，这种理论再好也是没有意义的。二是理性认识只有回到实践中去，才能得到检验和发展。理性认识是否正确，在从感性认识到理性认识的第一次飞跃中，是没有解决的，也是不可能解决的。只有将已经获得的理论运用到实践中去，通过实践的检验，正确的理论得以证实，错误的理论得以修正，不完善的理论得以完善，科学理论才能不断得到完善和发展。

总之，从理性认识到实践的飞跃，既是理论本身的要求，也是实践的客观需要。人的全部活动无非是认识世界和改造世界。认识世界是在实践中形成思想；改造世界则是在实践中实现思想。这是相互联系的两次飞跃，第一次飞跃是第二次飞跃的准备，第二次飞跃是第一次飞跃的目的和归宿。

① 毛泽东选集（第1卷）[C].北京：人民出版社，1991，第292页

② 毛泽东选集（第1卷）[C].北京：人民出版社，1991，第292页

（二）实现理性认识向实践飞跃的条件

从理性认识到实践的飞跃是一个过程，要实现这一飞跃，必须具备一定的条件：

第一，指导实践的理论是正确的。这是实现由理论向实践飞跃的首要前提。理论有正确的，也有错误的。只有正确的理论才能对实践起积极的推动作用，使精神力量转化为改造世界的物质力量。相反，错误的理论不仅达不到实践的目的，而且可能使实践产生偏差。

第二，从实际出发，坚持理论和实践相结合的原则。理论是对事物本质和规律的反映，是一般的、抽象的、相对稳定的东西，而实践是个别的、具体的、相对活跃的。因而，只有使理论不断结合变化的新情况，并加以具体的应用，才能发挥它的指导作用。也只有这样，理论才会随着实践的发展而不断发展。如果把理论当作僵死的教条，生搬硬套，就会误导实践。

第三，理论认识要为实践主体所掌握。无论是社会生活领域还是科学技术领域，只有当从事实践活动的主体比较充分地掌握了指导该领域实践活动的理性认识以后，才能把理论变为现实。在社会生活领域，实践的主体是广大人民群众，因此，要用科学理论宣传群众，武装群众，并转化为群众的自觉行动。只有不断地将科学理论推广到群众中去，才能转化为改造自然和改造社会的巨大物质力量。正如马克思所说："批判的武器当然不能代替武器的批判，物质力量只能用物质力量来摧毁；但是理论一经掌握群众，也会变成物质力量。"①

第四，要有正确的实践方法即工作方法。试验是理论向实践飞跃的一种科学方法。一切改造世界的活动，都应先在小范围内进行试点，取得经验后，再加以推广。我国的改革开放最早在经济特区先试行，然后向沿海、内地逐步推进，逐步形成了全方位、

① 马克思恩格斯文集（第1卷）[C]. 北京：人民出版社，2009，第11页

多层次、多领域的对外开放格局。

三、认识运动的不断反复和无限发展

客观世界是复杂多样的，人类从实践到认识，再从认识到实践，如此实践、认识、再实践、再认识，循环往复以至无穷的认识过程，就是认识辩证运动的总过程，也是认识运动的总规律。

（一）认识运动的不断反复

人们对一个具体事物的正确认识，往往不能一次完成，而是需要经过从实践到认识，从认识到实践的多次反复才能完成。这是因为在认识过程中始终存在着主观和客观的矛盾，人们的认识活动始终受到主观和客观等诸多条件的制约和限制。

第一，主体对客体的认识受到客观事物本身的发展过程及其表现程度的限制。客观事物作为系统是多层次、多方面的，也是处在不断发展变化中的。任何事物的发展和本质的暴露都有一个过程，而事物的本质又总是隐藏在现象之中，有时甚至被现象所掩盖。因此，人们只有在反复实践的基础上反复认识，才能不断加深对客观事物运动变化规律的了解，才能达到对客观事物本质的认识。美国大发明家爱迪生，试验了1600多种材料，经历了8000多次的失败，才找到了合适的电灯灯丝。由此可见，一个正确认识的获得并不是简单的，而是非常复杂艰巨的。

第二，主体对客体的认识受到生产力发展水平和科学技术条件的限制。主体对客体的认识总是在一定的社会历史条件下，借助一定的科学技术条件及其工具来进行的。社会历史进程、科学技术条件以及认识工具的现实状况，是制约主体对客体认识程度的重要因素。当条件不具备时，就难以拓展和深化人的认识。例如，在没有显微镜之前，人们对细菌和病毒的认识就受到限制；在没有望远镜之前，人们对行星运动的认识就受到限制。同学们在大学里的学习，如果实验室的条件差和设备落后，就会限制同学们对本学科的知识的掌握。正如恩格斯所指出的,"我们只能在我们时代的条件下去认识,而且这些条件达到什么程度,我们就认识到什么程度"①。

第三,人的认识要受到主体自身条件的限制。人的认识既受到主体的实践范围、实践能力、知识水平的限制,又受到主体的立场、观点、方法的限制,所以要获得对事物的正确认识,必须经过多次反复才能完成。例如,中国共产党对中国特色社会主义发展道路的探索,就是几经曲折和反复,直到党的十一届三中全会以后,才在不断总结正反两方面经验教训的基础上,逐步形成了系统的、完整的中国特色社会主义理论体系,实现了对社会主义认识上的一次巨大飞跃。但这种认识并没有终结,还需要随着实践的发展继续发展。

(二)认识运动的无限发展

人们对于一个具体事物的认识经过实践和认识的多次反复,获得了正确的认识之后,应该说是完成了。但是,就人类认识过程的推移而言,人类认识运动并没有完结。人类的认识运动不仅是一个不断反复的过程,而且是一个无限发展的过程。这是因为,其一,作为认识对象的客观事物其运动、变化和发展是一个永无止境的过程。在空间上,客观世界存在的事物是无限多样的,层次和联系是没有穷尽的;在时间上,事物发展的这一过程向另一过程的推移转变也是无限的,旧过程结束了,又开始新过程,新事物层出不穷。客观事物及其发展过程的无限性,决定了人们对客观事物的认识必然是一个不断反复和无限发展的过程。其二,人们改造客观世界的实践活动也是不断发展的。认识来源于实践,并在实践的推动下不断向前发展。由于人类改造世界的实践活动不可能完结,所以以实践为基础的人类反映客观世界的认识,也必然是一个无限发展和无限深入的过程。正如毛泽东所

① 马克思恩格斯文集(第9卷)[C].北京:人民出版社,2009,第494页

说:“一切客观世界的辩证法的运动,都或先或后地能够反映到人的认识中来。社会实践的发生、发展和消灭的过程是无穷的,人的认识的发生、发展和消灭的过程也是无穷的。根据于一定的思想、理论、计划、方案以从事于变革客观现实的实践,一次又一次地向前,人们对于客观现实的认识也就一次又一次地深化。客观现实世界的变化运动永远没有完结,人们在实践中对于真理的认识也就永远没有完结。”①

(三)认识运动发展的总规律

认识过程的反复性和无限性说明,人的认识过程既不是封闭式的循环,也不是直线式的前进,而是永无止境的螺旋式上升运动。这个运动,从形式上看,表现为认识和实践的反复循环;从内容上看,实践和认识之每一循环,都比较地进到了高一级的程度。毛泽东把人类认识运动的总规律概括为:“实践、认识、再实践、再认识,这种形式,循环往复以至无穷,而实践和认识之每一循环的内容,都比较地进到了高一级的程度。”②

人类认识运动的总规律充分体现了主观和客观、认识和实践之间的具体的历史的统一。所谓具体的统一,就是主观认识要同一定时间、地点、条件下的客观实际相符合,要同社会实践发展的一定历史阶段相符合。所谓历史的统一,就是主观认识要同不断变化着的客观实际相适应,社会实践是不断发展变化的,人们的认识也必须随着社会实践的发展而发展,跟上时代的步伐。人们的认识如果超越或落后于客观实践的发展阶段,就会违背主观和客观、认识和实践具体的历史的统一的原则,就会犯错“左”的或右的错误。“左”的错误的突出表现是超越客观过程的一定阶段,超前于社会实践,把幻想当作现实,在行动上表现为冒险主义。右的错误的突出表现是不能随着变化了的客观情况而前进,落后

---

① 毛泽东选集(第1卷)[C].北京:人民出版社,1991,第295—296页

② 毛泽东选集(第1卷)[C].北京:人民出版社,1991,第296—297页

于社会实践，在行动上表现为保守主义。毛泽东指出："我们的结论是主观和客观、理论和实践、知和行的具体的历史的统一，反对一切离开具体历史的'左'的或右的错误思想。"[①]

（四）群众路线的思想理论基础

认识辩证运动的原理具有重大的理论意义，它是我们党群众路线的思想理论基础。马克思主义认识论和无产阶级政党的群众路线是一致的。"实践、认识、再实践、再认识"的反复循环和无限发展的唯物辩证的认识论，既是唯一科学的认识路线，也是唯一科学的工作路线，它是我们党的群众路线的认识方法、领导方法和工作方法的重要哲学依据。毛泽东说："在我党的一切实际工作中，凡属正确的领导，必须是从群众中来，到群众中去。这就是说，将群众的意见（分散的无系统的意见）集中起来（经过研究，化为集中的系统的意见），又到群众中去作宣传解释，化为群众的意见，使群众坚持下去，见之于行动，并在群众行动中考验这些意见是否正确。然后再从群众中集中起来，再到群众中坚持下去。如此无限循环，一次比一次地更正确、更生动、更丰富。这就是马克思主义的认识论"。[②]"一切为了群众，一切依靠群众"，因为实践和认识的主体是群众，群众是历史的创造者。"从群众中来"，相当于由感性认识到理性认识，即由实践到认识的过程。"到群众中去"，相当于理性认识回到实践的过程。"从群众中集中起来，再到群众中坚持下去。如此无限循环，一次比一次地更正确、更生动、更丰富"。既然认识是一个无限的从低级到高级的辩证运动过程，那么，从群众中来，到群众中去，也必然是一个无限循环、不断丰富的过程。中国共产党和毛泽东把认识论化为群众路线，使二者紧密地结合起来，这是对马克思主义理论和实践的一大贡献。

---

① 毛泽东选集（第1卷）[C]．北京：人民出版社，1991，第296页

② 毛泽东选集（第3卷）[C]．北京：人民出版社，1991，第899页

第三节　真理与价值的辩证统一

认识的辩证运动体现为由实践到认识又由认识到实践的不断反复和无限发展，而由认识向实践转化的过程既是通过实践而发现真理的过程，又是通过实践而实现价值的过程。人们认识的任务和目的，就在于不断排除谬误，获得真理，并在真理的指导下改造世界，使世界满足人的需要，实现客观事物对人的价值。在实践基础上真理和价值的统一，真、善、美的统一，是人生和实践活动的根本要求，也是人类所追求的理想目标。

一、真理

探求真理是认识活动的根本任务，遵循真理是实践成功的根本保证。马克思主义真理论的基础是科学的实践观点。通过实践而发现真理，又通过实践而证实真理和发展真理，是客观真理发展的道路。

（一）真理的客观本质

“实践、认识、再实践、再认识……”的认识辩证运动过程，实质上是人们在实践的基础上不断探索、发现和检验真理的过程。所谓真理（truth），也就是人们对客观事物的正确反映，或者说，真理就是与客观事物相符合的认识。

作为对客观事物的正确反映，真理是人的意识和思维活动的产物，不能把它与客观事物混为一谈。

诚然，truth 一词在一定场合确实可以指真实地存在着的事物，以区别于人们想象中的或虚构的“事物”（在这一意义上，它常被译为“真实”）。但是，在认识论的范围内，它却是指符合客观事物的认识，以区别于谬误（在这一意义上，它才被译为“真理”）。

既然是一种认识，既然是人的意识和思维活动的产物，真理在形式上就是主观的。

虽然真理在形式上是主观的，但我们并不能由此断言真理是主观的。恰恰相反，任何真理都是客观真理，主观"真理"是没有的。客观真理也称真理的客观性，它是指真理中包含着不依赖于人和人的意识为转移的客观内容。列宁曾说："有没有客观真理？就是说，在人的表象中能否有不依赖于主体、不依赖于人、不依赖于人类的内容？"[①]这就是说，作为人的正确认识，真理当然具有人类认识的一些主观形式，它要通过感觉、知觉、概念、判断、理论等主观形式表达出来。但是，使一种认识成为真理的决定性条件，却并不在于它采取何种主观形式，而在于它的客观内容，即在于它正确地反映了客观事物。真理的客观性原理，是唯物主义认识论的反映论原则在真理观上的具体体现。一切唯物主义认识论在真理观上都必然承认和强调真理的客观性，都必须坚持客观真理论。正如列宁所说："认为我们的感觉是外部世界的映象；承认客观真理；坚持唯物主义认识论的观点，——这都是一回事。"[②]

坚持客观真理论，必然坚持真理一元论，即承认在同一条件下人们对同一客观事物的真理性认识只可能有一个而不可能有多个。真理之所以是一元的，就是因为真理的内容是客观的，这种客观内容也就是客观事物的实际状况，而特定条件下客观事物存在和运动的实际状况又总是唯一的。如果否认真理的一元性，坚持真理多元论，主张在同一条件下人们对同一客观事物的真理性认识可以有多个，那就必然否定真理的客观本质。

坚持客观真理论，也必然承认在真理面前人人平等。所谓在真理面前人人平等，包括这样两层含义：其一是说，无论对什么事物的认识，客观真理都只有一个，任何人、任何阶级要发现真理和发展真理，都只有采取老老实实的科学态度，而决不能凭借什么

① 列宁选集(第2卷)[C].北京：人民出版社，1995，第81～82页

② 列宁选集(第2卷)[C].北京：人民出版社，1995，第89～90页

地位和权势；其二是说，真理对于任何个人、任何阶级都一视同仁，人们只有尊重真理并按真理办事，才能在实践中取得成功。当然，人们的阶级利益、社会地位、知识状况等等，对发现真理和运用真理是有很大影响的，但这并不能构成在真理面前人人平等的理由，不能与认识本身是不是真理混为一谈。加果把这些因素也附加到真理的规定中去，也必然导致否定真理的客观本质。

坚持客观真理论，必须自觉地反对唯心主义的主观真理论。在真理观上，各种唯心主义哲学都是这样那样地否认真理的客观性，主张主观真理论。其中，主观唯心主义总是这样那样地把真理解释为人的感觉或观念范围内的某种东西。例如，休谟认为真理是观念与主体感觉相符合，贝克莱断言真理存在于观念之中，康德认为真理是思维与它的先验形式相一致，马赫提出真理是感觉的最简单、最经济的复合，俄国马赫主义者波格丹诺夫认为真理是“人类经验的组织形式”或“社会的协调起来的经验”，实用主义者则主张“有用即真理”，等等。这些都是直接否认真理的客观性的主观真理论。客观唯心主义并不直接否认真理的客观性，甚至表面上似乎还很强调真理的客观性，但却歪曲了真理的客观内容。在客观唯心主义看来，一种认识之所以是真理，并不是因为它正确地反映了客观事物及其本质和规律，而是因为它体现了或者它本身就是某种“客观精神”。柏拉图认为真理是某种超验的、永恒的“理念”，经院哲学家把真理看做是上帝的属性，黑格尔认为真理是“绝对理念”的自我显现，等等，都属于这种客观唯心主义真理观。其实，客观唯心主义所谓的“客观精神”就是人的思维活动中所使用的概念，只不过它被客观唯心主义神化成了世界的创造主而已。这种“客观精神”的性质和状态，完全取决于哲学家们个人的理解和描绘。因此，虽然客观唯心主义口头上宣称真理不依赖于人、表面上强调真理的客观性，其实还是转弯抹角地肯定了真理依赖于人（首先是依赖于客观唯心主义者自己），并由此迂回曲折地否定了真理的客观性，其真理观仍然是一种主观真理论。

（二）真理的辩证特性

马克思主义真理观不仅正确地揭示了真理的客观本质，坚决地反对了唯心主义的主观真理论，而且还深刻地分析了绝对真理和相对真理以及真理和谬误的辩证关系，科学地说明了真理的辩证特性，从而也与各种形式的形而上学的真理观包括形而上学唯物主义的真理观有着原则的区别。

1. 绝对真理和相对真理

所谓绝对真理，也就是真理的绝对性，它可以从两个方面来理解：第一，凡是真理都是不以人的意志为转移的客观存在，都标志着主客观之间是相符合的，都同谬误有原则的界限，是不能被否定和推翻的，否则，它就不能成为真理，这一点是无条件的，因而是绝对的。因此，承认了客观真理也就承认了绝对真理。第二，从人类的认识的发展性上来说说，随着物质世界的不断发展，人类的认识活动也是不断发展的，其对物质实践的反映不断相接近，这一点也是无条件的，因而也是绝对的。因此承认世界的可知性，也就承认了绝对真理。

所谓相对真理，也就是真理的相对性，主要指的是随着社会历史条件的变化，真理与其不相适应，不能科学地反映出变化的历史条件下人们对客观事物及其规律的认识。具体来说：第一，从整个客观世界来看，任何真理性的认识由于受到时间和空间的局限性，只能正确地反映出客观物质世界的某一部分或某一阶段；第二，就特定事物而言，任何真理性的认识都会受到广度和深度上的局限，而只能正确反映这一事物的某一部分。

绝对真理和相对真理是辩证统一的关系。一方面，绝对真理只能寓于相对真理之中。换言之，任何真理都是人们在一定历史条件下对客观世界的反映，它会随着社会历史条件的变化而变化，这就体现出相对性。另一方面，相对真理必然包含并表现着绝对真理。这就是说，人类的任何真理在一定程度上都表现出相对性，存在着一定程度的缺陷，但它又不是完全错误的，它有着其科学、合理的部分，只是随着时代的发展，不适应于当时的社会历史条件而表现出局限性。

在绝对真理和相对真理的关系问题上，作为形而上学真理观的两种具体表现，独断主义和相对主义的共同特点是把绝对真理和相对真理绝对对立起来，片面夸大一个方面并使之绝对化，从而否定了另一个方面。其中，独断主义片面夸大真理的绝对性，否认真理的相对性。在它看来，任何真理一旦被确立下来，就是不可移易的东西，不需要、也不应当随着客观对象的变化和人类实践的发展而丰富、充实和深化。显然，独断主义把人类认识长途中的"里程碑"当成了"终点站"，它必然堵塞真理进一步发展的道路。与此相反，相对主义则片面夸大真理的相对性，否认真理的绝对性。按照这种观点，只要出现了新的更深刻的真理，原来的真理就被推翻了，就不是真理了。而既然一切真理都逃脱不了被推翻的命运，也就无所谓真理，一切真理都不过是暂时被人们权且当做真理的假设罢了。这就否认了真理包含着客观的内容，把真理的相对性夸大成了主观随意性，并由此走向了主观真理论和诡辩论。

绝对真理和相对真理的辩证关系的原理，对于我们在现代化建设过程中正确地理解和坚持邓小平理论具有重要的方法论意义。邓小平理论就是绝对真理与相对真理的统一。一方面，作为当代中国的马克思主义，邓小平理论是已被实践证明了的指导中国人民在改革开放中胜利实现社会主义现代化的正确理论。在当代中国，除了把马克思主义同当代中国实践和时代特征结合起来的邓小平理论，而没有别的理论能够解决社会主义的前途和命运问题。从这个意义上说，它是绝对真理。但是，邓小平理论并没有也不可能解决中国社会主义现代化建设中的所有问题，它本身也需要随着实践的发展而不断向前发展。从这个意义上说，它又是相对真理。因此，在我国现代化建设过程中，我们既要坚持高举邓小平理论的伟大旗帜，又要着眼于对实践中出现的新的问题的理论思考，努力促进邓小平理论的丰富和发展。

2. 真理和谬误

从相对真理走向绝对真理的过程，并不是单纯的真理自行增值或自行积累的过程，而往往是同谬误相互纠葛而又相互分离的过程。所谓谬误，也就是与客观事物的实际情况相背离的认识，是对客观事物的歪曲反映。真理总是同谬误相比较而存在、相斗争而发展的。

就确定的对象和范围来说，真理和谬误的对立是绝对的。一种认识或者同对象相符合，或者同对象不相符合，或者是真理，或者是谬误，不能既是真理又是谬误。如果否认了这一点，就会混淆是非、颠倒黑白，人们就将不知道根据什么来确定自己的目的、计划自己的行动，就会在改造世界的活动中陷入无所适从的境地。

但是，真理与谬误之间的界限并不是在任何条件下都一成不变的。就认识运动的过程看，真理与谬误是可以相互转化的。

真理向谬误的转化，大致有这样三种情形：第一，脱离了其所反映的对象。任何真理都是与特定对象相符合的认识，只有对特定对象来说才是真理。如果张冠李戴，把关于某一对象的真理生搬硬套地运用于另一对象，真理就会变成谬误。例如，自然选择理论对于生物界来说是真理，搬来解释社会生活就成了谬误。第二，超出了其所适用的范围。任何真理都有自己的适用范围，如果无视这一点，超出了特定的适用范围(哪怕只超出了一小步)，真理就会变成谬误。例如，牛顿力学对于宏观、低速运动领域来说是真理，将其运用于微观、高速运动领域则变成了谬误。第三，被以偏概全地加以运用。有些真理本来只是对特定对象的某一方面、属性或关系的正确反映，而不是对对象的全体的正确反映。如果把它当成关于对象全体的论断加以运用，也会变成谬误。例如，“意识是人脑的机能”这个命题正确地揭示了意识的生理基础，但如果把它当成了关于意识的全部性质的论断，认为只要有了人脑而即使不对外部世界进行反映也能产生意识，它就会转化为谬误。

谬误向真理的转化，也大致有三种情形：第一，当谬误的产生是由于脱离了真理所反映的对象时，如果恢复了原有的对象，谬误性的论断就可以转化为真理。第二，当谬误的产生是由于超出了真理所适用的范围时，重新回到其适用范围，谬误也就转化成为真理。第三，当谬误的产生是由于人们对真理作了以偏概全的运用时，纠正这种以偏概全的错误，也能使谬误转化为真理。

真理和谬误的辩证关系的原理，对于我们做好各项实际工作也具有重要的方法论意义。谬误的出现，意味着人们在认识上犯了错误。认识上的错误的产生，总有这样那样的原因。只要认真地分析和找出犯错误的原因并努力地消除这些原因，人们就能有效地克服错误，不断地从错误或谬误走向真理。

（三）真理的检验标准

真理是对客观事物的正确反映，谬误是对客观事物的歪曲反映。那么，我们到底根据什么来判定一个认识是真理还是谬误呢？这就是真理的检验标准或检验认识的真理性的标准问题。如果不解决这一问题，尽管我们能够从理论上说明什么是真理，但在实际的认识和实践活动中我们还是不能辨明某一认识是不是真理，甚至还会把谬误当做真理。

在马克思主义哲学产生以前，历史上的许多哲学家都曾探讨过真理的检验标准问题，但却从来没有正确地解决它。例如，有的以是否合乎“圣人”或“权威”的意见作为标准，有的以大多数人是否同意为标准，有的以是否合乎“人类的理性”为标准，有的以是否清楚明白为标准，有的以是否令人满意为标准，如此等等。所有这些真理标准论的共同之处，都是在主观范围内兜圈子，都把某种主观的东西当成了真理的标准。此外，也有人宣称“彼亦一是非，此亦一是非”，干脆公开否认任何真理标准。

当然，这并不是说以往所有的哲学家在真理标准问题上的见解都毫无合理因素。例如，黑格尔就在某种程度上接近了以实践为真理标准的思想。但是，他的真理概念和实践概念都是建立在客观唯心主义基础上的。再如，有些与实验科学联系比较紧密的哲学家也曾认识到，要判定自然科学定律和理论的正确与否，就必须运用实验对它们进行检验。然而，这些哲学家也只是看到了科学实验这种特定形式的实践在特定认识（自然科学认识）的真理性的检验中的作用，他们既没有科学的实践概念，也并不真正懂得真理的实践标准。

只有马克思主义哲学才第一次科学地解决了真理的标准问题，明确地提出了实践是检验真理的唯一标准。正如马克思所说："人的思维是否具有客观的真理性，这不是一个理论的问题，而是一个实践的问题。人应该在实践中证明自己思维的真理性，即自己思维的现实性和力量，自己思维的此岸性。关于思维——离开实践的思维——的现实性或非现实性的争论，是一个纯粹经院哲学的问题。"①

之所以有实践是检验真理的唯一标准的论断，主要是由真理的本性以及实践的特点所决定的。思想与现实、主观与客观的相互关系都包含于真理的内容之中。如果要验证主观思想是否符合客观实际，仅仅从这种关系中的一方得到回答是不可能的。不超出主观思想的范围，用主观思想来检验主观思想，固然不可能对此作出正确的判断，而客观对象本身自动地提供与思想相对照的方式也是不可能的。这种对照只能通过人自己的实践活动来进行。所以，主观与客观是否相统一的标准的确定，只有依靠主观与客观相互结合、相互统一的形式。而能够满足这一要求的唯一形式就是实践。实践的过程通过把人的主观目的加以物化，实践的结果就是物化了的主观目的。可见，认识是否正确，是否具有真理性，只有人们以关于客观事物的认识为指导去进行变革客观事物的实践，这种实践的结果才能作出回答。列宁说："实践高于（理论的）认识，因为它不仅具有普遍性的品格，而且还具有直

① 马克思恩格斯选集（第1卷）[C].北京：人民出版社，1995，第55页

接现实性的品格。”[①]思维、理论固然具有现实性，理论是现实的反映，并能转化为现实，但是，它没有直接的现实性。只有实践才具有直接的现实性，因此，理论只有转化为实践，在实践中才能表现和证明自己的现实性。同时，实践又具有普遍性，实践是人的有目的的活动、有理性支配的活动，是以在一定程度上认识客观规律性为前提的，而规律则恰恰具有普遍性。正因为如此，人才能够通过变革事物的实践去不断地暴露事物的本质，在实践经验中总结出带普遍性的认识，也才能够用实践去检验具有普遍性的理论。可见，实践的这种兼具主观性和客观性又兼具直接现实性和普遍性的双重品格、双重优越性，是它能够而且必然成为真理标准的内在根据。

被实践证实了的正确理论，对于人们的新的认识活动具有重要的指导作用，但并不能把它作为检验真理的标准。逻辑证明在人们探索和论证真理的过程中也具有极其重要的作用。在现代逻辑的研究和应用取得了巨大成就的今天，这一点更是无可争议的事实。但是，逻辑证明（这里仅指传统的和现代的演绎逻辑，因为并没有人主张归纳逻辑可以作为检验真理的标准）同样也不能充当检验真理的标准。

马克思主义哲学不仅明确地主张实践是检验真理的唯一标准，而且也强调应该辩证地理解实践标准。正如真理本身同时具有绝对性和相对性一样，实践标准也是绝对性和相对性的统一。

实践标准的绝对性主要表现在：第一，实践能够检验认识的真理性，即使有些认识不能为当前的实践所检验，但将来的实践终究能够检验出它是否具有真理性。第二，凡是被实践证实为真理的认识，它与其反映的客观事物之间的符合就不会被将来的任何情况所改变。不过，这里所指的是那些确实被实践证实为真理的认识，而不包括那些误认为被实践证实而实际上并未被实践证实的认识。由于种种原因，如实践设计和实践操作中的错误、对

① 列宁全集（第55卷）［C］．北京：人民出版社，1985，第183页

实践结果所作的逻辑分析的错误等等，人们把本来并未被实践证实的认识当成了被实践证实了的真理的情形是常常发生的，但这属于真理检验过程中人们在认识上犯了错误的问题，而不属于被实践证实了的真理又被推翻了的问题。况且，如果人们在检验真理的过程中出现了这类认识上的错误，也只有通过进一步的实践才能发现和纠正。假如被实践证实了的真理竟然会被推翻，实践也就根本不能充当检验真理的标准。

实践标准的相对性主要表现在：第一，任何具体的实践都是在一定的历史条件下进行的，必然要受到各种主、客观因素的制约，因而它不可能完全证实或驳倒人的一切认识。第二，当某种认识被具体的实践活动证实是真理，这只是仅仅从总体上证实了这种认识与它所反映的客观事物相符合，并不能一劳永逸的确定这种认识的永远真理性。随着实践的不断发展，人们对真理的界限的规定可能时而扩大，时而缩小。

总之，正确地坚持实践是检验真理的唯一标准，要求我们既要看到实践标准的绝对性，防止和反对否认实践标准的唯心主义、怀疑主义和相对主义，又要看到实践标准的相对性，防止和反对把被某一具体实践证实过的认识绝对化的教条主义和独断论错误。

二、真理原则和价值

追求真理和创造价值是人类生存的两大原则，因此有必要研究真理与价值的关系。

作为哲学范畴的价值，是表示客观事物对人自身的关系、对人自身所具有的积极意义，是指事物对人的需要而言的某种有用性。它是对各种现实的、具体的价值形态的抽象，是对具体价值形态的共同本质和普遍特征的理论概括。它不是一种实体，而是主体和客体之间的一种特定的关系，即客体以自身属性满足主体需要和主体需要被客体满足的效益关系。它的本质是指客体的存在、属性及其变化同主体的尺度和需要相一致、相符合或相接近。

所谓真理原则，就是人类必须按照世界的本来面目去认识世界和改造世界，追求和服从于真理。所谓价值原则，就是人类必须以自己的尺度和需要去认识世界和改造世界，使世界适合于人的生存和发展。马克思曾指出："动物只是按照它所属的那个种的尺度和需要来构造，而人懂得按照任何一个种的尺度来进行生产，并且懂得处处都把内在的尺度运用于对象。"[①]

真理不仅是为了解释世界，更重要的是为了改造世界，达到实践的目的，进而实现真理的价值。辩证唯物主义认为，实践具有鲜明的目的性。

一方面，主体是改造者，客体是被改造者，因此主体总是能动的方面。它表现为主体能够按照自己的需要、目的，创造生产工具、科学仪器和设备，作用于客观对象，实现对客体的改造，把自己的需要、目的变为现实。客体作为被改造者，总是被动的方面，但这种被动性并非不作用于主体，往往制约着主体的活动。因为主体作为自然存在物和社会存在物，永远不能摆脱自然规律、社会规律的制约。因此，人的能动性的发挥不在于幻想摆脱制约，而在于认识、掌握和利用事物发展的客观规律和真理，使客体沿着有利于主体的方向发展，进而达到实践的目的并实现其价值。

另一方面，作为社会性的主体需要是多种多样的，从而人们为满足自身的不同需要而从事的实践活动也将纷繁复杂，也即实践的目的性具有多样性。但无论实践的目的性如何多样，主体的能动性如何强烈，实践目的最终在多大程度实现，却总是与指导实践的真理性认识直接相关的。指导主体的真理性认识越多，实践目的的实现程度就越高，反之，实践目的的实现程度就越低，甚至无法实现。因此，实践的目的性往往渗透着真理的认识。所谓价值，是指客体的属性满足主体需要的效益关系。凡是对满足主

① 马克思恩格斯全集(第3卷)[C].北京：人民出版社，2002，第274页

体需要有积极意义的客体就是有价值的，否则就是无价值的。

显然，价值是由客观事物所具有的可满足人们需要的属性和人们对客观事物有所需要这两个因素构成的。前者是构成价值的客观基础，后者是构成价值的主观条件。真理作为主体对客观事物及其规律的正确反映，不仅具有本质的客观属性和内容，而且也具有满足主体需要的属性，否则主体就不会去追求真理和用真理去指导实践。

一方面，就真理的客观性而言，它是对客观事物及其规律的正确反映，人类活动必须遵循客观世界的自然属性和社会属性，遵循客观世界的本质和运动发展的规律，才能达到自身的目的。因此，真理的客观性具有可以满足人类认识需要的属性。

另一方面，人类的实践是要最大限度地去追求和实现自身改造世界的目的和愿望，而这一切的实现，都需要人类不断利用真理来指导人类不断深化的社会实践，也就是说，人类有应用真理来改造世界的需要。正是由于真理所具有的客观性和人类实践对真理的依赖性，进而构成了真理的价值。真理的客观内容越丰富，人类认识真理的程度越深，真理的价值就越大。在实现实践目的的过程中，承认真理的价值性是与实用主义者宣扬的“有用即真理”的观点根本不同的。辩证唯物主义所认为的真理的价值性，是以真理的客观性、科学性为前提的，并因此认为真理是有用的。它之所以有用，就在于它符合客观事物的发展规律。而实用主义则离开了真理的客观性、科学性这个前提，以个人利益、需要和主观愿望为出发点，鼓吹“有用即真理”。

它把对个人的“有用”性凌驾于真理的客观性之上，并进而取代了真理的客观性，这是一种主观唯心主义的真理观，是与辩证唯物主义真理观相对立的错误的真理观。因此，辩证唯物主义始终把真理的客观性作为真理价值性的前提和基础。

三、真理与价值的辩证统一

真理和价值的对立统一关系推动着社会的不断发展。真理和价值的辩证统一关系主要表现在以下三个方面。

（一）真理与价值相互贯通

一方面，真理与价值在人类的实践活动中是互为前提的。真理原则的指导保证价值原则的成功实施；价值原则推动真理原则的发展，是促进真理原则不断发展的力量源泉。另一方面，真理与价值又是互相适用的。在价值生活中真理原则是普遍适用，价值总有一个“是真是假”的问题；价值原则也适用于真理问题，任何真理也都有一个“有何价值”的问题。

（二）真理与价值在发展中相互引导

真理与价值之间相互过渡，普遍存在于人类社会的实践活动中，从价值走向真理，又从真理走向价值，这种相互贯通为真理与价值的过渡提供了可能性。

（三）真理与价值检验标准一体化

实践是真理和价值共同的检验标准。认识之真理性的检验过程，同价值的实际确定过程，常常是同一实践过程的两个侧面。实践是真理与价值及其二者是否达到了具体的统一的共同标准。

价值与真理在实践基础上的辩证统一，是马克思主义哲学的一条普遍原理，也是人类社会不断进步的内在动力。根据这一原理，我们能充分地理解并自觉地贯彻马克思主义的科学性与革命性的统一，实事求是与解放思想的统一，从实际出发与勇于开拓创造的统一，坚持真理与向人民负责的统一，尊重历史发展客观规律与不懈地争取人类解放的统一。

第四章　马克思主义社会发展理论研究

马克思主义社会发展理论之中包含了四个要素，分别是生产力、生产关系、经济基础和上层建筑。生产力和生产关系之间的规律、经济基础和上层建筑之间的规律，是人类社会的发展的基本规律。社会形态的更替是历时发展的必然趋势，是人类不断进步的象征。人民群众作为社会实践活动的主体，是历史的真正创造者和社会发展的真正实现者。无产阶级政党的群众观点和群众路线，体现了唯物史观的根本要求。

第一节　社会基本矛盾理论的辩证思考

社会基本矛盾反映了社会发展规律。社会规律与自然规律之间存在很大的区别，其具有自己的特点，其实人类参与社会活动的规律。应当明确的是，社会的发展不仅是一个客观的过程，并且还是人的能动的创造过程，是决定性与选择性相统一的过程，是合目的性与合规律性相统一的过程。

一、马克思主义人类社会发展规律的一般特征

恩格斯说："社会发展史却有一点是和自然发展史根本不相同的。在自然界中（如果我们把人对自然界的反作用撇开不谈）全是没有意识的、盲目的动力，这些动力彼此发生作用，而一般规律就表现在这些动力的相互作用中。在所发生的任何事情中，无论在外表上看得出的无数表面的偶然性中，或者在可以证实这些

偶然性内部的规律性的最终结果中，都没有任何事情是作为预期的自觉的目的发生的。相反，在社会历史领域内进行活动的，是有意识的、经过思虑或凭激情行动的、追求某种目的的人；任何事情的发生都不是没有自觉的意图、没有预期的目的的。但是，不管这个差别对历史研究，尤其是对各个时代和各个事变的历史研究如何重要，它丝毫不能改变这样一个事实：历史进程是受内在的一般规律支配的。”①恩格斯的这段话充分体现了社会发展规律的特点，具体说来主要表现在以下四个方面。

（一）社会发展规律具有历史性

人类社会的发展过程是由各具特点又相互联系的不同历史阶段构成的，其中每个社会形态都是具体的、历史的，因而贯穿于它们之中的社会发展规律也就具有历史性特点。有些规律虽然是一切社会形态的普遍规律，或者是某几个社会形态的共同规律。但它们总是具体地依存于特定历史阶段的经济关系和客观条件，因而在不同的历史阶段上具有不同的特点，具有特定的具体内容和表现形式。还有不少规律只在特定的社会形态和历史时期中发生作用，随着它们赖以存在的社会形态和历史条件的变化，它们就让位于新的社会历史条件下的新的规律。因此，我们在考察社会发展时，不仅需要研究和把握社会发展的一般规律，而且还要研究和把握社会发展规律在不同的历史阶段上和不同的历史条件下的具体特点，研究和把握各个阶段的特殊规律。

历史唯物主义是以整个人类社会及其历史发展为研究对象的，它所揭示的是社会发展的一般规律。历史唯物主义就是关于人类社会发展一般规律的科学。历史唯物主义既是科学的历史观，又是分析和研究社会历史的科学的方法论。各门社会科学的研究，应在历史唯物主义的指导下进行。一方面，我们不能把历

① 马克思恩格斯选集（第 4 卷）[C]. 北京：人民出版社，1995，第 247 页

史唯物主义的普遍原则误解为可以脱离具体历史过程的抽象公式乃至先验原则,不顾具体情况,到处生搬硬套;另一方面,也不能片面强调具体的社会历史过程的特殊性,而否认历史唯物主义的指导作用。

(二)社会发展规律与人的意识的作用有密切联系

社会发展规律的这一特点是和上述特点密切相关的。因为人的活动总是受一定的意识支配的,人的活动是有意识、有目的的活动。问题在于,在一定社会生活中,人们的意图、目的和动机并不都是一样的,而是多种多样的,它们常常又是相互矛盾、彼此冲突的。这些不同的意图、目的和动机,有的是能够实现的,有的是根本实现不了的;有的似乎实现了,但实际的结果却又和预期的完全不同。这些情况表明,人们的意图、目的和动机,并不能决定社会历史的发展,其背后还有起支配作用的力量,这就是社会发展的客观规律。

恩格斯指出:“历史是这样创造的:最终的结果总是从许多单个的意志的相互冲突中产生出来的,而其中每一个意志,又是由于许多特殊的生活条件,才成为它所成为的那样。这样就有无数互相交错的力量,有无数个力的平行四边形,由此就产生出一个合力,即历史结果,而这个结果又可以看做一个作为整体的、不自觉地和不自主地起着作用的力量的产物。因为任何一个人的愿望都会受到任何另一个人的妨碍,而最后出现的结果就是谁都没有希望过的事物。所以到目前为止的历史总是像一种自然过程一样地进行,而且实质上也是服从于同一运动规律的。”①所以,人们要在社会活动实现自己的目的,就必须正确反映社会发展规律,按照规律办事。在这个问题上,必须反对两种错误倾向:一是片面强调或夸大人的主观能动性、否定或无视社会发展规律的唯意志论;二是只强调社会规律的作用、根本否认人的主观能动性

① 马克思恩格斯选集(第4卷)[C].北京:人民出版社,1995,第697页

的机械决定论和宿命论。

（三）社会发展规律与人的活动有密切联系

从一定程度上来说，实际上人类活动的历史就是人类社会的历史，人类活动的规律也就是社会发展的规律，他们都是相通的。人类的活动多种多样，但并不纯粹是个别的和偶然的，而是在偶然之中隐藏着必然，在表面是个别的现象背后有着一定的规律在起作用。现代西方某些思想家极力否定社会发展的规律，他们认为只有多次重复出现的事情才会存在一定的规律性。在自然界中，很多自然界中的特定时期都会多次反复出现，因而人们可以发现其中存在的规律；而对于人类社会来说，由于很多对的事情都只会出现一次，因此这些事件都可以被看作是历史发展中的偶然事件，不存在规律。波普尔认为“社会历史没有规律”，对于每一个历史事件来说，都“不能在精确相似的条件下重复”；而对于社会运动来说，也不存在与“原型相同的重复”。他的这种观点，实际上是将历史事件的不可重复性来作为了否定历史发展规律的重要证据。

由于具体的历史事件是无法复制、重复发生的，因此历史事件的重复性并不等同于社会发展规律的重复性。实际上，所有的历史事件都是由偶然因素和必然因素共同组成的，其中的偶然因素是造成社会事件各具特色的重要因素，而对于规律来说，其只是对于历史事件中本质的东西所进行的重复，因此不会对其中的偶然因素进行重复。波普尔看到了历史事件与自然事件的差别，但他夸大了这种差别，以至于否定社会发展的规律性。这只能说明，他并不理解必然性与偶然性的辩证关系，不理解社会规律与丰富多彩的历史事件之间的内在联系。

（四）社会发展规律与人的利益有密切联系

利益是从人的生存发展需要与客观世界的联系中产生的，它是人们满足自己各种需要的保障条件。在各种利益中，最重要、最基本的是物质利益，物质利益是其他各种利益的基础。“每一既定社会的经济关系首先表现为利益。”①在社会活动中，“各个人的意志——其中的每一个都希望得到他的体质和外部的、归根到底是经济的情况（或是他个人的，或是一般社会性的）使他向往的东西”②。利益在本质上是一个以经济关系为核心的社会关系范畴，体现一定社会关系的社会发展规律总是要涉及和体现人们的利益，在阶级社会中总要涉及和体现阶级的利益。

社会发展规律的作用，在客观上有利于先进的革命的阶级，而不利于落后的反动的阶级。同时，在社会发展规律发生作用的整个过程中，必然存在着不同人之间、不同阶级之间利益上的矛盾。例如，在资本主义社会里，生产关系适合生产力发展状况规律起作用的结果，必然导致资产阶级灭亡和无产阶级解放，这一结果显然不利于资产阶级而有利于无产阶级，因而必然引起资产阶级和无产阶级的斗争。因此，社会发展规律不是任何人、任何阶级都能如实地加以反映和在实践中加以运用的，只有自身利益与社会发展规律要求一致的人们和阶级才能做到这一点。无产阶级是人类历史上最先进、最无私的革命阶级，其根本利益是与社会发展规律完全一致的。马克思主义对人类谁发展的规律进行了深刻地揭示和反映，无产阶级在马克思主义指导下所进行的反对资产阶级的革命斗争就是对社会发展规律的自觉运用。

二、生产关系与生产力的辩证矛盾

（一）生产力决定生产关系

生产力与生产关系相互作用，并且统一于生产方式之中。从根本上说，生产力是主要的决定性的方面，它决定着一定生产关

① 马克思恩格斯选集（第 3 卷）[C]. 北京：人民出版社，1995，第 209 页

② 马克思恩格斯选集（第 4 卷）[C]. 北京：人民出版社，1995，第 697 页

系的存在和发展，因此也就在一定程度上决定着生产方式的存在和发展。生产力决定生产关系可以从以下几方面来进行探讨。

1. 生产力发展的状况决定生产关系的性质

现存的生产关系都是在相应的生产力的作用下形成的，有什么样的生产力就会产生什么样的生产关系。“手推磨产生的是以封建主为首的社会，蒸汽磨产生的是以工业资本家为首的社会”，实际上阐述的就是这样一个道理。要知道，所有的生产关系都不是自己任意产生的，而是一定的生产力相作用的结果。如果人为的随意建造一定的生产关系，而没有相应的生产力发展状况作为基础，那么这种创造生产关系的结果必定会走向失败。

2. 生产力的发展和变革决定生产关系的发展和变更

马克思指出：“各个人借以进行生产的社会关系，即社会生产关系，是随着物质生产资料、生产力的变化和发展而变化和改变的。”①在生产方式中，其中最为活跃的一个因素就是生产力，由于物质资料的生产和再生产过程的本质所影响，因此其也处于不断变化之中。从稳定性的角度相比较，生产关系要由于生产力，在某一生产关系产生之后，其通常会在一定时期内保持相对稳定的状态。生产力的发展和变革总是会带动生产方式的发展和变革，并且这种变革通常是从生产工具开始的。

人类在长期的社会生活中，随着生产经验和劳动技能不断积累和增长、科学的发展及其在生产中的应用，人们就会不断改进生产工具、革新生产技术和设备，从而不断提高了生产技术，随之也提高了社会生产力的整体水平。生产力的这种发展，必然会要求生产关系相应地发生部分变革。而当生产力继续发展而达到一定阶段时，就会同原来的生产关系之间产生矛盾，使得生产关系不能再适用与生产力的发展，随之就会成为制约生产力发展的一个重要因素。在这种情况下，为了保证生产力的持续发展，就必须要对当前的生产关系进行变革，从而使之适应生产力的发

① 马克思恩格斯选集(第1卷)[C]. 北京：人民出版社，1995，第345页

展。在这一变革的过程中，生产力变现出了强大的生命力，尽管它会在一定程度上受到旧的生产关系的束缚，但其最终会冲破这种束缚，实现生产力的变革和创新。在新的生产关系产生之后，其也会进一步促进生产力的进一步发展。

3. 只有生产关系适应生产力的发展，才能确定是先进的生产关系

所谓生产关系适合生产力的状况，就是指它能够容许生产力以较高的速度和较大的规模持续地向前发展，使生产力的发展达到现有的技术水平所能达到的高度。这样的生产关系就是先进的生产关系，否则就是落后的生产关系。当然，对这个问题还要作具体分析。有的生产关系从总体上看是先进的，但它可能并不适合于某个地区的生产力状况，如果超前建立这种感觉生产关系，那么不仅不会促进生产力的发展，甚至还会对当前的生产力的发展造成破坏。同时，如果那些本来适合生产力状况的先进的生产关系遭到破坏、受到某些社会因素的干扰，使其优越性得不到发挥，也会出现破坏生产力发展的情况。

（二）生产关系对于生产力具有能动的反作用

生产力与生产关系是相互作用的，主要表现为：生产力决定生产关系，生产关系对生产力具有能动的反作用。因此，在对该内容进行研究的过程中，不仅要看到生产力对生产关系的决定作用，还要看到生产关系对生产力的反作用。通过生产关系可以看到人们之间的物质利益关系，其会对劳动者的积极性、主动性和创造性都会产生一定的影响，并且会对劳动者技能的发挥以及他们对生产资料的利用和改造都会产生一定的影响。

生产关系对生产力的能动的反作用可以从以下两个方面来进行阐述。

(1)如果当前的生产关系已经符合生产力的发展状况，那么其就会对生产力的发展产生促进作用，通常生产力的迅速发展总是会在新的生产关系建立之后才出现，其原因就在于此。

(2)如果当前的生产关系已经不能再适应生产力的发展那么

其就会对生产力的发展造成阻碍，不利于生产力的进一步发展。

应当明确的是，旧的生产关系会对生产力的发展形成阻碍，实际上指的是生产关系的性质已经再适应当前生产力的发展，因此必然会对生产力的发产生阻碍作用。当时这种阻碍作用不能被看作是会破坏生产力的发展，使生产力停滞不前。实际上，当旧的生产关系已经不再适应生产力的发展时，生产力并不是会停止不前，而是仍会有一定的发展，但这种发展不可能达到应有的程度。但是，如果这种过时的生产关系长期存在而不随着生产力的变化而变化，那么生产力势必遭到严重的破坏。

（三）生产力与生产关系之间的相互作用

从总体上看，生产力对于生产关系起着最终的决定作用。否认这一点，就从根本上否认了历史唯物主义。同时，生产关系在一定条件下对于生产力的发展又有着突出的反作用。否认这一点，就从根本上违背了历史辩证法。当不对旧的生产关系进行变更就会阻碍生产力的发展，或是当适合生产力发展状况的新的生产关系遭到破坏、从而使生产力停滞不前时，生产关系的这种反作用就会表现得更为突出。但需要注意的是，生产关系的这种反作用最终还是由生产力的发展要求所决定的，仍然是生产关系适合生产力发展状况规律起作用的结果。在任何情况下，我们既不应否认或低估生产关系的反作用，也不能把生产关系的反作用夸大为最终的根本性的决定作用。否则，都会背离历史唯物主义，就会在实际工作中犯各种“左”的或右的错误。

生产力与生产关系是相互作用的，生产力决定生产关系，而生产关系对生产力又具有能动的反作用，这种相互作用就构成了生产方式内部的矛盾运动。这种矛盾运动是社会生产方式发展变化的根本原因，是人类社会向前发展的根本动力，其普遍地存在于一切社会形态之中，并贯穿于社会形态发展过程的始终。

三、上层建筑与经济基础之间的辩证矛盾

（一）经济基础决定上层建筑

在社会形态这个统一体中，经济基础和上层建筑也是相互作用的。从根本上说，经济基础对上层建筑起着决定的作用。

1. 经济基础是上层建筑的根源

上层建筑是经济基础的派生物，是适应经济基础的需要而产生的。恩格斯说：“每一时代的社会经济结构形成现实基础，每一历史时期的由法的设施和政治设施以及宗教的、哲学的和其他的观念形式所构成的全部上层建筑，归根到底都应由这个基础来说明。”[①]这个科学论断，已经为大量的客观事实所反复证明。每个社会形态中，人们通常都会在巩固和发展经济基础之上，然后再建立自身的思想和政治立场，这种情况如果出现在阶级社会中，实际上就是为了维护统治阶级的利益。

2. 经济基础的性质和特征决定上层建筑的性质和特征

一个国家的经济基础的状况，最终会反应在其上层建筑之上，也就是说所有的经济基础都会与之相适应的上层建筑。在阶级社会里，经济基础中哪个阶级占统治地位，适应这个基础而建立起来的上层建筑就具有什么样的阶级性质。一切阶级社会形态的经济基础都具有某种共同性质，决定了它们的上层建筑也相应地具有某种共同性质。例如，资本主义社会的经济基础具有阶级对抗的性质，决定了它的上层建筑也相应地具有阶级对抗的性质。

3. 经济基础的变化决定着上层建筑的变化

马克思说：“随着经济基础的变更，全部庞大的上层建筑也或

---

① 马克思恩格斯选集（第3卷）[C]. 北京：人民出版社，1995，第365页

慢或快地发生变革。”①从这句话中我们可以看出，经济基础的变化会带动上层建筑的随之变化。实际上，生产力和生产关系之间的矛盾才是造成经济基础发生变革的根本原因。

经济基础对上层建筑的决定作用，是从归根到底的意义上、从发展的必然趋势上来说的，而决不能作机械的理解。上层建筑具有相对独立性，其所产生的变化不仅会受到经济基础的影响，并且该会受到自身各个部分的特点以及它们的相互关系的影响。事实上，上层建筑的变化常常落后于经济基础的变化。与经济基础直接联系的那部分上层建筑，如政治、法律制度等的变化要快一些，而与经济基础联系并不密切的上层建筑，如哲学、宗教等的变化速度就会慢一些。经济基础决定上层建筑是社会历史发展的客观必然性，但这种决定作用要通过人们的自觉活动才能实现。就是说，必须通过人们的一系列自觉的努力，通过不同的社会力量之间（在阶级社会里主要是不同阶级之间）的思想斗争和政治斗争，才能解决上层建筑不适应经济基础发展的情况出现。

（二）上层建筑对经济基础具有能动的反作用

虽然经济基础的发展对上层建筑具有决定性的影响，但需要注意的是，上层建筑不能被看作是消极的、被动的东西。恰恰相反，在人类的社会生活中，上层建筑是不可或缺的，其可以对经济基础产生能动的反作用。经济基础之所以需要上层建筑与它相适应，正是由于上层建筑对于它的形成、巩固和发展具有不可缺少的重要作用。任何上层建筑总是同自己的经济基础基本相适应的，因而对它始终起着维护和巩固的作用。上层建筑对经济基础的反作用，可以从两个方面来进行探讨。

（1）当上层建筑的发展方向与社会经济发展的方向相一致时，就能够为经济基础和生产力的发展提供政治和思想的支持，对它们起着促进的作用。

① 马克思恩格斯选集（第2卷）[C].北京：人民出版社，1995，第33页

(2)当上层建筑的发展方向与社会经济发展的方向不一致时,它就对经济基础的变革、对经济基础和生产力的发展起到阻碍,甚至是破坏作用。

对于上层建筑的反作用的性质,有一个根本的鉴别标准,这就是看其是否有利于生产力的发展。毛泽东曾经指出:“中国一切政党的政策及其实践在中国人民中所表现的作用的好坏、大小,归根到底,看它对于中国人民的生产力的发展是否有帮助及其帮助之大小,看它是束缚生产力的,还是解放生产力的。”[①]毛泽东这一思想,就其蕴含的一般原则而言,适用于评价一切上层建筑的作用。可以说,好的生产力就要可以解放生产力,促进生产力的发展,不好的生产力会阻碍和束缚生产力的发展。这也就是我们通常所说的生产力标准。

(三)经济基础与上层建筑之间的相互作用

人类社会发展的普遍规律是,上层建筑要适应经济基础的发展,该规律贯穿于人类社会发展过程的始终。社会形态的矛盾运动就是由经济基础和上层建筑的相互作用构成的,即经济基础决定上层建筑,上层建筑对经济基础具有能动的反作用。

人类社会发展的根本规律是,生产关系要适应生产力发展状况的规律,其对上层建筑要适合经济基础状况的规律具有决定性的作用。经济基础和上层建筑的矛盾不断地产生而又不断地得到解决。在这个矛盾运动过程中,实际上就蕴含着一种本质联系和必然趋势,也就是上层建筑必定要适应经济基础的发展状况。这里所说的经济基础的状况,不仅涵盖了经济基础存在和发展的需要,并且也涵盖了经济基础进行变革的要求。

上层建筑适合经济基础状况的规律,也是马克思主义政党正确的路线、方针和政策的客观依据,其不仅带领着我国改革开放事业的进行,并且还指导着我国社会主义现代化建设事业的实

---

① 毛泽东选集(第 3 卷)[C].北京:人民出版社,1991,第 1079 页

现。在建设中国特色社会主义过程中，我们必须准确地把握和自觉地运用这一客观规律。

第二节 马克思关于社会发展总趋势的思索

研究马克思关于社会发展总趋势的规律，其本质上还是对马克思关于社会形态更替言论的研究。社会形态指的是，处于一定历史阶段、一定类型的社会，它标志着社会结构的类型。社会形态具有不同的类型，在历史发展过程中，人类会经历多个不同的社会形态的更替，其反映出了社会发展的统一性和多样性、决定性和选择性、合规律性和合目的性的统一。

如果说，社会结构的概念是从静态的角度出发，来对人类社会各要素之间的横向联系进行研究的话，那么，社会形态的更替则是从动态角度研究人类社会历史的纵向联系。我们可以根据最基本的划分方法，将社会形态划分为经济和技术两种不同的社会形态。

社会进步理论是马克思主义对社会发展趋势研究的重要组成部分。社会形态由低级到高级的依次演进便体现了社会进步的历史趋势，社会进步的历史尺度和价值尺度最终还是要由生产力尺度和人的全面发展的综合尺度来进行评价。

一、社会形态的分类

社会形态是一个多义性概念，根据研究者研究目标或是要求的不同，就可以按照不同的标准将社会形态划分为不同的类型。当前，在对社会形态研究过程中，通常会将其分为两类，即经济社会形态和技术社会形态。

（一）经济社会形态

从生产关系的性质的角度出发，可以将社会形态划分为经济社会形态。而对于社会经济社会形态来说，又可以通过三种社会形态划分法和五种社会形态划分法两种方法来对其进行细分。

1. 三种社会形态划分法

马克思在1857～1858年写的《经济学手稿》中说："人的依赖性关系(起初完全是自然发生的)，是最初的社会形态，在这种形态下，人的生产能力只是在狭窄的范围内和孤立的地点上发展着。以物的依赖性为基础的人的独立性，是第二大形态，在这种形态下，才形成普遍的社会物质交换，全面的关系，多方面的需求以及全面的能力的体系。建立在个人全面发展和他们共同的社会生产能力成为他们的社会财富这一基础上的自由个性，是第三个阶段。第二个阶段为第三个阶段创造条件。"[①]从这段话中可以看出，马克思根据人类的实际发展状况，将人类历史分为了人的依赖性社会、物的依赖性社会和个人全面发展的社会，三个阶段，而这三个阶段又有与其相适应的社会经济形态，即自然经济、商品经济和产品经济。

从序列上看，这三种社会形态具有内在统一性。所谓的三种社会形态划分法，实际上指的就是人的依赖性社会，也就是所谓的自然经济社会；物的依赖性社会，也就是商品经济社会；个人全面发展的社会，也就是产品经济社会。

2. 五种社会形态划分法

根据生产关系性质的不同，又可以对经济社会形态进行五种社会形态划分法，也就是根据人类发展的过程，将社会形态分为五种形态，即原始社会、奴隶社会、封建社会、资本主义社会、共产主义社会，这五种社会形态依次进行更替。一般说来，世界上的国家一般都会依次经历以上五种社会形态发展阶段，但也有特殊的情况出现，他们有时会跳过一个甚至是几个阶段，直接进入高级发展阶段。

---

① 马克思恩格斯全集(第46卷)[C].北京：人民出版社，1979，第104页

在马克思、恩格斯的著作中，经济社会形态在多数情况下是指“生产关系总和”或“生产关系体系”、“社会经济结构”，但有时也包括生产力和上层建筑，实际上是把经济社会形态看作所有这些社会要素的总和。据此，社会经济形态可以这样定义：“经济社会形态是由历史上一定的生产力、生产关系、上层建筑等全部社会要素组成的完整的社会体系，是按照本身特有的规律运动、发展、变化着的活的社会有机体。”[①]从这一概念中我们可以看出，当时人们的生产力发展水平是决定经济社会形态形成的关键因素；一定的生产关系是构成一定的经济社会形态的骨骼；经济社会形态除骨骼外，还包括使骨骼有血有肉的上层建筑以及其他的一些社会要素。

3. 三形态划分法与五形态划分法的关系

(1)二者各有不同

三种社会形态划分法有其特定的功能，比五种社会形态划分法具有更高的概括性。但与五种社会形态划分法相比较，其显得较为粗糙，不能对社会发展的不同阶段的区别和社会类型的复杂结构进行更为细致的说明。例如，在自然经济社会中，根据社会结构的不同，又可以将其分为原始社会、奴隶社会和封建社会三种经济社会形态。对于这三种细致的划分来说，其无论是在生产力、生产关系、上层建筑、阶级结构等方面都存在着很大的差异，因此在对这三种社会形态进行描述时，不能简单地将其描述为自然经济社会，这样会导致概念的过于模糊。

同理，虽然资本主义社会和社会主义社会都属于商品经济，但是，这两种商品经济之间还是存在着本质的区别的。如果只说社会主义经济和资本主义经济都是商品经济，而不对资本主义社会和社会主义社会这两种不同性质的经济社会形态进行详细的区分，那么就会使得这两种商品经济的本质区别被忽略。因此，

---

① 黄楠森，陈晏清. 马克思主义哲学原理[M]. 北京：中国人民大学出版社，2005，第 264 页

不能用商品经济社会取代资本主义社会和社会主义社会的划分。

(2)二者互为补充

三种和五种社会形态划分法是由马克思首先提出的,这二者在历史唯物主义中互为补充,并且,从本质上来说,它们的对社会形态的划分方法也是统一的。在三种社会形态划分法中所涉及的人的依赖型社会,在五种社会形态划分法中就表现为原始社会、奴隶社会和封建社会;而物的依赖性社会则表现为资本主义社会和当前我国所处的社会主义初级阶段;个人全面发展的社会表现为共产主义社会。因此,我们既不能单独讲三种社会形态划分方法或是五种社会形态划分法,也不能肯定其中一个而否定另一个。

(二)技术社会形态

根据社会生产力和技术发展水平,以及与此相适应的产业结构,可以将社会形态细分为技术社会形态。对技术社会形态的依次划分为,石器、铜器、铁器、蒸汽、电器和电子时代,在我国人类历史的发展中,依次经历了这些技术形态。

在原来的历史唯物体系中并没有涉及"技术社会形态",其是在马克思主义经典原著中被提及的。将"技术社会形态"添加到历史唯物主义体系之中,具有重要的现实意义,符合社会发展的要求。

由此我们可以看出,经济社会形态和技术社会形态具有不同的标志。其中,经济社会形态的标志是生产关系,而技术社会形态的标志是生产力以及与此相适应的产业机构,由于生产关系是由生产力来决定的,因此,实际上就可以将技术社会形态看作是经济社会形态形成的物质基础。马克思在《哲学的贫困》一书中说:"手推磨产生的是封建主的社会,蒸汽磨产生的是工业资本家的社会。"①

① 马克思恩格斯选集(第1卷)[C].北京:人民出版社,1995,第142页

需要注意的是，虽然生产关系是由生产力决定的，但并不能认为生产力就是决定生产关系形成的唯一要素。因为，在一种生产关系形成的过程中，除去生产力的决定作用之外，还有很多其他的影响因素。虽然生产力的发展变化最终决定了旧的生产关系能否被新的生产关系所取代，但是其还会受到生产力和生产关系、经济基础和上层建筑之间的矛盾激化程度的制约和影响。如果一个国家是处于阶级社会中，那么其生产关系的形成，必然还会受到阶级矛盾、斗争和阶级力量的影响，这就是导致经济社会形态与技术社会形态出现不吻合情况的重要原因。这种不相吻合的情况，在经济不发达、生产力落后的国家表现得最为突出。

当前在21世纪，世界上的很多发达国家都已经进入了“信息社会”中，信息技术和信息产业已经成为该类国家的主导产业，经济和信息技术展迅速。因此，如果从技术社会形态的角度来看，经济发达的国家还是处在“信息社会”阶段。

二、社会发展进程的统一性与多样性

与自然界一样，社会发展也具有统一性和多样性。但是，社会发展是有人所参与的，是人有目的的活动所造成的结果。因此，其统一性与多样性和人的选择性、人的活动的决定性密切相关。

（一）社会历史发展的决定性与选择性

社会历史发展的决定性实际上指的就是历史决定论，而社会历史发展的选择性则指的是主体的选择性。

人类社会的历史发展具有一定的规律性和必然性，因此人类在其中所起到的只是引导的作用，他们在结合自身知识结构和经验、技能的情况下，根据历史发展的实际情况来确定自身行动的方向。

应当明确的是，在马克思主义哲学中，其强调促进生产力发展决定性力量是生产力，强调物质生产和经济关系对精神生产的最终决定作用，也就承认了社会发展中有某些不以人的意志为转移的决定性力量。此外，马克思主义的历史决定论并不能被看作是一种机械的决定理论，而是应该将其看作是一种以实践为基础的辩证决定论。它同时承认人在社会历史中的主体地位，重视人们自觉性、自主性、预见性和创造性，承认社会历史发展中的选择性。在历史唯物主义看来，社会历史发展并不是只为人类的发展提供了唯一的可能性，而是为其提供了多种可能性，只有在人类的选择下才能确定哪一种可能性能够成为现实。在人类历史发展的长河中，社会的发展总是在一个国家或是民族处于转折点时出现多种可能，而究竟哪一种可能性变为现实，往往取决于这个民族或国家中人们的选择。

社会历史发展中的决定性和选择性主要表现在以下几方面。

1. 历史和现实

一方面，历史是现实的前提，每一个时代的人们都无法摆脱历史的影响并无可选择地生活在前人创造的自然和社会环境之中。另一方面，现实的人们又总是力图在历史所提供的基地之上去选择新的活动模式，去从事新的创造，去造就新的历史。马克思曾经指出，正如人们不能自由选择某一社会形式一样，“人们不能自由选择自己的生产力——这是他们的全部历史的基础，因为任何生产力都是既得的力量，以往的活动的产物”。[①] 因此，“每一代一方面在完全改变了的条件下继续从事先辈的活动，另一方面又通过完全改变了的活动来改变旧的条件”。[②]

2. 整体与个体

一方面，整体决定要素，社会作为一个有机整体规定着社会中的个体。离开了社会的整体，不可能有社会的个体。另一方

① 马克思恩格斯全集(第 27 卷)[C]. 北京：人民出版社，1973，第 477～478 页

② 马克思恩格斯全集(第 3 卷)[C]. 北京：人民出版社，1960，第 51 页

面，每一个体又都是现实的、活生生的、能动的存在物，有自己独立的人格与个性。人类在社会生产发展中，其所有的活动通常都会在意识的支配下去实践一定的目的，这样就使得社会运动表现出了一定的目的性。也正是由于这些个别愿望和个别行动之间产生的多种冲突，于是才在人类历史领域中出现了一种与无意识的自然界中占统治地位的状况非常相似的情况。

虽然人类活动的目的具有一定的预期性，但是通常最终所产生的结果却是非预期的，这无数相互冲突的意志和无数相互交错的力量，就构成了无数个力的平行四边形，由此而产生出作为总体的历史事变和历史进步，最终才使得社会规律发挥作用。需要注意的是，在此过程中，每个个体或是集团的个别意志都不会完全达到自身的目的，而是融为“一个总的平均数，一个总的合力”；并且，所有的意志都会为这种合力做出一定的贡献，因此，这些无数的不同的意志是被包含在这个合力之中的。

3.物质与思想

一方面，物质决定着意识，生产力决定着生产关系的形成，经济基础决定着上层建筑的构建；另一方面，意识对物质，生产关系对生产力，上层建筑对经济基础还具有能动的反作用，甚至在一定条件下制约着其发展方向。

4.必然与自由

一方面，人类社会历史的发展具有一定的内在规律性，其对社会进步的基本方向起着决定性的作用，社会历史运动是一个带有客观必然性的自然历史过程。另一方面，社会发展作为人的自觉能动的活动过程，又贯穿着人的自觉活动与决策，是一个自主创造和自我意识的过程。列宁指出：“决定论思想确认人的行为的必然性，摒弃所谓意志自由的荒唐的神话，但丝毫不消灭人的理性、人的良心以及对人的行为的评价。恰巧相反，只有根据决定论的观点，才能做出严格正确的评论，而不致把什么都推到自由意志上去。”[①]正是在对必然性的认识和掌握中，人不断地追求和创造着自由。

（二）社会形态发展的统一性与多样性

人类历史发展的统一性指的是，世界上不同的国家和民族，在历史发展中具有一定的普遍性，并且具有相同的内在规律性，因此在社会形态发展中就表现为统一性。而历史发展的多样性指的是，这些国家和民族无论是在经济、政治、语言、文化、地域等方面都具有自己的特点，因此社会形态发展中就表现为多样性。

1. 社会形态发展的统一性

对于社会历史发展的统一性，可以从纵向和横向两个方面进行不同的理解。

（1）纵向统一性

社会形态发展的纵向统一性，指的是在没有特殊情况的影响下，各个国家的历史基本上都会依次经历原始社会、奴隶社会、封建社会、资本主义社会、共产主义社会五种社会形态，由低级到高级逐渐过渡。

（2）横向统一性

社会形态发展的横向统一性，指的是不同国家或民族如果是处于同一社会形态中，那么他们无论是在生产力、生产关系、经济基础和上层建筑等方面的发展水平都是相似的。换句话说，各国历史的具体情况尽管千差万别，但凡是具有大致相同的生产力发展水平、生产关系体系和上层建筑的国家，都属于同一社会形态。因此，我们在对世界上不同国家或是民族的历史进行研究的过程中，一定要透过复杂多样的表面现象，找到其中最为关键的内在发展规律性，这样有利于研究的顺利开展。

2. 社会形态发展的多样性

对于社会形态发展的多样性，可以从纵向和横向两个不同的

① 列宁选集（第1卷）［C］. 北京：人民出版社，1995，第26页

方面来进行研究。

(1)横向多样性

横向多样性指的是，虽然不同的国家或民族虽然处于相同的社会形态，但是他们的历史进程却具有很多不同的特点，在一定历史条件下，某些国家或民族在自己的社会历史发展中可能出现某种非典型的社会形态。例如中国古代的奴隶制就不同于古希腊的奴隶制，中国的奴隶制只是存在于一个相当短暂的时期，它并不具有像古希腊奴隶制那样的典型性。而鸦片战争后的中国沦为半殖民地半封建社会也是一种特殊的非典型的社会形态。

(2)纵向多样性

纵向多样性，是指在一定历史条件下，某些国家或民族在自己的社会历史发展中可能跨越某一种或某几种社会形态进入更高级的社会形态而跳跃性地发展。我们确认人类社会总体的发展进程，并不是说所有的民族无论其处于何种历史环境下，都必定会依次经历这五种社会形态。相反，在一定的历史条件下，一些国家或是民族可以越过其中的一个或是几个社会形态，直接过渡到高级的社会形态之中。例如，我国的鄂伦春族也是在新中国建立后，经过民主改革从原始社会的部落所有制直接进入社会主义社会；而日耳曼民族，在征服罗马帝国之后，越过奴隶制直接从原始社会过渡到了封建社会。当然，这种跨越某些社会形态的过程，一般都是由外族强制性改造的结果，是生产力与生产关系移植的结果，而非该民族的自然发展进程。

此外，不同国家和民族在从低级社会形态向高级过渡的过程中，所选用的过程形式也各有不同。例如，对于同处于封建社会的中国和西欧来说，中国在经济制度上采用的是土地国家所有制，而西欧则采用的是“采邑”制；而同样是从封建社会向资本主义社会过渡的过程中，日本是通过改良的形式来完成的，反封建不够彻底，而法国则是通过革命战争的形式来完成的，反封建最为彻底。

3. 社会形态发展统一性与多样性之间的辩证关系

社会历史发展所具有的统一性与多样性，是一种辩证统一的关系。在对社会形态发展的统一性与多样性问题的分析上，既要反对把各国的社会发展过程简单化、公式化、模式化的错误观点，同时，也不能由于社会形态发展多具有的多样性而否认其所具有的统一性。我国在建立社会主义制度不久就采用了苏联模式，把苏联模式照搬照抄到中国来，而不顾自己民族的特点，显然在实践中带来了不可挽回的损失。一般说来，在社会发展过程中，不同的民族通常都会利用本民族独特历史传统和国际环境等因素来对当前自身所处的社会形态进行一定程度的改造，这就是同类社会形态呈现出不同特点的原因。

三、社会进步的历史趋势

社会进步是马克思主义历史观一项重要的组成部分。文明是社会进步的一般标志，人类社会的进步状态最终都将表现在物质文明与精神文明及其辩证统一的关系上。社会进步在不同的社会及不同的历史阶段呈现不同的特点，社会主义初级阶段是落后国家向共产主义社会迈进过程中的必经阶段。社会主义初级阶段理论是对马克思主义社会进步观的丰富和发展。

社会发展的一般规律内在地包含着社会进步的本质内容。社会进步的深刻根源在于社会基本矛盾的运动与人民群众利益的根本要求。

（一）社会进步的概念

1. 社会进步的定义

社会进步指的是，社会的前进上升运动，包括社会形态的更替以及社会物质生活、政治生活、精神生活、社会生活的进化与变革。社会进步既是一个客观事实性范畴，又是一个价值评价性范畴，而人的发展是社会进步的最终体现。

2.社会进步的根源

社会进步是一种必然的趋势,而造成这种趋势的根源在于社会基本矛盾的运动,可以从以下三方面来进行阐述。

(1)社会发展是一个辩证否定的过程

这种辩证否定的过程,实际上就是一个“扬弃”的过程。新的社会制度,抛弃了原有的过时的东西,保留了那些积极的、有价值的东西,是一种自我完善和发展的社会运动形式。所以,一种先进社会制度或现象的出现,总是高于和优于它之前的制度。

(2)社会进步的深刻根源是社会基本矛盾

生产力与生产关系之间的矛盾,经济基础与上层建筑之间的矛盾,共同构成了是社会发展中的基本矛盾。其中,生产力与生产关系之间的矛盾起着决定性的作用,并且,生产力还是社会发展过程中最为关键的因素,这是因为生产力的发展会带动整个社会政治、经济和文化的全面发展。在阶级社会里,社会基本矛盾表现为代表先进生产力的人民群众反抗统治阶级的阶级斗争,它是阶级社会发展的直接动力。

(3)社会进步是人民群众根本利益的要求

人民群众在社会发展中起着极为重要的作用,其是新的生产力的代表,在社会变革中起着决定性的作用,是社会物质财富和精神财富的创造者。应当明确的是,社会发展的真正动力只有群众,也只有群众才才能不断推动社会的发展和进步。

(二)社会进步的标准

1.社会进步的标准的产生

任何评价社会进步的标准都是一种价值评价标准。因为“进步”这个概念本身就包含有价值评价的意义。评价社会现象是否进步,总要从一定的主观性(如人的主观需要、主观爱好、主观意图)出发。但是各个阶级、社会集团和个人的利益不同,因此他们的主观需要和价值观念也就各不相同,这就使得他们需要使用不同的标准来对社会现象进行评价。于是,对同一社会现象,人们可能会得出完全相反的评价认识。如果这样，评价标准就成为主观随意的了。为了得到较为可观、科学的评价，避免评价的主观性，因此就必须在评价活动中把科学认识（对客体的反映性认识）同价值认识（关于主体的需要、目的和愿望的认识等）结合起来，从而在社会进步评价标准问题上坚持马克思主义历史观和价值观的统一。符合这种要求的评价标准就是生产力尺度和人的全面发展的综合尺度。

2.客观尺度——生产力尺度

生产力尺度是客观尺度，它的完整表述是：以是否有利于生产力发展作为评价社会进步的标准。唯物史观认为，生产力标准是评价社会进步的唯一的科学标准。人类历史发展的根本动力是人类创造性的物质生产活动。生产力的发展状况最终决定着人类社会最终要从低级阶段走向高级阶段。是否有利于生产力的发展是评价社会形态进步性的客观标准，这是以人们对社会发展的科学认识为依据的。列宁将生产力的发展称为“社会进步的最高标准”①，也是从这个意义上出发的。

坚持生产力标准的理论意义和现实意义在于，只有坚持用生产力标准来衡量社会形态的进步，才能说明新社会同旧社会相比，它的最根本的优越性在哪里。唯物史观告诉我们，新社会之所以优越于旧社会，从根本上说，就在于旧社会已经不能再容纳从自己内部发展起来的巨大生产力。而只有新社会才能给新生产力以更广阔的发展空间。在人类社会历史发展进程中，社会主义社会是最高级的社会形态，资本主义社会最终会被社会主义社会所取代。这是因为，社会主义社会的生产力水平要更高一些，人们的劳动生产率也更高，而社会化大生产与资本主义社会的生产资料私有制之间会产生的严重冲突，因此，社会主义社会由于自身巨大的优越性，最终会取代资本主义社会。

---

① 列宁全集(第16卷)[C].北京：人民出版社，1988，第209页

3. 价值尺度——人的全面发展的综合尺度

相对于生产力这个客观尺度而言，人的全面发展的综合尺度则主要表现为价值尺度，因为人的全面发展在实质上就是人作为主体的需要得到全面的满足。对社会是否发展，是否进步的一个根本标准是，是否满足和人们全面发展的需要。因此，如果只是单纯的强调生产力的重要作用，并且将其作为社会进步的唯一评价指标是不够全面的。

(1)生产力标准具有一定的限制性，而社会生活标准最为全面

虽然生产关系会受到生产力的影响和制约，上层建筑也会受到经济基础的影响，但应当明确的是，上层建筑各部门的发展与物质生产的发展并不是同步的。因此，在对这些部门进行评价的过程中，不能单纯依靠生产力标准，而是要特殊对待，选择特殊的标准，否则对社会生活的评价将不够全面。

(2)社会进步归根结底要落实到人的全面发展上来

马克思和恩格斯把每个人的自由而全面发展视作共产主义社会的目标。在《共产党宣言》中，他们提出了关于未来社会的设想："代替那存在着阶级和阶级对应的资产阶级旧社会的，将是这样一个联合体，在那里，每个人的自由发展是一切人的自由发展的条件。"[①]在《资本论》中，马克思又指出，未来的新社会是"以每个人的全面而自由的发展为基本原则的社会形式"[②]。认为"真正的财富就是所有个人的发达的生产力。发展人类的生产力，也就是发展人类天性的财富这种目的本身"[③]。也就是说，"人类天性的财富"的开发才是最终的目的，而发展生产力只是其中的一种手段。如果离开发展"人类天性的财富这种目的"，那么发展生产力就会失去本体论的意义。

---

① 马克思恩格斯选集(第1卷)[C]. 北京：人民出版社，1995，第294页

② 马克思恩格斯全集(第23卷)[C]. 北京：人民出版社，1972，第649页

③ 马克思恩格斯全集(第26卷)[C]. 北京：人民出版社，2008，第124页

(3)与人的全面发展相联系的生态环境问题已经成为衡量社会进步的一个重要标准

从世界上各个国家的历史发展状况来看,如果一个国家不重视自身的生产保护,只是一味地追求自身的经济增长,那么最终对国家的经济发展产生严重的反噬作用,人们的生活质量将无法得到保障。从这个角度出发,人们更倾向于使用一种综合的角度对社会的进步和繁荣进行衡量。

因此,在确定对人类的进步进行评价的标准上,必须要坚持生产力这一客观尺度与人的全面发展的综合尺度的统一,不仅要用国民生产总值,并且还要用人文发展和生活质量等标准来对社会发展进行衡量,二者相互补充。

(三)社会进步的特点

1.社会进步具有不平衡性

人类社会是一个系统,它是由各种复杂要素组成的。肯定社会发展的基本方向是前进的、上升的,并不等于断定构成社会系统的各种要素的具体变化都只有一个方向,否认具体要素变化方向的多样化。社会进步性观念,揭示的是社会各种要素具体变化中一种整体的、综合的、统一的趋势。事实上,社会生活各个领域的发展是很不平衡的。物质生产领域的进步和道德领域的进步就经常表现出不平衡性,在原始社会里,人与人之间是完全平等的,奴隶制的出现带来物质生产的巨大进步,但同时,它又把社会上的一大部分人变成了会说话的工具——奴隶。这就是物质生产与道德两领域发展的不平衡性。

2.社会进步是社会形态由低级到高级发展的历史进程

当生命力旺盛的生产力冲破旧的生产关系的束缚,并且随之建立起与相适应的新的生产关系之后,新的社会形态也就会随时取代旧的社会形态,生产力就会得到解放,从而进一步促进整个社会的不断向前发展,人类社会的历史便进入一个新阶段。

社会进步还表现在同一社会形态的发展过程中。应当明确的是，一个新的社会形态的出现，只是标志着旧的社会形态的终结，而不是说明社会会停止发展。所有不同的社会形态都会按照辩证法和它的历史必然性不断向前发展，并且还会在一定的程度上进行改革，从而不断推动社会生活向前发展。对于一个国家历史中曾经出现过的社会形态，都应该对其尽心肯定，因为它们在一定程度上都促进了人们精神生活和物质生活的提高。

虽然社会进步是人类社会基本矛盾运动的必然结果，但人类社会的进步并不是一帆风顺的。首先，社会进步只是一种趋势，而社会前进的具体道路不是直线的，而是曲折的；其次，前进的速度有快有慢，甚至会出现暂时的倒退。这种倒退大体有三种情形：

(1)发生在新旧社会形态的交替时期。在这个时期，各种社会矛盾错综复杂，阶级冲突日益激化，新兴阶级尚未取得政权，旧社会制度尚未被推翻。于是，社会就出现了停滞和倒退。这是新制度即将诞生的"阵痛时期"。

(2)社会发展中的曲折和倒退，主要表现在旧制度的暂时复辟，即刚刚被推翻的统治阶级不甘心他们的失败，在新的社会制度立足未稳时，内外勾结，使复辟活动一时得逞。

(3)在社会主义社会中，由于各种因素的影响，使社会出现停滞和倒退现象。例如在我国发生的"文革"，就是突出的一例。列宁指出："设想社会历史会一帆风顺、按部就班地向前发展，不会有时出现大幅度的跃退，那是不辩证的，不科学的，在理论上是不正确的。"[①]

从历史发展的长河来看，上述三种情形都只是暂时的。同任何事物的发展一样，社会进步的规律是不可抗拒的，它不会使停滞和倒退长期地存在下去。波浪式前进或螺旋式上升，是社会发展的总趋势。

---

① 列宁选集(第 2 卷)[C]. 北京：人民出版社，1995，第 694 页

3.社会进步是历史的、具体的,而不是抽象的

在对人类社会进步的现象进行专门考察的过程中,就会发现很多复杂的现象。例如,现代人看待奴隶社会,通常都会对其予以否定,认为其是不人道的。但是如果单纯地认为这种不人道的社会形态,是一种社会退步,那么这种观点就是错误的。正如恩格斯所说:"用一般性的词句痛骂奴隶制和其他类似的现象,对这些可耻的现象发泄高尚的义愤,这是最容易不过的做法。可惜,这样做仅说出了一件人所周知的事情,这就是:这种古代的制度已经不再适合我们目前的情况和由这种情况所决定的我们的感情。但是,这种制度是怎样产生的,它为什么存在,它在历史上起了什么作用,关于这些问题,我们并没有因此而得到任何说明。如果我们对这些问题深入地研究一下,那我们就一定会说——尽管听起来是多么矛盾和离奇——在当时的条件下,采用奴隶制是一个巨大的进步。"①奴隶制在牺牲族类大多数人的利益之后,使得社会物质文明和精神文明有了一定程度的发展,从这个角度上来说,努力社会实际上也是一种历史的进步。因此,对任何问题都必须提到一定的历史范围之内加以考察,对于社会进步也必须如此。

第三节 人民群众在历史发展中的作用

人民群众是历史的创造者,是历史发展的主体。在人类社会发展中,人民群众会通过物质生产来为社会的发展创造物质基础,通过创造先进工具为生产力发展提供了动力,通过革新生产关系实现社会发展的质的变化。个人在历史中只是起着引导的作用。个人的发明创造给先进生产力发展实现了可能。个人在社会革命中的突出作用只是在一定程度上决定了历史发展的进

① 马克思恩格斯全集(第3卷)[C].北京:人民出版社,1965,第220页

程，但并没有改变历史发展的轨迹。

一、人民群众在社会发展中的作用

在马克思主义哲学产生之前，唯心主义的英雄史观长期占据支配地位。与此相反，马克思主义认为，人民群众是创造历史的主体。人民群众作为社会生产的直接承担者，始终是社会物质财富和精神财富的创造者，是社会变革的决定性力量。

（一）群众史观与英雄史观

历史是人的活动历史。围绕着人这一主体在历史上的作用，始终存在着两种根本对立的观点，即英雄史观和群众史观。英雄史观认为历史是少数英雄人物创造的，而后者则认为历史是人民群众创造的。

相对于少数叱咤风云人物，人民群众在人们的感观中似乎是默默无闻的。而少数英雄人物则在历史上声名显赫，甚至是某些历史时代也往往以某些英雄人物作为标志。是英雄创造了历史，还是广大人民群众创造了历史？对这一问题的不同回答成为历史唯物主义和历史唯心主义的一个原则区别。

英雄史观从社会意识出发，夸大了少数历史人物在历史发展中的作用。认为一定阶段的历史是在英雄的意志和思想主导下形成的。英雄史观主要有两种形式：主观唯心主义的唯意志论和客观唯心主义的历史宿命论。

主观唯心主义的英雄史观认为，英雄豪杰、帝王将相的思想、品格和意志，决定了社会发展的进程。而人民群众在历史中只不过是英雄的附庸，是英雄的追随者。客观唯心主义的英雄史观认为，历史是由“上帝”和“天命”这种客观的而且神秘的力量所决定的。英雄人物秉承这种神秘力量现实主体，是现实世界的发展中这种力量的体现者。

唯物史观的创立，是对英雄史观的否定。马克思、恩格斯在

《神圣家族》中批判了以青年黑格尔派为首的英雄史观，指出历史是追求着自己目的的人的活动。人民群众在这种活动中不是“消极”和“非历史的”因素，恰恰相反的是，“历史上的活动和思想都是‘群众’的思想和活动”，“历史活动是群众的事业”，决定历史的是“行动着的群众”。①

（二）人民群众是历史的创造者

人民群众是整个历史活动的主体。从量上来看，社会成员中的大多数都是人民群众。无论人类处于哪个时代，人民群众的主要成员都是劳动群众。从质上来看，人民群众通过生产力的创造和对生产关系的构想，逐渐从旧的社会制度之中积累新社会制度变革的质变，依次推动历史不断前进。“人民，只有人民，才是创造世界历史的动力。”

人民群众是一个历史范畴。人民群众的具体内容因不同的历史、国家、社会发展形态而各不相同。即使是剥削阶级的成员在一定的历史条件下，也可以是人民群众中的一部分。例如在中国统一战线的发展过程中，一切抗日的基层都可以成为人民群众的范畴。

人民群众对历史的创造作用，可以从三个方面来进行阐述。

1. 人民群众创造社会物质财富成为历史发展的物质基础

物质生产是人类历史发展的核心内容，是推动历史发展的决定力量。而人民群众则是物质生产的承担者，是社会物质生活资料的创造者。在生产过程中，劳动群众不断积累生产经验，改造生产工具，实现社会物质财富跨时代的增长。纵观人类文明的发展历史，可以说整个社会赖以生存的物质财富都是由人民群众创造的。

---

① 马克思恩格斯全集（第 2 卷）［C］. 北京：人民出版社，1957，第 103—104 页

2.人民群众创造精神财富成为历史发展的间接助力

在人类广泛的精神生活中，无论是处于哪个领域里的杰出的学者，都会对人类科学文化的发展做出重要的贡献。从根本上来说，人类文明中获得的所有的精神财富都来自于人民群众的生产和生活实践之中。各个领域的杰出学者的创造活动不是凭空而来的，都是在人民群众的实践之中寻找来的灵感。毛泽东在谈到文学艺术创作时说："人民生活中本来存在着文学艺术原料的矿藏，这是自然形态的东西，是粗糙的东西，但也是最生动、最丰富、最基本的东西……它们是一切文学艺术的取之不尽、用之不竭的唯一的源泉。"

人民群众对精神财富的创造，又突出地表现在他们对生活素材进行加工从而提供丰富的初成品，成为许多伟大的艺术作品的直接依据。正如马克思在谈到近代科技的发明时所说："如果有一部考证性的工艺史，就会证明，18世纪的任何发明，很少是属于某一个人的。"①

3.人民群众还是社会变革的决定性力量

人民群众在社会变革之中显示出巨大的历史前途直接推动了社会变革朝向人民群众所希望的方向发展。"革命是被压迫者和被剥削者的盛大节日。人民群众在任何时候都不能像在革命时期这样以新社会制度的积极创造者的身份出现。"从人类发展的总趋势中可以看出，只有将人民群众组织起来，凝聚人民群众的力量，才能最终获得社会革命运动的成功，推翻腐朽的社会制度。无论是在革命中还是在改革中，人民群众都是最终的决定力量。人民群众作为生产力和生产关系的集合体，能够最深切的感受到历史发展的方向。

总之，社会的发展与变革，是生产力与生产关系、经济基础与上层建筑矛盾运动的结果，是人民群众创造性活动的结果。正是

① 马克思恩格斯全集(第44卷)[C].北京：人民出版社，2001，第428～429页

人民群众世世代代的实践活动创造着历史，推动着社会前进，并最终决定着社会发展的历史进程。

（三）人民群众创造历史的条件

人民群众的历史创造活动总是要受一定的社会条件制约。“我们自己创造着我们的历史，但是……我们是在十分确定的前提和条件下创造的。其中经济的前提和条件归根到底是决定性的。但是政治等等的前提和条件，甚至那些萦回于人们头脑中的传统，也起着一定的作用，虽然不是决定性的作用。”因此，我们大致上可以将人民群众创造历史的条件区分为经济条件、政治条件和文化条件。

1. 经济条件

从马克思主义经济基础决定上层建筑的历史唯物主义原理出发，可以看出，人民群众参与社会历史活动的一项最基本的制约条件就是经济条件。经济条件主要包括生产力和生产关系。在社会生活中，生产力会对人们的活动产生一定的制约作用。由于社会生产力存在不同的状况，因此也就决定了物质生产的社会规模和内容。而社会物质生产的规模和内容则进一步决定了社会物质生活的方式，以及社会革命的形式。生产关系也是制约人们的历史活动的重要因素。不同性质的生产关系与人民群众积极主动性发挥有很大关系。在先进的适应生产力发展的生产关系之中，通常都会调动起人民群众的积极主动性；而在落后的生产关系之中，人民群众的积极主动性则被束缚。尤其是在阶级社会之中，生产关系对人民群众的调动作用就更为明显，人民群众囿于一定的阶级之中，其历史活动往往也要从本阶级的利益出发。

2. 政治条件

政治条件包括了广泛的内容，其中有政治制度，法律制度，阶级意识等等。特别是在阶级社会之中，国家制度通过各种不同的措施或是手段对人民群众积极性的发挥起着促进或是限制的作用。在不同的社会政治制度中，人民群众所起的作用也是不同的。例如，在剥削与被剥削的制度下，劳动群众的积极主动性被严重压制，他们的聪明才智不能得到充分的施展。

3. 文化条件

马克思所说的“一切已死的先辈们的传统”，恩格斯所说的“萦回于人们头脑中的传统”，其实就是指文化条件，它在人民群众创造历史活动中有不可忽视的作用。文化是一种思想上的历史形态，是社会的精神因素，其内容有进步的也有落后的。进步的文化能够对人民群众的历史创造活动起激励、鼓舞的作用，而落后的文化则对此起着压抑和束缚的作用。因此在人民群众创造历史的活动中，应该积极发挥进步文化的作用。文化战线应该创造民族的、科学的、大众的文化以推动社会的发展。

应当明确的是，虽然人民群众的历史活动会受到一定条件的限制，但并不是说他们在这样的条件下就无能为力。在实践中，人民群众会对这种条件不断进行认识和改造，从而最终推动历史向前发展。虽然在某一特定的历史时代下，人民群众创造历史的力量是有限的，但是从世代延续的角度来说，人民群众的历史创造力又是无限的。

二、个人在社会发展中的作用

历史唯物主义否定英雄史观，但是并不否定个人在历史活动中的积极作用。积极肯定历史上个人的贡献，并给予正确客观的评价是坚持历史唯物主义的核心原则。

（一）历史活动中的个体和群体

个体，相对于群体而言，指的是一个具有社会、精神和生理特性的个人。其中，社会的特性处于一种支配的地位，可以体现出个人的本质。单个的人“是一个特殊的个体，并且正是他的特殊性使他成为一个个体,成为一个现实的、单个的社会存在物"①。群体是指一定数量的社会个体通过一定的社会关系所组成的社会集合体。个体和群体是辩证统一的。个体是组成群体的"细胞",没有个体也就没有群体。"人们的社会历史始终只是他们的个体发展的历史,而不管他们是否意识到这一点。"②一定群体的发展还必须依赖于个体主观能动性的发挥。社会群体的正常发展必须要有个体在一定条件下的积极支持,并以此为基础巩固更广范围的群体的发展。

个体也必须存在于群体之中。没有群体和社会的塑造作用,任何个体的生存都是不可能的。"人是最名副其实的政治动物,不仅是一种合群的动物,而且是只有在社会中才能独立的动物。"③群体并不是个体类似货物的堆积,而是个体主观意志能够得到表达的有一定社会联系的集合体。个体在群体之中获得了生活生产资料,学会了使用这些生活生产资料的方法,并通过这些生活生产资料发展自己。

个体和群体的关系是不断发展变化着的。在阶级社会之中,个体属于一定的阶级,以阶级利益为自己生活生产的准则,阶级内部的团结和阶级外部的独立是这个时期个体与群体关系的突出特征。"他们不是作为个人而是作为阶级的成员处于这种共同关系中的。"④在这种社会分裂的状态中,群体之间,特别是统治阶级与被统治阶级之间,存在着全面的、激烈的对抗,由此而形成的社会共同体不过是一个阶级反对另一个阶级的联合。"对于被统治的阶级来说,它不仅是完全虚幻的共同体,而且是新的桎梏。"⑤在社会主义社会消灭了阶级以后,人与群体之间的关系将要朝向主体间性的方向发展。通过主体间性的作用。人与人之间的关

① 马克思恩格斯全集(第3卷)[C].北京:人民出版社,2002,第302页
② 马克思恩格斯全集(第3卷)[C].北京:人民出版社,2002,第532页
③ 马克思恩格斯选集(第2卷)[C].北京:人民出版社,1995,第2页
④ 马克思恩格斯选集(第1卷)[C].北京:人民出版社,1995,第121页
⑤ 马克思恩格斯选集(第1卷)[C].北京:人民出版社,1995,第119页

系将是平等的和谐的。

(二)历史人物的作用

每个人都是历史的参与者,这是人在历史活动中的共性。然而每个人参与到历史的活动中所起到的作用也并不相同,这是人参与历史活动的特性。根据每个人所起的不同作用,我们可以把个人区分为普通个人和历史人物。

普通个人和历史人物的差距往往只在一线之间。普通个人就像一股涓涓细流,众多的力量汇集起来最终影响历史,而历史人物则是这诸多涓涓细流之中最为耀眼的那一股。任何人都能从不同的侧面看到这股细流的与众不同。

历史人物是指在历史上发生比较重大影响、给历史事件打上比较深刻的个人印记的人物,包括政治家、军事家、思想家、科学家、艺术家、发明家等。历史人物在社会发展中的作用主要表现在以下方面。

1.推动或阻碍历史进程

历史人物在历史进程中,往往能够起到推动或阻碍的作用。据此,往往也可以将历史人物分为进步人物或反动人物、正面人物或反面人物。进步人物清楚的分析了历史前进的趋势,发挥自身的力量推动历史不断进步。而反动人物则往往固守旧的历史局面,阻碍新生事物走向历史舞台。例如在晚清时期的社会改革中,大学士倭仁等人在历史的发展中就扮演的就是这一角色。反动人物虽然阻碍了历史的发展,但并不是一无是处。进步人物通过与他们的斗争,能够使自己的思想变得更加的成熟,更加贴近历史实际,自己的思想也更容易为普通群众所熟知。可以说,没有反动人物这一磨刀石,历史的发展也同样不会顺畅。

2.加速或延缓历史进程

无论是正面人物或者是反面人物,最终都不可能改变历史发展的规律。从影响的程度上来说,他们的特殊作用也仅限于加速或者延缓历史的发展。正面人物的积极作用能够加速历史的进程，而反面人物的消极反动作用则试图延缓历史发展进程。而历史本身则是在这种加速或延缓之中，曲折发展前进的。因此从整个历史进程来看，即使再伟大的历史人物也不可能完全的影响到整个历史进程发展的一般方向。“俾斯麦能不能把德国拉回到自然经济时代去呢？这是他在他威势最高的时候也做不到的。一般的历史条件，要比任何意志坚强的个人更为强大。”①或许某些杰出人物能够使历史打上一些自己的特性，但是却不能否定历史条件和人民群众在历史之中的作用。

3.局部改变历史进程的面貌

从结果来看，历史人物通过号召和领导一定的历史活动，使得历史事件往往具有历史人物个人的色彩。人是具体的，这不仅体现在生活中，而且还表现在历史活动中。历史人物在直接参与历史的过程中，通过自身感性的和理性的因素，使一些历史事件掺杂一些自己的性格。这种作用的结果是每个历史事件都呈现自己所独有的面貌，以至于当人们提起某个历史事件时，往往首先想到某些主要历史人物的鲜明形象。“个人的性格只有在社会关系所容许的那个时候、地方和程度内，才能成为社会发展的‘因素’”。②

① 普列汉诺夫哲学著作选集(第1卷)[C].上海:生活·读书·新知三联书店,1959,第348页

② 普列汉诺夫哲学著作选集(第2卷)[C].上海:生活·读书·新知三联书店,1959,第359～360页

第五章　马克思主义中国化的历史成果

马克思主义中国化是中国共产党理论创新的光辉典范，对于全面建成小康社会，实现中华民族的伟大复兴具有十分重要的意义。

第一节　马克思主义中国化的内涵审思

“马克思主义中国化”就是把马克思主义基本原理和中国的实情国情和时代特点结合起来，出现问题时要以马克思主义的立场、观点和方法来思考问题，解决问题。

一、马克思主义中国化的科学内涵

（一）马克思主义在中国的具体化

马克思主义在中国具体化，即是指在中国当代的国情下应用马克思列宁主义的普遍原理，马克思主义只是基于历史发展大势分析而形成的“总的指导原理”，它是普遍真理，是一般方法论原则。这种性质决定了它在中国一定要同中国实际相结合，在实际应用中具体化为中国革命和建设可行的理论、路线、方针和政策。否则，马克思主义在中国就不可能起任何作用。中国要搞社会主义，这是毫无疑义的。但是，关于在实际工作中社会主义建设如何进行，马克思、恩格斯的著作并没有给出现成的答案。马克思主义在中国的具体化，也意味着当马克思主义经典作家的某些具体论断与中国具体实际不相符合时，决不能生搬硬套，而必须从中国的具体实际出发，立足于解决中国革命与建设实践中的新矛盾、新问题，实事求是地提出新观点，拿出新办法，才能将中国革命和建设事业不断向前推进。

（二）马克思主义在中国的民族化

马克思主义的民族化，就是要使马克思主义基本理论以不同的民族形式表现出来解决具体的民族问题，从而成为民族文化的一部分。与“具体化”不同的是，马克思主义民族化是指马克思主义普遍原理同中国社会文化相结合，即把马克思主义基本理论与民族的文化特质、思维模式、价值取向、行为方式结合起来，从而使真理性内容通过民族形式体现出来，带有民族的特点。换句话说，从内容与形式的关系来看，马克思主义民族化是通过中国的民族形式反映马克思主义中国化的思想内容，为了确立和反映马克思主义中国化的思想内容，必须采取中国的民族形式，就是要把马克思主义的“欧洲形式”转变为“中国形式”。

文化是一个民族的精神和灵魂，是人类生活的反映，是人们生活生存的方式方法与准则。不同的国家、不同的民族，有着不同的文化特点，因此，当一种文化形态要在另一种文化形态中存在，并在思想文化的深层次发挥作用时，就必须经过加工、改造和整合，使其与该社会的传统文化有机结合起来。马克思主义作为一种在西方文化背景下诞生的思想文化理论，毕竟产生于不同的思想文化土壤，基于不同的社会历史条件基础之上。马克思主义的民族化表现在表达方式的民族化、传播方式的民族化、语言风格的民族化等不同层面。

（三）马克思主义在中国的时代化

马克思主义在中国的时代化，即是指在实际运用马克思主义基本原理时要和当代中国实践和时代特征结合起来，在探索和解决时代实践的新问题中用新的思想、新的观点、新的方法继承和发展马克思主义,使马克思主义随着时代实践的发展而发展,使马克思主义始终保持勃勃生机,始终具有时代气息而保持青春活力。这种扎根当代中国实践和时代实际的马克思主义的当代化,显然是马克思主义的一种本质特征。

二、马克思主义中国化的特点

(一)时代性

马克思主义中国化的历程表明它是一个与时俱进的过程,与时俱进就是它固有的本质属性,在与时俱进中展现着其生命力和创造力。这种与时俱进,一方面体现在时代变迁中,如从毛泽东的民族民主革命和社会主义革命理论到邓小平的建设有中国特色社会主义理论;另一方面,在同时代的不同发展阶段,也会因形势的变化和历史任务的不同,出现理论形态的变化,如从"三个代表"重要思想到科学发展观,就具有这样的性质。在不同的历史时期,马克思主义中国化都有合乎时代发展的新的理论成果产生。民主革命时期,战争与革命是时代的主题,主要特征是"战争引起革命,革命制止战争"。以江泽民、胡锦涛和习近平为总书记的党中央,根据变化了的形势,与时俱进,以中国现时的时代特征为依据,提出了"三个代表"重要思想、科学发展观等重要理论成果,特别是党的十八大的顺利召开,进一步推进了中国特色社会主义事业的更大发展。

(二)批判性

在马克思主义理论体系中,辩证法的本质被规定为批判性和革命性,这是整个马克思主义理论体系的基本特征之一。马克思主义是属于无产阶级的,无产阶级一无所有,他们是去的只是锁链,得到的将是自由,将是整个是世界。马克思认为,这种批判性和革命性,既包含了对客观世界的改造,也包含了对主观世界的改造。

批判性和革命性不仅是社会变革的动力，更是社会变革的目的。批判性和革命性也适用于马克思主义自身。比如，在学习和实践马克思主义时，可能会产生教条主义错误，这就需要通过批评和自我批评，克服教条主义，还马克思主义所固有的生动活泼的革命本性。又如，革命的发展是分阶段的，当革命实践已经跨入新阶段时，有些人的头脑还停留在旧地方，发生了思想僵化现象，这就需要通过批评和自我批评，帮助他们跟上时代的步伐；再如，马克思主义是在同各种非马克思主义思潮的斗争中获得发展的，一些错误观点就可能附在马克思主义身上，假马克思主义之名而行，这就需要拿起批评和自我批评的武器，清除附在马克思主义身上的“脏物”，保持马克思主义的纯洁性。可见，批评和自我批评是马克思主义理论批判性和革命性应用的最好形式。反对教条主义和反对经验主义的斗争就是在马克思主义中国化的历史上这种批判性和革命性的典型体现。

（三）创新性

马克思主义之所以强大，之所以经久不衰，之所以适用于全世界任何国家，就在于它的与时俱进性。任何科学的理论都不是一成不变的，任何科学的理论都是要与特定的时代背景相联系的。僵死的理论是没有出路的。马克思主义的理论自然不是自我封闭的，它是在不断变化的社会实践中进而不断发展的鲜活的思想体系。因为马克思主义学说就是用来指导认识世界并改造世界的。

马克思主义诞生于19世纪中叶的欧洲，经过一个多世纪的发展年仍然充满活力而长盛不衰，并且对全世界的共产主义运动产生了巨大意义，这正是体现了马克思主义与时俱进、开拓创新的鲜明特征。马克思主义具有普遍性的指导意义，但这种普遍性的指导意义并不意味着马克思主义能够为马克思之后年代所产生的一切问题提供现成的答案。要想解决新的实际问题，必须以待解决问题所处时代的具体实际为基础，在坚持马克思主义基本原理的基础上，创造出新的经验，使马克思主义能够解决特定的问题。

马克思主义中国化本身就具有创新性：其一，马克思主义中国化随着中国革命、建设和改革的实践发展而不断产生着新成果，不断发展着马克思主义；其二，马克思主义中国化的几大理论成果是在不同的历史阶段、对应不同的社会实践，都是在吸取前人有益的经验基础上发展而来的，都是对已经不适用于现时的部分扬弃，都是对不合理的过时的某些论断大胆突破。但有一个基本指导思想，就是始终坚持马克思主义的指导思想。

（四）人民性

马克思主义中国化具有鲜明的人民性。这里的人民性，就是指以把人民的利益作为马克思主义中国化的最终落脚点。这一价值取向要求马克思主义在中国化的过程中牢固树立人民为本的理念，群众观点正是人民性的深刻体现。人民性是邓小平理论的出发点和落脚点。以人为本是"科学发展观"的核心。"科学发展观"强调的是发展为了人民、发展依靠人民、发展成果由人民共享。这开辟了中国特色社会主义理论体系人民性的新境界。马克思主义中国化的价值取向为马克思主义中国化的理论成果成为全民族的共同指导思想奠定了深厚的基础。

人民群众作为历史唯物主义的一个重要范畴，是指推动历史发展的绝大多数成员的总和。这一范畴既有量的规定性，又有质的规定性。从量的规定性看，人民群众相对于个人而言是社会成员的大多数；从质的规定性说，人民群众是指一切推动历史发展和社会进步的社会力量。同时，人民群众还是一个历史的范畴，在不同国家和同一个国家的不同历史时期有不同内容。在我国现阶段，人民的含义更广泛，一切赞成、拥护和参加社会主义建设的阶级、阶层和社会集团，以及拥护社会主义和赞成祖国统一的爱国者，都属于人民的范围。具体来说，人民的主体部分包括工人阶级、广大农民、知识分子和人民军队。由此,中国化马克思主义的发展既要具有阶级性,更要体现广泛人民性的特点,反映、维护最广大人民群众的发展意愿和根本利益。

马克思主义在中国化过程中真正把坚持和发展统一起来,在形成和发展中形成了一个优良传统。把坚持和发展统一起来,不仅表达了不同阶段的马克思主义理论形态是一个统一的科学体系,而且还展示着真正马克思主义者的理论良心。毛泽东在马克思主义旗帜下,把理论和实践相结合,创立了毛泽东思想的;邓小平在毛泽东思想的旗帜下,适应新的时代和实践的要求,开辟建设中国特色社会主义道路,创立了邓小平理论;江泽民在邓小平理论的旗帜下,根据新的形势的发展和实践的要求,提出了“三个代表”重要思想;胡锦涛提出了“以人为本”的重要观点,提出了科学发展观和构建社会主义和谐社会等重大战略思想;习近平在以人为本基础上,提出了人民群众美丽中国梦的建设。

(五)实践性

马克思主义认为,实践是理论的源泉、发展动力和检验标准。实践是理论的生命之源,生活之源,本真之源。丰富的实践经验为理论的生成和发展提供了思想资源和发展动力。脱离实践,或者与实践脱节,理论只能成为无源之水、无本之木的灰色遐想。因此,“真正的理论在世界上只有一种,就是从客观实际抽出来又在客观实际中得到了证明的理论”。马克思主义把实践的观点引入唯物主义和认识论,是实践的唯物主义,实践的观点是马克思主义首要和基本的观点。

中国共产党人坚持马克思主义的实践观和认识论,从实践出发而非从原则出发,使客观实际与主观原则相联系,成就了中国化马克思主义最基本的品格。中国化马克思主义既要面向经济全球化、面向世界激烈竞争、面向多极化世界格局,又要面对中国复杂的具体国情、面对改革开放逐步显露的深层次矛盾、面对人们日益增长的物质文化需求,不断地进行理论上的探索,不断深化对中国社会主义现代化建设规律的认识与把握，推进经济与社会全面发展，只有这样，才能在面向世界的竞争中取得主动，才能保证我国社会稳定、快速发展，才能得到广大人民的支持与拥护。因此，必须把中国化马克思主义的学习、运用、发展深入到社会各个领域，深入到中国民众的生活世界，与时代和实践发展的脉搏紧密呼应，广泛增强理论的学习能力、应用能力与发展能力，这是新的历史条件下马克思主义中国化应有的品格。

（六）民族性

马克思恩格斯对资本主义规律的考察都是以西欧为蓝本的，可以说，马克思主义产生和形成的社会条件与实践基础是西欧资本主义的形成和发展。同时，马克思是德国人，以他的名字命名的马克思主义产生于德国，带有德国的民族性。相对于中国与中华民族的传统文化而言，马克思主义是一种外来文化。所以，马克思主义要发挥对中国革命、建设和改革的指导作用，必须要经历与中国实际相结合的中国化过程。“化”者，彻头彻尾、彻里彻外之谓也。马克思主义中国化，就是要使产生于欧洲的马克思主义在内容和形式上都实行一番变化，使它具有中国的民族特点和民族形式，成为中国人民特有的科学理论。

第二节　毛泽东思想的形成与发展

毛泽东思想是指导中国人民走向独立、走向幸福的灯塔，是我国人民获得解放的思想武器。它是一个科学体系，包括多领域、多原理，是一座宏伟的理论大厦，具有鲜明的中国特色或民族特色，是中国化或民族化的马克思主义。

一、毛泽东思想的阶段性发展

毛泽东思想的产生、形成和发展，在每一个历史阶段，都有着其显著的特点。大致经历了以下几个阶段。

(一)毛泽东思想的诞生时期——1921 年至 1927 年

1921 年 7 月,中国共产党成立后立即投身到改变中国现状的现实斗争中。1922 年,党的二大根据马克思主义基本原理和对中国社会的分析提出民主革命与社会主义革命两步走的思想,制定了彻底的反帝反封建的民主革命纲领。在此纲领指导下,党的主要活动是发动工农运动,特别是工人运动,抗击帝国主义。在领导工农运动的斗争实践中,以毛泽东为代表的中国共产党人在马克思主义的指导下,在对中国国情的研究中,对中国革命的对象、动力、同盟军等有了初步认识,特别是认识到了农民革命及土地革命对中国革命的意义,为后来革命新道路的开辟奠定了基础。

这一时期马克思主义同中国革命实践相结合的成果主要体现在开始运用马克思主义的立场、方法、观点,研究中国国情、分析中国革命特点。特别是毛泽东在此期间通过研究中国国情,分析农村、农民在中国社会结构中的特殊地位,初步阐明农民革命和土地革命的重要性;通过分析农民中各阶层的经济、政治地位指出中国革命的动力和目标,从而既具体说明了中国革命同盟军问题,也为他后来"农村包围城市,武装夺取政权"的理论奠定了基础,标志着毛泽东思想的诞生。

(二)毛泽东思想的基本形成时期——1927 年至 1935 年

这个时期是以毛泽东为代表的中国共产党人发动武装起义、开展土地革命、创建农村根据地、开辟革命新道路的时期。

大革命失败后,国内政治局势急剧逆转。蒋介石在南京建立政权,残酷镇压、屠杀共产党人和革命群众,中国革命进入低潮。八七会议标志着大革命失败到土地革命战争兴起的一个历史转折,它确定了土地革命和武装起义的方针。随后,以毛泽东为首的中国共产党人排除各种干扰,克服各种困难,遵从客观实际,开创井冈山革命根据地。毛泽东、朱德等共产党人以马克思主义理论为指导，以中国国情为根据，在党的建设、军队建设、土地革命、政权建设等方面进行了全新的、深入的理论思考和丰富的实践探索。

首先，革命新道路理论的形成。八七会议确定了武装起义方针后，派出许多干部分赴各地，组织武装起义。其次，人民军队建设的理论和红军作战原则的确立。加强党对军队的领导，确定了中国共产党对军队的绝对领导，保证了我军的无产阶级性质，从政治上、组织上奠定了新型人民军队的基础。再次，土地革命理论的形成。革命斗争促进了土地革命运动的发展，积累了土地革命运动的经验，土地革命理论日益成熟。最后，党的思想路线的提出。毛泽东始终注重调查研究，坚持从实际出发，灵活运用马克思主义。

把党领导的武装斗争、土地革命、建立革命政权三者密切结合起来是毛泽东运用马克思主义理论研究中国社会、中国革命特点的重要成果，标志着毛泽东思想的初步形成。

（三）毛泽东思想成熟时期——1935 年至 1945 年

抗日战争爆发后，经历了 20 多年血雨腥风的革命洗礼，中国共产党逐渐成为在政治、军事、理论上成熟的政党，成为走向全国政治生活的大党。共产党能够也需要有一个成熟的理论、明确的纲领，为人民指明中国未来的发展方向，吸引中国人民团结在自己的周围。

（四）毛泽东思想继续发展时期——1945 年至 1956 年

抗日战争胜利后，在毛泽东思想的正确领导下，解放战争很快取得胜利，社会主义新中国建立。新的实践推动以毛泽东为首的共产党人进行新的探索，毛泽东思想进一步得到了充实和发展，增添了许多新内容。在这一时期，毛泽东又写下了大量的理论著作，包括《抗战胜利后的时局和我们的方针》（1945 年 8 月）、《集中优势兵力，各个歼灭敌人》（1946 年 9 月）、《关于目前党的政策中的几个重要问题》(1948年1月)、《关于工商业的政策》(1948年2月)、《新解放区农村工作的策略问题》(1948年5月)、《在中国共产党第七届中央委员会第二次全体会议上的报告》(1949年3月)、《论人民民主专政》(1949年6月)、《革命的转变和党在过渡时期的总路线》(1953年12月)、《在资本主义工商业社会主义改造问题座谈会上的讲话》(1955年10月)、《论十大关系》(1956年4月)等。

总的来说,新中国成立后,对封建制度统治几千年、半封建半殖民地占统治地位一百多年的旧中国进行社会主义改造,在一穷二白的基础上建设社会主义,在借鉴苏联社会主义建设经验教训的基础上,逐渐探索出了适合中国国情的社会主义改造和社会主义建设的道路和理论,这些理论也发展成为毛泽东思想的一部分。

二、毛泽东思想的科学体系

对毛泽东思想科学体系的理论概括,也有一个演变过程,有不尽相同的概括。对毛泽东思想科学体系的理论概括,也有一个演变过程,有不尽相同的概括。党的七大把毛泽东思想概括为九个方面。在这里主要论述以下方面内容。

(一)新民主主义革命理论

新民主主义革命理论是毛泽东思想的一个重要部分。

1.新民主主义革命理论的形成和发展

(1)形成条件

第一,社会条件。新民主主义革命理论是近代中国国情的产物。毛泽东认为,半殖民地半封建社会性质及其决定的国家贫穷落后和经济、政治、文化发展的极端不平衡,是近代中国的基本国情。与鸦片战争前的封建社会相比,其基本特点有以下几方面:

在政治方面,帝国主义列强划分势力范围,侵占和“租借”中国领土。扶植军阀,作为自己的代理人,从而导致连绵不断的军阀混战，使中国长期处于不统一的状态。在经济方面，帝国主义列强控制了中国的经济命脉，并与地主阶级、买办阶级相勾结，残酷地剥削和压榨中国人民。在思想文化方面，帝国主义也通过各种手段进行侵略。通过办学校、出版书刊、吸收留学生等，以磨灭中国人民的民族意识和革命精神。

在半殖民地半封建社会的中国，帝国主义和封建主义是压在中国人民头上的两座大山。封建势力是帝国主义统治中国的社会基础。两者相互勾结，共同压迫和残酷剥削中国人民，是造成中国贫穷落后的总根源。反对帝国主义和封建主义，便是中国民主革命的两大基本任务。作为指导这场伟大革命的思想——新民主主义革命理论也就应运而生了。

第二，历史条件。新民主主义革命理论，也是总结中国旧民主主义革命失败经验教训的结果，通过分析毛泽东将中国资产阶级区分为买办资产阶级（即大资产阶级、官僚资产阶级）和民族资产阶级两部分，前者是革命的对象，后者是革命的动力。毛泽东还分析指出，民族资产阶级具有两面性，既有革命要求，又有动摇性。因此，领导革命的重任就落在了工人阶级及其政党肩上。由此可见，不经过对旧民主主义革命失败进行深刻的经验总结，新民主主义革命理论也不可能顺利的产生。

第三，思想条件。1917 年俄国十月革命的胜利，第一次把马克思、恩格斯的科学社会主义理论变为现实，在十月革命的影响下，1919 年中国发生了五四运动，工人阶级开始以独立的政治力量登上政治舞台，成为中国新民主主义革命的开端。中国人民的反帝斗争，经过苏俄同西方的无产阶级结成了一条反对帝国主义的广泛统一战线，将中国革命与整个世界无产阶级革命联合起来，这促进了马克思主义与中国工人运动相结合。中国共产党成立后，逐步学会把马克思列宁主义的理论应用于中国的具体环境，使马克思列宁主义在中国具体化。

（2）发展过程

第一，初步提出。

中共一大通过了《中国共产党宣言》，颁布了第一个党纲，承认无产阶级专政，正式组建了共产党。但大会并没有认识到党即将领导进行的革命是新的民主主义革命。中共二大根据列宁关于民族和殖民地问题的思想，制定了党在现阶段反帝反封建的民主革命纲领，明确指出中国应首先进行民主革命然后再进行社会主义革命。同时初步指出了中国革命的动力是工人、农民和小资产阶级，民族资产阶级也是革命的力量之一。

在中共四大召开前后，邓中夏、瞿秋白、李大钊、恽代英、周恩来、毛泽东等一大批共产党人相继发表论文和讲演，积极探索新民主主义革命理论问题。瞿秋白认为，劳工阶级在国民革命的过程中要日益取得重要的地位，以至于指导权。李大钊指出，自耕农与佃农是农民中最多数最困苦的阶级。恽代英认为真正与一切统治阶级利害完全相反的，只有农人与工人。毛泽东发表的《中国社会各阶级的分析》，集中了全党的智慧，对于无产阶级领导权等中国革命一系列重要问题，作了精辟独到的论述。

毛泽东认为，小资产阶级和半无产阶级是无产阶级最接近的朋友。他将买办阶级和民族资产阶级明确区别开来，指出民族资产阶级代表中国城乡资本主义的生产关系。他们对于中国革命具有矛盾的态度，既“需要革命”，又“怀疑革命”。毛泽东还明确指出，在帝国主义和无产阶级革命的时代，这个阶级企图在中国建立实现民族资产阶级统治的国家，是完全行不通的，以其本阶级为主体的“独立”革命思想，仅仅是一个幻想。毛泽东一针见血地指出，地主阶级和买办阶级，完全是国际资产阶级的附庸，其生存和发展，是附属于帝国主义的，他们始终站在帝国主义一边，是极端的反革命派。

第二，形成与发展。

1927 年大革命失败后，中国共产党人确立的土地革命和武装反抗国民党的总方针，走上了独立领导武装斗争、创建苏维埃的革命新道路。在 20 世纪 20 年代后期和 30 年代前期，党内右的和“左”的机会主义，特别是 1931—1935 年遵义会议前，以王明为代表的"左"倾冒险主义，把马克思主义神圣化，曾使中国革命几乎陷入绝境，他们没有也不可能提出新民主主义革命的正确理论。

以毛泽东为代表的老一辈无产阶级革命家，坚决反对本本主义，坚持一切从中国革命实际出发，总结了大革命失败的教训。在秋收起义遇到严重挫折后，带领秋收起义的部队向井冈山地区进军，在那里开展游击战争，发动土地革命，建立红色政权，创立了第一个农村革命根据地。遵义会议以后，确立了毛泽东在红军和党中央的领导地位，中国民主革命再次打开新局面，不断走向新胜利。随着党有了1927年和1934年两次严重失败的痛苦考验，随抗日民族统一战线策略的制定和第二次国共合作的实现，在抗日战争时期，党对中国革命的客观规律才有了比较清醒的认识。毛泽东对中国新民主主义革命经验进行系统总结，提出的新民主主义革命总路线和基本纲领、新民主主义革命的发展道路和基本经验，以及从新民主主义向社会主义转变等重大理论问题，这标志着党的新民主主义革命理论达到了成熟。毛泽东在这里不仅完整地表述了新民主主义革命的总路线的思想，而且提出了从新民主主义向社会主义转变的思想。

由于抗日战争时期民族矛盾大于阶级矛盾，为了巩固和发展抗日民族统一战线，在新民主主义革命总路线的最初表述中，没有提出反对官僚资本主义。抗日战争胜利后，新的情况和任务是国内斗争。在解放战争节节胜利的大好形势下，党内许多人往往记住了党的具体的个别的工作路线和政策，忘记了党的总路线和总政策。为此，毛泽东于1948年4月1日在晋绥干部会议上的讲话中进一步阐明了新民主主义革命的总路线总政策，正式将官僚资本主义列入了革命对象，至此，党的新民主主义革命总路线和总政策便完整地提了出来。

2.新民主主义革命理论的主要内容

新民主主义革命在内容上继承和发扬了毛泽东思想，也是对毛泽东思想的进一步的补充。新民主主义推翻了压在老百姓身上的三座大山，通过新民主主义的三件法宝，带领的中国取得了民主革命的伟大胜利。

新民主主义革命的对象是帝国主义、封建主义和官僚资本主义；其动力是工人阶级、农民阶级、城市小资产阶级和民族资产阶级；主要由无产阶级领导，而无产阶级的领导权是经过其政党——中国共产党的领导来实现的，这是中国革命的中心问题，也是新民主主义革命理论的核心，是区别新旧民主主义革命的根本标志；其前途是社会主义。

新民主主义的基本纲领包括：政治纲领，就是要建立新民主主义的政治制度。这是中国新民主主义革命的基本政治目标。新民主主义的基本政治制度具有鲜明的中国特色，新民主主义社会实行的是人民代表大会制度，人民代表由全体有选举权的公民投票选举产生，他们代表了最广大人民群众的利益和意志，通过各级人民代表大会行使职权，决定国家大政方针，选举各级政府，是全体人民的真正代表。经济纲领在新民主主义革命进入抗日战争阶段后，革命的经济政策就是把大银行、大工业、大商业收归共和国的国家所有，由国家经营管理，使私有资本不能操纵国计民生。对于不能操纵国计民生的资本主义，不仅不没收，还应有所发展。抗日战争胜利后，又明确将新民主主义革命的经济政策概括为三大经济纲领：没收封建阶级的土地归农民所有，没收蒋介石、宋子文、孔祥熙、陈立夫为首的垄断资本归新民主主义的国家所有，保护民族工商业。文化纲领主要表现为五四运动前的新文化运动，其基本内容是宣传西方资产阶级的民主与科学。五四运动后的新文化运动，其基本内容是宣传马克思主义的。

新民主主义的发展道路是通过暴力革命、武装夺取政权，这也是马克思主义的一条基本原理。在实际运用这一原理时，每一个无产阶级及其政党都根据本国的实际条件，随时随地以本国当时的历史条件为转移。中国革命要走的是农村包围城市、武装夺取政权的道路。

新民主主义革命的基本经验主要有三个方面：一是统一战

线。建立革命统一战线，是马克思列宁主义的策略思想。毛泽东结合中国革命的特点，发展了马列主义的统一战线理论。二是武装斗争。中国共产党领导的新民主主义革命史，就是武装斗争的历史。这是中国革命的特点之一，也是中国革命的优点之一。实现民族独立和人民民主，需要有一支站在人民立场上的军队。必须坚持中国共产党的绝对领导，必须坚持人民战争的思想和战略战术原则，必须坚持全心全意为人民服务的宗旨。三是党的建设。加强党的思想建设、组织建设和作风建设，对保持党的无产阶级先锋队性质具有极端的重要性。在土地革命时期，从三湾改编到1929年12月的古田会议期间，毛泽东一直强调把党的思想建设放在首位。到了抗日战争时期，凭借着党对马克思主义中国化的深切理解，凭借着党在过去的革命经验，凭借着党在全国人民中间的崇高政治信仰，使共产党成为一个全国性的大党。然而，由于无产阶级具有一定的狭隘性致使一些非无产阶级思想，特别是小资产阶级思想必然反映到党内来。许多共产党员在思想上还跟不上党的思想。1942年全党开展的整风运动，对于全党，特别是党的高级干部，坚持党的实事求是的思想路线，具有重大深远的历史意义，同时，通过延安整风，党在组织上也达到了空前的团结与统一，并且逐步形成了党的新的工作作风。

（二）社会主义改造理论

1.新民主主义向社会主义的过渡

中华人民共和国的成立，标志着新民主主义社会在全国范围的确立。新民主主义社会是中国走向社会主义社会的中间环节，是过渡性社会。党在过渡时期的总路线，是由新民主主义社会向社会主义社会过渡的路线，是社会主义革命和社会主义建设并举的路线。在这条总路线的指引下，我国奠定了工业化的初步基础，开辟了一条适合中国国情的社会主义改造道路。

新中国成立后，根据马克思主义关于过渡时期的理论，从当时的实际情况出发，毛泽东和中国共产党人在新民主主义革命取得的成果和积累的经验的基础上，对新中国面临的主要矛盾和主要任务等问题作了系统的论述。

新民主主义社会是近代中国走向社会主义社会的中介和桥梁。毛泽东曾明确指出中国革命分两步走：第一步，完成新民主主义革命任务；第二步，进行社会主义革命，在中国建立社会主义制度。从新民主主义革命基本完成到社会主义制度基本建立是一个过渡时期，这个时期我国的社会性质是新民主主义社会。它是一个具有双重性质的过渡社会，既有资本主义因素也有社会主义因素。新民主主义社会的性质是由新中国成立之初我国的基本国情所决定的。

迅速恢复国民经济，发展生产力，变农业国为工业国和变革生产关系，变新民主主义国家为社会主义国家是当时我国面临的两大历史任务。其中，迅速恢复和发展国民经济是各项任务中的中心任务，因为它关系到新生的人民政权的生死存亡。

2.从新民主主义社会向社会主义社会过渡的条件

新民主主义社会是一个过渡性质的社会，其发展前途是社会主义。想要顺利完成向社会主义社会的过渡，需要有以下条件：

一是政治条件。新中国成立后，在政治上，由于各阶级的统一战线还在继续和发展，因此，由无产阶级领导的人民政权具有广泛、坚实的社会政治基础，是十分稳固的。首先实现了大陆的解放和统一，建立了各级地方人民政权，无产阶级的领导地位毫不动摇，是保证向社会主义过渡的根本政治条件。人民民主专政的国家政权以工人阶级为领导，以工农联盟为基础。

二是经济条件。社会主义国营经济的建立和巩固，是过渡得以实现的关键因素。国营经济是完全社会主义性质的，使国家掌握了经济命脉，决定了新中国经济的社会主义发展方向。其次，农民个体经济已开始走合作化道路，是过渡得以实现的重要因素。小农经济是封建统治的经济基础，是中国贫穷落后的重要根源。再次，对私人资本主义经济的利用和限制，是过渡得以实现的又一重要因素。私人资本主义经济是以生产资料私有制为基础的经济，在国民经济中占有相当重要的地位。在国家扶植下，私人资本主义经济得到较大发展。

三是思想文化条件。在新民主主义革命中，共产党领导广大人民群众和爱国进步知识分子建立了民主革命的文化统一战线。新中国成立初期，共产党领导了思想文化方面的社会改造工作，一是肃清了帝国主义的、封建主义的思想，为确立新民主主义以及社会主义意识形态的主导地位奠定了基础。二是以《共同纲领》为基础，用爱国主义思想教育人民，积极稳妥对待统一战线中非无产阶级思想。三是正面提出以社会主义的思想教育团结广大人民群众，把团结全党全国人民建设为新中国的中心环节。

新民主主义革命过程中社会主义经济条件、政治条件和文化条件等的积累和增长，是新民主主义革命向社会主义革命过渡的内在驱动力，它从根本上决定了中国新民主主义革命向社会主义革命过渡的历史必然性。

3.社会主义改造的道路

毛泽东以马克思列宁主义消灭私有制的基本原理为指导，在认真总结国内外经验教训的基础上，从中国的实际出发，提出了符合国情的理论和方针政策，开辟了一条有中国特色的社会主义改造道路。

(1)对资产阶级实行和平赎买

社会主义就是要消灭资本主义，这是科学社会主义理论的基本要求，但如何实现消灭资本主义这一历史任务，却需要从本国的实际出发。

在中国，由于中国民族资产阶级本身的特性和中国共产党的正确政策，能够实现对资产阶级的和平赎买。毛泽东曾提出两个重要思想：一是由新民主主义转变到社会主义社会，可以采取不流血的方式；二是在新中国成立以后，对民族资产阶级要采取团结、教育和改造的基本政策。

国家资本主义是改造资本主义经济的主要途径。党和政府根据指导思想，逐步把资本主义私有制改造成为社会主义公有制,把资本主义经济改造成为社会主义经济。在对资本主义经济进行改造时,党和政府考虑到资本家应得的合法利润,对资本家的生产资料采取了赎买的办法。这是从中国特殊的历史条件中产生的、既符合马克思主义原则又对工人阶级有利的政策。

改造企业同改造资本家相结合,教育和改造的具体做法有两种:一是实际的教育。这就是对资本主义经济加以限制和对资产阶级的不法行为进行斗争,对他们在改造中的积极态度表示欢迎,对怀疑态度给以教育和等待,对反抗态度进行必要的斗争。另一种是组织他们和家庭进行学习,开展自我教育。实践证明,我们党对资产阶级实行和平赎买的理论和政策是成功的。

(2)对个体农业和手工业实行合作化

毛泽东根据马克思主义关于对农民的私有制不能剥夺的原理,在总结党在老解放区领导农民互助合作的经验的基础上,提出了对农业进行社会主义改造的理论和方针政策。要积极引导个体农民走互助合作的道路。毛泽东认为,孤立、分散、守旧、落后的个体经济限制着农业生产力的发展,与社会主义工业化的矛盾日益突出。随着工业化的发展,一方面对农产品的需求日益增大,一方面对农业技术改造的支援日益增强,这也是促进个体农民向合作化方向发展的一个动力。

由个体经济过渡到集体经济必须采取从低级到高级逐步过渡的形式。必须坚持自愿互利、典型示范和国家帮助的原则。对手工业的社会主义改造,其指导思想和农业的社会主义改造一样,要求通过手工业生产小组、手工业供销生产合作社、手工业生产合作社三种形式,逐步把大量分散的个体手工业者组织起来,实现由分散到集中,由低级到高级的社会主义改造。

(3)社会主义改造与社会主义建设同时并举

社会主义改造与社会主义建设两者是统一的整体。毛泽东根据生产关系一定要同生产力相适应的规律,提出了反映落后国家社会主义发展规律的新思路,一是强调只有社会主义才能发展中国,才是实现中国工业化的唯一正确道路;二是表明社会主义改造是为了解放和发展生产力，实现工业化，反对离开生产力谈社会主义。

（三）人民民主专政的理论

人民民主专政的理论是与社会主义革命和社会主义建设紧密地联系在一起的重要理论。

在人民民主专政的问题上，毛泽东的一个突出贡献是他明确提出人民民主专政就是“对人民内部的民主方面和对反动派的专政方面”的“结合”[①]，并对民主和专政两个方面的具体任务及其辩证关系，作了全面而深刻的论述。毛泽东多次指出：“在人民内部实行民主，对人民的敌人实行专政，这两个方面是分不开的，把这两个方面结合起来，就是无产阶级专政，或者叫人民民主专政。”[②]他认为在人民内部实行民主，就是人民群众有权选举自己的政府，组成自己的国家；有言论、出版、集会、结社、游行、示威以及宗教信仰等项的自由权。总之，就是要保证占人口绝大多数的劳动人民当家做主。对反动派实行专政，就是“只许他们规规矩矩，不许他们乱说乱动”[③]，在一定时期内不让他们参与政治活动，强迫他们从事劳动并在劳动中改造成为新人。这就是人民民主专政的两个主要职能。而这两个方面，又是相互联系、辩证统一的。对人民民主是对敌人专政的前提，只有充分发扬人民民主，真正把人民群众发动起来，才能对敌人实行有效的专政和有效的改造。同时，也只有对敌人实行有效的专政，坚决镇压他们的反抗和破坏，才能保障人民的民主。

---

① 刘仁荣，方小年.毛泽东思想的理论创新研究[M].北京：人民出版社，2004，第114页

② 刘仁荣，方小年.毛泽东思想的理论创新研究[M].北京：人民出版社，2004，第114页

③ 刘仁荣，方小年.毛泽东思想的理论创新研究[M].北京：人民出版社，2004，第115页

(四)执政党建设的理论

工人阶级执政党建设的理论,是工人阶级执政党建设实践的科学总结。马克思、恩格斯为工人阶级政党的建设奠定了科学的理论基础,但是他们没有执掌政权的实践。新中国成立后,中国共产党成为执政党。中国社会主义革命和社会主义建设的实际,为执政党自身的建设,提出了新的课题、新的任务和新的要求。以毛泽东为代表的中国共产党人,在执政党建设方面,丰富和发展了上述列宁关于执政党建设的理论。其主要内容有:

1. 强调增强党性教育,维护党的团结与统一

党性是无产阶级的阶级性和人民利益至上在观念上的集中表现。维护党的团结和统一是马克思列宁主义的建党原则之一,也是执政党建设的重要问题之一。革命战争年代,革命斗争严酷性和革命环境的恶劣性使每个共产党员都懂得维护党的团结与统一的重要性,而新中国建立后,随着党执政环境的改善,党内出现了一些领导干部,特别是个别高级干部,由于对维护党的团结和统一的重要性认识不足,进而把自己所领导的地区和部门看成是自己的独立王国,向党中央闹独立性。新中国成立初期出现的高、饶反党联盟事件,就是破坏党的团结、分裂党的统一的重大事件。因此,党执政后,必须对全党进行增强党性的教育,以维护党的团结与统一。此后,在党的一系列会议和重要场合,毛泽东等都一再强调要加强党性教育,维护党的团结和统一。晚年毛泽东虽然都一再强调要加强党性教育,维护党的团结与统一。

2. 防止"和平演变"的战略思考

1964 年 6 月 16 日,毛泽东在北京召开的中共中央工作会议上,在谈到培养接班人的时候,又说:"帝国主义说我们第一代、第二代没有希望,第三、四代怎么样,有希望,帝国主义这话讲的灵不灵?我不希望灵,但也可能灵。"为了防止"和平演变",毛泽东一再强调要警惕党内特别是领导层出问题。他认为领导人、领导集团很重要,许多事情都是这样,领导人一变,就都变了,整个国

家就会改变颜色。这也就是说,问题的关键是在于执政党,因此,要高度重视加强执政党的建设。毛泽东的这些谈话和指示,从总的理论和原则的指导来说是正确的,具有重大而深远的历史意义。

3. 培养和造就无产阶级革命事业的接班人

如何培养和造就无产阶级革命事业的接班人毛泽东的想法主要有以下几点:第一,要到群众斗争中考察和识别、挑选和培养。第二,要大力提拔和重用青年干部、新生力量。第三,要从组织上落实,搞几层接班人。

总之,在执政党建设问题上,毛泽东关于警惕和防御资产阶级“糖衣炮弹”的攻击的理论观点,关于防止“和平演变”的战略思想,关于培养和造就无产阶级革命事业接班人的战略部署,这些都是在马克思列宁主义的发展史上,在当代社会主义的发展史上,从未有人提出过的崭新的理论命题,都是对马列主义的创造性发展或独创性贡献。

第三节　中国特色社会主义理论体系的结构与内容

中国共产党十一届三中全会以来的改革开放时期,产生了由邓小平理论、“三个代表”重要思想、科学发展观构成的中国特色社会主义理论体系。以邓小平、江泽民、胡锦涛为核心的三代党的领导集体为这套理论的创建作出了重大贡献。

一、中国特色社会主义理论

(一)“中国特色社会主义理论体系”概念的提出

党的十七大报告第一次提出了“中国特色社会主义理论体

系”的概念。张旭东详细地考察了这一概念的形成过程,认为“中国特色社会主义理论体系”这一概念的形成过程,最初可追溯到“中国特色”,以后又依次经过“中国式的现代化”、“中国式的社会主义”、“建设有中国特色的社会主义”、“建设有中国特色的社会主义理论”、“邓小平同志建设有中国特色社会主义理论”、“邓小平建设有中国特色社会主义理论”、“中国特色社会主义”,最后演变成十七大所提出的“中国特色社会主义理论体系”。

(二)在新的实践中深度推进中国特色社会主义

在新时期,社会主义在实践中发展,是中国特色社会主义的显著特点。今后,中国特色社会主义还要在实践中不断丰富和发展。胡锦涛指出,中国特色社会主义理论体系,既展现了当代中国马克思主义的勃勃生机,又为我们继续进行理论创新打下广阔的空间。发展中国特色社会主义是一项长期的历史任务,必须坚持不懈的为之奋斗。“发展中国特色的社会主义体系也是一项长期的历史过程,必须随着中国特色的社会主义实践的发展而发展。”当前,我们一定要坚持高举中国特色社会主义,继续推进马克思主义中国化。

在新的实践中继续探索与发展中国特色社会主义,必须始终坚持“马克思列宁主义的普遍真理与本国的具体实际相结合的基本原理”。“马克思列宁主义、毛泽东思想一定不能丢,丢了就丧失了根本。同时一定要为我国改革开放和现代化建设的实际问题,以我们正在做的事情为中心,着眼于马克思主义理论的应用,着眼于对实际问题的理论思考,着眼于新的实践和新的发展”。

当前,学术界要把构建和完善中国特色社会主义理论体系、不断完善适合我国国情的发展道路和发展模式,作为重大课题来研究,值得深入研究的重点和难点问题具体包括:①“中国特色社会主义”是一个集成概念。它既是指引方向、树立形象的一面伟大旗帜,又是一种科学而严整的理论体系;既是道路探索和事业建设的伟大实践,又是符合中国国情,具有中国特色的一系列基本制度；既是中国共产党的指导思想，又是我们党和人民执著追求的共同理想。我们究竟在什么意义上准确使用这些概念，它们相互关系如何，怎样使之融会贯通统一于中国特色社会主义理论体系之中。②新时期马克思主义中国化三大创新理论成果，邓小平理论、"三个代表"重要思想、科学发展观的相互关系研究，及其在中国特色社会主义理论体系中的定位和贡献。③厘清马克思主义中国化两次历史性飞跃的关系，阐明中国特色社会主义与毛泽东思想的相互辩证统一的关系。④在中宣部公开出版《中国特色社会主义理论体系学习读本》之后，如何进一步完善中国特色社会主义理论体系的框架结构和内在逻辑。重点揭示中国特色社会主义理论体系，是关于中国这样东方发展中大国如何建设、巩固和完善社会主义及其发展规律的学说。坚持判定和构建理论体系的科学依据和学术通则，从始点范畴和逻辑起点生发开去，逐步形成科学体系。借鉴以往创立毛泽东思想体系的经验和方法，以新时期马克思主义中国化的三大创新成果为依据，架构中国特色社会主义理论体系。⑤突出反映科学发展观等马克思主义中国化的最新理论成果在中国特色社会主义理论体系中的地位和作用。⑥如何深刻揭示中国特色社会主义理论体系的时代特征、民族特色和实践特点；阐明科学社会主义基本原则与中国实际结合的关系；阐明中国特色社会主义理论体系的重大意义。⑦深度研究中国特色社会主义理论体系产生的时代背景和现实基础、思想渊源和形成历程、基本内容和精神实质，特别是阐明中国特色社会主义理论体系的主题、主线、框架结构和显著特征。⑧特别注意在理论与实践的互动中，对中国特色社会主义理论体系与发展道路和模式的交互作用，及其创新范式进行深入研究，阐明其指导意义和创新价值。⑨大胆把国际通行的范式革命理论引入中国特色社会主义理论体系的研究领域，引导创建中国特色的研究范式，旨在使中国特色社会主义研究更上一层楼。⑩如何卓有成效地推进当代中国的马克思主义大众化的工作，使中国特色社会主义理论体系成为武装全党、教育人民、指导实践的强有力的思想武器。

二、邓小平理论

邓小平理论是适应时代要求的充满无限生命力的马克思主义科学，是马克思主义生命力在现时代的深刻体现和典型展示。它对处于和平与发展时代的21世纪中国社会主义的胜利前进，具有久远性的指导作用。

（一）邓小平理论形成的时代背景

邓小平理论作为中国特色的社会主义理论，是在特定的社会背景和历史条件下，为适应中国社会主义现代化建设实践的需要而产生的。它经历了一个逐步形成于发展的历史过程。

1. 邓小平理论产生的国际背景

第二次世界大战以后，国际局势持续了30多年的紧张和对抗，20世纪70年代开始，国际形势和世界格局有了很明显的变化。美苏两个超级大国开始认识到，虽然两国手中都握有大量的核武器，但一旦发动战争，必将导致同归于尽的后果。与此同时，全球范围内各国人民都已经逐步意识到和平的重要性，要求世界和平的愿望越来越强烈。因此，美国和苏联两个超级大国开始调整政策，由政治、经济、文化等领域的全面对抗转变为对话，国际局势开始缓和，世界历史呈现出要求和平、维护和平、反对战争的特点。世界的和平潮流，浩浩荡荡，不可阻挡。

中国在这种国际背景下，党的理论、路线和方针政策也发生了改变创新。但在较长的一段时间内，由于种种原因，由于我们面临的外部压力和“左”的指导方针的影响，指导新时期社会主义建设的科学理论没有随之发展和创新。邓小平以他的长远的目光和创新的精神进行了社会主义的理论创新。

邓小平深刻分析20世纪70年代末以来国际背景和时代主题的发展变化，认为世界大战是可以避免的，和平是可以实现的，世界的主题已不再是革命和战争而是和平与发展。基于对国际形势和时代主题的正确判断，以及对中国所处发展阶段的准确定位和中国基本国情的正确把握，在邓小平主持下，党的十一届三中全会果断地抛弃了“以阶级斗争为纲”的错误方针，宣布结束“文革”，实现了党和国家工作重心的转移，开创了我国改革开放和现代化建设的新局面。邓小平作为改革开放的总设计师，在领导我国改革开放和现代化建设的实践中，大胆进行理论思考和创新，经过不断补充、完善、升华，初步形成了指导中国特色社会主义建设的科学理论体系——邓小平理论。改革开放之前，中国把主要精力主要放在了阶级斗争方面，忽略了经济建设，我们国家积极支持亚非拉人民反对帝国主义和殖民主义的斗争，对外援助超越了我国国力所能容许的程度。在对外关系中忽视同一些大国的关系，使得我国的外交陷入了被动的境地。邓小平审时度势，强调我们国家要重视经济的发展。对于社会主义国家来说，长期面临资本主义发达国家经济科技占优势的压力，发展不仅是一个经济问题，更重要的是一个政治问题，关系到社会主义的前途和命运。我们的内政外交政策也必须顺应发展这一时代主题。在内政方面，我们党确立了以经济建设为中心，实行改革开放的政策，把经济建设作为最大的政治。在外交方面，我们积极倡导和平共处五项原则，为我国的改革开放和现代化建设创造有利的外部环境。

人类进入 20 世纪 50 年代以来，科学技术的迅猛发展及其在产业领域的广泛应用成为世界历史进程最显著的特点。一方面，它为资本主义体系注入了一支强心剂，使其以发展生产力为契机，摆脱种种制度危机；另一方面，新生的社会主义往往经济上不够发达，能否抓住这次机遇，重新审视这个世界，客观地认识自己和资本主义制度，最终实现自己的历史使命，事关重大。邓小平及时抓住了这个机遇。他提出：“经济发展得快一点，必须依靠科技和教育。我说科学技术是第一生产力。近一二十年来，世界科学技术发展得多快啊！高科技领域的一个突破，带动一批产业的发展。我们自己这几年,离开科学技术能增长得这么快吗?要提倡科学,靠科学才有希望。近十几年来我国科技进步不小,希望在20世纪90年代,进步得更快。”

新的国际环境和新的实践,必然要求马克思主义理论要有新发展,要有新飞跃。邓小平理论体系中的主要观点,正是顺应和平与发展的时代需要而创立的。邓小平理论是对我国社会主义现代化建设面临的国际环境和时代主题进行科学分析而产生的划时代成果,是和平与发展时代的中国的马克思主义。

2.邓小平理论产生的历史条件

第一,实践基础。实践基础主要是总结和概括了我国社会主义建设实践经验。伟大的实践孕育着伟大的理论,伟大的理论指导着伟大的实践。1956年,我国社会主义改造基本完成,社会主义制度基本确立。在当时特定的历史条件下,在没有现成经验可资借鉴的情况下,我国社会主义的建设基本照搬了苏联模式。我们对“什么是社会主义,怎样建设社会主义”这个首要的基本的理论问题没有完全搞清楚;对社会主义建设的长期性、艰巨性、复杂性认识不足,故而在社会主义建设过程中,走了一些弯路,发生过“大跃进”、人民公社化运动、“文革”等重大失误。邓小平理论的主要观点是对改革开放和现代化建设实践经验的科学总结。邓小平创设了家庭联产承包责任制的新型模式,兴办乡镇企业,设立经济特区,倡导社会主义市场经济,从国内改革到对外开放,都体现了邓小平尊重实践、尊重群众的创造精神。在我国社会主义改革开放和现代化建设实践取得重大成功的基础上,孕育和诞生了中国特色社会主义的理论——邓小平理论。

第二,经验借鉴。总结和借鉴了苏联等社会主义国家兴衰成败历史经验。苏联是世界上第一个社会主义国家,第二次世界大战后,在苏联的影响和帮助下,先后建立了15个社会主义国家,占当时世界人口的1/3,国土面积的1/10,组成华沙条约组织,成为左右世界格局的重要力量。苏联和东欧社会主义国家的建设都采取了苏联的社会主义建设模式。借鉴和总结苏联和东欧在社会主义发展问题上所提供的丰富经验和严重教训，是邓小平理论形成的重要历史依据。

苏联模式的主要特点是：以高速度地增长国民经济为首要目标，以重工业为固定的发展重点，以粗放型发展为经济增长的主要手段。与此相对应，形成了所有制过分单一、忽视市场机制、高度集中的经济体制，形成了党政不分、政企不分和高度集中的政治体制。这种模式在历史上曾发挥过重要作用，推动了苏联经济迅速发展，使苏联由一个欧洲最落后的国家变成世界上的经济和政治强国，从而为反法西斯战争的胜过奠定了坚实的物质基础。但是，在时代主题由战争与革命转变为和平与发展之后，苏联模式的弊端就明显地暴露出来，而苏联的党政领导人也未能及时地、成功地对这种过时的模式实行根本性改变，这是导致苏联解体、社会主义在苏联和东欧失败的深层原因。邓小平理论总结和借鉴了苏联等社会主义国家兴衰成败历史经验。

第三，思想理论渊源。邓小平理论之所以可以产生，主要的理论基础来源于毛泽东思想和马克思列宁主义的思想精髓。从本质上来说，邓小平理论同样也坚持了马克思主义的主要观点和方法，采用新的思维方式来发现新的问题，用创新的手段来解决出现的问题，把马克思主义的思想推到了更高的一种境界。从中国的发展来看，毛泽东思想、邓小平理论、马克思主义思想都是具有一定的相通性，都是属于一脉相承的思想体系，也说明这些思想的形成具有类似的思想观点、立场和方法，都是为了能够促进社会的不断发展而形成的。不同时期的社会需要不同的思想来进行指导。

和马克思列宁主义相比较来说，毛泽东思想是邓小平理论的直接的思想来源。实事求是，一切从实际出发，理论联系实际，坚持实践是检验真理的标准，这就是我们党的思想路线。毛泽东在对中国社会主义建设道路的探索中，提出的许多理论成果，如以苏为戒、少走弯路，正确区分和处理两类不同性质的矛盾，把党和国家的工作重点转到技术革命和社会主义建设上来，不能剥夺农民，不能超越阶段，反对平均主义，强调发展商品生产、遵守价值规律和做好综合平衡，主张以农轻重为序安排国民经济计划，不能照搬国外模式，实行“消灭了资本主义，又搞资本主义”的政策，三个世界划分的理论和我国永远不称霸的思想等等，都为邓小平理论提供了宝贵的理论素材。此外，在现代化和改革开放的基本过程中，邓小平与毛泽东一样强调，必须大力发扬社会主义民主和健全社会主义法制，必须坚持社会主义物质文明和精神文明一起抓，坚持和改善党的领导，加强党的建设。他认为只有这样，才能促进经济的发展和社会的全面进步。可以说，毛泽东和邓小平关于有中国特色社会主义的理论和策略不是完全脱节自成一个体系的，而是一个认识的全过程，是一脉相承的。

第四，主观条件。主观条件主要是来自于邓小平独特的个人经历。历史环境、社会需要和时代特征只是为某种理论的产生创造了客观条件和可能。理论的产生还需要这种理论的创造者具备一定的主观条件。邓小平富有传奇色彩、大起大落的独特经历，造就了他坚强的性格和意志，形成了他透过历史看未来的彻底的唯物主义精神，塑造了他在复杂的社会运动中艺术地领导社会前进的特殊能力，并使他对马克思列宁主义、毛泽东思想产生了一种深刻而特殊的理解。这样由于他在党内的地位加上他丰富的革命和建设经验，使他形成了一种宏观的、战略的辩证思维能力；能够为党的建设、国家的富强、人民的幸福殚精竭虑；能够接受和掌握马克思主义的环境和经历，使他敢于破除迷信和教条，善于运用和发展马克思主义，根据新情况、解决新问题，从而创立了有中国特色社会主义理论的新体系。

（二）邓小平理论的发展

邓小平理论的形成和发展是与中国社会主义建设的实践相统一的，它是时代的产物，是现实实践导行的结果。

党的十四大明确使用了“邓小平同志建设有中国特色的社会主义理论”的概念，党的十五大则更明确地提出“邓小平理论”的科学概念,并提出用这个理论来武装全党的战略任务。这一理论是在党的十一届三中全会以后逐步形成和发展起来的,是对毛泽东思想的继承和发展。

1. 邓小平理论的萌芽阶段

"邓小平理论"这一概念,是1997年党的十五大上正式提出来的,特指"邓小平同志建设有中国特色社会主义的理论"。而邓小平理论的形成则不同于概念的提出,是诸多外部、内部因素作用的结果,它的发展过程也呈现出阶段性特征。

邓小平理论的形成和发展,以党的十一届三中全会为历史起点。这是因为,这次大会标志着新中国成立以来党和国家历史的伟大转折,开辟了建设有中国特色社会主义事业的新时代。但是,必须明确的是,这个历史起点并不是突如其来的,在1975年的全面整顿中,邓小平试图力挽狂澜,一个新的理论已经开始酝酿。1975年,邓小平受命于危难之际,主持中央工作。他不辱使命,不避风险,不负众望,着手对各行各业进行全面整顿。他构想出"中国式现代"道路,并形成了一系列的重要观点和思想。他强调经济建设,强调安定团结,强调毛泽东思想的科学性,反对"个人神化"。这次整顿尽管时间不长,但收到了较好的实践效果,它实际上恢复和坚持了党的八大的正确路线和科学的毛泽东思想,是十一届三中全会倡导的拨乱反正和现代化建设的先声。应该说,这个时期邓小平以经济建设为中心的全面整顿以及围绕这一整顿展开的斗争,为以后粉碎"四人帮"、否定"两个凡是",为党的工作重点向经济建设转移,做了一定准备。邓小平自己说过"拨乱反正在1975年就开始了"。因此,"全面整顿"可以看做是邓小平理论形成的先声。总的来说,从20世纪50年代、60年代到70年代初,邓小平关于中国式的社会主义建设的思想术语酝酿和萌芽阶段,尚未形成完整的思想理论。

2. 邓小平理论的形成阶段

邓小平理论的形成阶段主要是从1978年12月中共十一届三中全会到1982年9月中共十二大。

1976年,粉碎“四人帮”,事实上宣告了“文革”的结束,挽救了党,挽救了国家。1977年8月,中国共产党召开了十一大,正式宣告“文革”结束。但由于历史的局限,“文革”造成的政治、思想、组织和经济上的混乱极为严重,而时任党政军领导人华国锋顽固坚持“两个凡是”,各项工作在徘徊中前进。1978年春,在邓小平的倡导下,在全国范围内开始开展了大讨论,即“实践是检验真理的唯一标准”的讨论。通过这次讨论,“两个凡是”对社会发展的束缚开始被打破。在十一届三中全会上,“了解放思想、实事求是”的思想路线被重新确立,同时“以阶级斗争为纲”的错位方针也被停止使用,社会主义现代化建设开始成为党和国家工作的重点。在十一届三中全会上,形成了以邓小平为核心的党的第二代中央领导集体,标志着社会主义现代化建设的新时代的开始。不久之后,在邓小平的领导下,党中央决定开始实行改革开放的伟大决策,农村被作为了改革开始推行的地方。自1979年开始,首先在安徽、四川部分地区实行大包干,取得经验后,迅速在全国推开。至1983年,全国大部分地区都实行了大包干,并逐步形成了家庭联产承包责任制。至1984年底,全国各地基本上完成了政社分设、以政代社的过程,废除了农村人民公社体制。农村改革的同时,实行对外开放政策。1979年7月,党中央、国务院决定对广东、福建两省在对外经济活动中实行特殊优惠政策。1980年,中央决定设置深圳、珠海、汕头、厦门4个经济特区。由此,打开了封闭已久的大门,加强了中外经济、技术与文化交流,促进了社会的发展。

粉碎“四人帮”后,在政治思想领域拨乱反正,平反冤假错案。先后为彭德怀、陶铸、薄一波、杨尚昆、刘少奇等平反昭雪,为“天安门事件”等平反,为被错划分为“右派分子”的人平反,等等。在此当中,邓小平提出了必须坚持的四项基本原则,还提出了其他方面的方针政策。在1981年召开的中国共产党第十一届六中全会上,会议通过讨论形成了《关于建国以来党的若干历史问题的决议》的文件,在文件中统一了中国共产党的思想。1982年,党的十二大会在北京召开，在会中，邓小平提出要将马克思主义的思想和真理与我国的现实情况结合起来，建设一条适合中国国情的，具有中国特色的社会主义道路。要达到这一目标，不仅需要明确目标，而且需要指出正确的途径。所以说，要检验我们的想法是否正确，衡量我们的工作是否正确，主要看这些想法和工作的实施是否能够帮助中国建设有中国特色的社会主义的发展，是否能够帮助国家不断繁荣的发展，是否能够让人民能够实现共同富裕。

3. 邓小平理论的成熟阶段

邓小平理论的成熟阶段主要是中共十二大以后至 1992 年中共十四大。

十二大以后，改革开放全面展开，现代化建设步伐加快，各方面工作取得了重要进步。1984 年 10 月，十二届三中全会召开，其作出了《关于经济体制改革的决定》，其确定了“公有制基础上的有计划的商品经济”作为我国社会主义的经济体制，并且还形成了社会主义商品经济理论。随后，中国改革从农村推向城市，进入了全面改革的新时期。1985 年，党中央相继作出了关于科技体制改革和教育体制改革的决定，并提出了“两手抓”：一手抓改革开放，一手抓打击犯罪；一手抓经济建设，一手抓民主法制；一手抓物质文明，一手抓精神文明的策略方针。1986 年，党中央召开了十二届六中全会，在回忆中，通过了《关于社会主义精神文明建设指导方针的决议》的讨论，对社会主义精神文明与实现社会主义现代化、改革开放和坚持四项基本原则的辩证关系作了科学的阐述，并强调在现代化过程中必须反对资产阶级自由化。1987 年 10 月，中共十三大在北京召开，赵紫阳代表十二届中央委员会作题为《沿着有中国特色的社会主义道路前进》的报告。报告的题目反映了大会的主题，同时也彰显了我们党对“中国特色社会主义”的高度重视。在这个报告中，最主要的内容就是怎样确定我国在社会主义初级阶段的基本路线，以及实现的具体方式，同时还结合了我国正处于并将长期处于社会主义初级阶段的国情，提出要实行三步走的发展战略要求。在十三大会议上，确定了坚持以经济建设为中心，坚持改革开放，坚持四项基本原则的基本路线，并且最终统一形成了为实现这些目标的有效方针。所以经过十三大会议之后，我国共产党领导的主要思想和路线方针达成了共识。所以说，邓小平理论也基本形成。

十三大以后，国际国内形势有了很大的变化。国际上，发生了苏东剧变。国内出现了1989年的政治风波，西方国家对华制裁。1990年，党的十三届七中全会通过的《中共中央关于制定国民经济和社会发展十年规划和"八五"计划的建议》，从统一全党对建设有中国特色社会主义的基本理论和基本认识的角度，阐述了12条原则。这12条与党的十三大的12条相比，在内容顺序上有若干重要差别。12条原则的产生同时也表示了中国共产党对于如何建设具有中国特色的社会主义的道路上有更好的指导思想和比较深层次的认识。这些理论基础的形成，最终成为了中国特色社会主义理论体系中的一项重要组成部分。江泽民在1991年"七一"讲话的时候，分别从政治、经济和文化三个不同的方向对构建中国特色社会主义的作用做出了重要阐释。在1992年，邓小平在南方考察时期，与其他的共产党员进行交谈时，首先分析了目前国内和国际的当局形势，从中也总结分析了十一届三中全会之后党在中国特色社会主义建设方面所做出的重要贡献，关于很多党员提出的疑问进行了明确的解答。这次重要的讲话也同时标志着我国社会主义发展进入了一个新的阶段，邓小平理论为建设具有中国特色社会主义的发展起到了关键的作用，说明中国共产党在中国特色社会主义建设方面又取得了阶段性的胜利，也表明这一理论本身已发展到完善阶段，走向成熟。

党的十四大报告对邓小平理论作出科学概括的同时也指出，该理论还包括很多其他方面的理论内容，因此这就要在以后的实践中，不断对新问题、新发现进行探讨，从而找出其中所存在的规律。这就明确说明：邓小平理论虽然已经形成科学体系，走向成熟，但这并不意味着这一理论就此终结，邓小平理论是开放的，它需要在新的实践中不断地给以丰富和发展。

4.邓小平理论的继续发展阶段

邓小平理论的继续发展阶段是从1992年十四大以来乃至1997年。

十四大后,全党全国人民迅速掀起了学习建设有中国特色社会主义理论的热潮,并提出"特色理论""三进"(即进教材、进课堂、进头脑)任务,于是"特色理论"先后进入大学课堂,高校开设"特色理论"课,同时中共中央文献编辑委员会编辑出版了《邓小平文选》第三卷(人民出版社1993年版),推动了"特色理论"的学习。1993年11月,江泽民在学习《邓小平文选》第三卷报告会上指出:"经过十二大、十三大到十四大,我们党又郑重地把邓小平建设有中国特色社会主义的理论写到了自己的旗帜上","是我们发展社会主义事业的伟大旗帜,是我们民族振兴和发展的强大精神支柱"。

1997年2月,邓小平逝世。中国共产党对邓小平给以高度评价,称他是中国改革开放的总设计师,建设有中国特色社会主义的创立者。1997年5月江泽民在中央党校的讲话和9月党的十五大报告,又在此基础上对这个理论进行更全面更确切的评价,明确指出,邓小平理论是马克思主义在中国发展的新阶段,强调"旗帜问题至关重要",要"用邓小平理论来指导我们整个事业和各项工作"。中共十五大把"邓小平理论"确定为党的指导思想并写入党章。1998年3月,全国人大九届二次会议正式把邓小平理论作为国家的指导思想写入宪法。这是我们党和国家经过近20年改革开放和社会主义现代化建设的成功实践作出的历史性决策,对于建设有中国特色社会主义事业的生理发展,具有重大的现实意义和深远的历史意义。2002年11月,中共召开十六大,大会报告的题目是《全面建设小康社会,开创中国特色社会主义事业新局面》。2007年10月,中共召开十七大,大会报告的题目是《高举中国特色社会主义伟大旗帜,为夺取全面建设小康社会新胜利而奋斗》。这两次大会报告的题目如同前三次(十三大、十四大、十五大)大会报告的题目一样,都有“中国特色社会主义”字眼,这表明“邓小平理论”确实得到了全党全国人民的首肯,同时表明,邓小平理论是经得起历史考验的正确理论,这一理论将在今后的历史发展中不断地得到升华。

(三)准确把握邓小平理论这一科学体系

邓小平理论是贯通哲学、政治经济学、科学社会主义等领域,涵盖经济、政治、科技、教育、文化、民族、外交、统一战线、党的建设等方面比较完备的科学体系,也是需要从各方面进一步丰富发展的科学体系。

1.建设有中国特色社会主义道路

十一届三中全会以来,邓小平深刻分析了国际形势和时代主题的变化,总结了国内外社会主义建设的经验教训,鲜明地提出了“建设有中国特色的社会主义”的科学命题。

具有中国特色的社会主义,不仅需要符合社会主义的基本理论基础,而且需要符合中国的国情。这也是马克思主义与中国实际情况相结合所提出的社会主义。在经济不发达的情况下,中国需要坚定地走具有中国特色的社会主义道路,根本目标是实现全体人民共同富裕。中国特色社会主义道路走对了,人民群众才会坚决拥护和支持。自从改革开放制度实行后,我们可以看到中国的变化,从实践又一次证明了,中国应该坚定不移地走具有中国特色的社会主义道路,这样才可以预防在以后的发展中又出现错误思想,也只有坚持走具有中国特色的社会主义道路,才能实现共同富裕,才能发展和振兴中国,才能最终实现中国梦。

2.社会主义发展阶段

恩格斯指出,对未来社会发展阶段的划分,不存在适应一切条件的一劳永逸的方案,对马克思主义应该灵活应用。俄国十月革命后,列宁在建设社会主义的实践中,明确提出在经济落后的俄国,只能建成“初级形式的社会主义”,而不能立即建成“发达的社会主义”。列宁这里的社会发展阶段理论对后人的探索具有重要意义。

在召开中国共产党的十一届三中全会后，党的中央领导通过会议讨论之后，明确指出了现在中国仍处于社会主义初级阶段。社会主义发展阶段的确定主要是根据现在社会的发展形势，根据马克思主义的指导思想，根据我国和其他国家关于社会主义不同阶段发展的现状而做出的明确决定。在1987年，党的十三大报告中，第一次明确的表述了中国社会主义初级阶段的发展形势并且高度的概括了我国处于社会主义初级阶段的主要目标和发展方向，同时也标志了社会主义初级阶段的理论的形成。

3.社会主义的本质

在社会主义本质论断问题上，邓小平认为，要将实践标准进行具体化，即将其分为生产力标准和人民利益标准。对社会主义本质论断是，尊重实践、尊重生产力、尊重人民利益的产物。

在对社会主义本质的概括中，邓小平提出的最为显著的特点是要突出生产力的重要作用，并要解放生产力和发展生产力。社会主义的优越性主要体现在，其生产力的发展水平要明显高于资本高于资本主义。

社会主义的价值目标是，实现共同富，消灭剥削，消除两极分化，最终达到共同富裕，这是只有在社会主义中才可以实现的。

邓小平是在动态中把握社会主义的。“解放”“发展”“消灭”“消除”“达到”，这是五个动词，邓小平在这五个动词中生动地描述了社会主义的本质。

4.社会主义发展动力

社会需要不断的发展，而发展的动力就是需要不断的改革，改革是一个社会不断进步的表现。从目前的中国现状来看，要实现人民共同富裕，就需要不断的改革。邓小平在不断的总结历史发展的经验中得出的结论就是社会要进步，就需要进行改革开放。改革开放是我国能够解决社会主义初级阶段矛盾的重要方法。邓小平提出改革开放的重点就是从本质上进行改革，对影响生产力发展的经济体制和政治体制进行改革。在经济体制上，需要打破以前的计划经济,从计划经济转型为市场经济,不断的建立适应社会发展的市场经济。在政治体制上,要不断的完善我国的政治制度,不断的实现民主政治,从以前的一党执政到多党执政,在党中央的领导中不仅包括中国共产党,而且也包括其他党派,他们共同领导把中国建设得更加美好。

5. 社会主义建设的外部条件

社会主义国家外交战略是反对霸权主义,维护世界和平。以维护中国独立主权、促进世界和平发展作为中国外交政策的基本目标。和平与发展是当代世界的两大主题。主张在和平共处五项原则的基础上,建立和平、稳定、公正、合理的新秩序。以独立自主、完全平等、互相尊重、互不干涉内部事务四项原则处理和各国共产党及其他政党的关系。面对国际局势的风云变幻、世界社会主义事业遭受的严重挫折,要冷静观察、稳住阵脚,沉着应付;不当头,不称霸。另一方面,中国的发展离不开世界,社会主义国家对外开放是一项长期持久的基本国策。要对世界所有国家开放。必须大胆借鉴,吸收人类社会包括资本主义社会的全部文明成果,结合新的实践进行新的创造。

6. 社会主义建设政治保证

社会主义建设的最基本的保证就是需要服从党的领导和坚决拥护党的领导地位。对于中国共产党制定的一些政策方针和指导思想,要坚决的服从,要坚决服从中国共产党对军队的监管,要坚决服从中国共产党的实行的多党合作的制度,对于党做出的决议要坚决的服从。要坚持党对社会意识的影响和管理。

7. 关于社会主义建设的战略步骤

社会主义建设发展战略是“分‘三步走’,基本实现现代化”。第一步的目标就是从 1981 年到 1990 年期间,中国的国民生产总值能够翻一番,全国人民能够实现温饱问题;第二步的目标是从 1991 年到 20 世纪,中国的国民生产总值再翻一番,全国人民能够达到小康生活水平。第三步的目标就是到 21 世纪中期,中国的国民生产总值能够翻两番,达到了中等发达国家的经济水平。从这“三步走”的发展规划中,可以看出已经把中国社会主义的目标具体化,通过目标的确定,也可以看到以后美好的生活,全党和全国人民为了美好的目标共同努力。

以农业为国民经济发展基础,实行“废除人民公社,实行家庭联产承包为主的责任制”长期不变及“适应科学种田和生产社会化的需要,发展适度规模经营,发展集体经济”两个飞跃。以能源和交通为薄弱环节,建设一批重点骨干工程,“高度重视节约能源和原材料,提高资源利用效率”。以教育和科学为社会主义现代化建设的关键,教育要面向现代化、面向世界、面向未来,创造有利于培养人才、发现人才、使用人才的环境和机制,提高国民的整体素质。实现“台阶式”发展,允许和鼓励一部分地区、一部分人先富起来,逐步达到共同富裕。

8. 关于祖国统一的问题

邓小平提出“一个国家、两种制度”的创造性构想,为现代化进程中的国家统一提供了一种可供选择的模式,这一思想的发展经历了一个长期探索的过程。1979 年元旦,全国人大常委会发表《告台湾同胞书》,正式表达了和平统一的意愿和建议。一个月后,邓小平访美期间公开表示,我们不再使用“解放台湾”这个提法了。1981 年国庆前夕,叶剑英向海内外详细阐述了关于实现海峡两岸和平统一的几条方针。1982 年 1 月,邓小平指出:“九条方针”实际上就是“一个国家,两种制度”,不只是台湾问题,还有香港问题,大体上也是这九条。1982 年邓小平会见英国首相撒切尔夫人时,第一次使用了“一国两制”的说法。1983 年 6 月,邓小平将“一国两制”构想进一步系统化,提出了著名的推进祖国统一的“六条设想”,指出解决台湾问题的核心是祖国统一,“不是我吃掉你,也不是你吃掉我”。从 1983 年到 1984 年 10 月,邓小平多次阐述了“一国两制”的主张。后来的一系列谈话,对“一国两制”的含义、依据、意义和可行性都作了进一步的说明,形成比较完整、明确的战略构想。“一国两制”是伟大创举,并且经过实践证明,

“一个国家,两种制度”的构想是可行的。

三、“三个代表”重要思想

“三个代表”重要思想是在中国共产党领导的社会主义发展过程中产生的,其在新的历史条件下对马克思主义中国化的事业起到了重要的作用,并且还开辟出了马克思主义的新境界。

(一)“三个代表”重要思想形成的时代背景

改革开放以来,推进党的建设新的伟大工程取得了多方面的成果,但从理论成就而言,莫过于提出“三个代表”重要思想。它虽然是从加强党的建设的角度提出的,但其意义远远超出党的自身建设范围。

1. 国际背景

(1)和平与发展是当今社会的时代主题

时代的主题依然是和平与发展。各国人民都渴望世界持久和平,渴望促进共同发展,渴望过上稳定安宁的生活,共创人类美好未来,但是和平与发展这两大课题至今一个都没有解决,其中,威胁世界和平与稳定的主要根源就是霸权主义和强权政治的存在。另外就是各种局部争端和冲突以及恐怖主义、贫困、环境恶化、毒品等非传统安全问题更趋突出,也在很大程度上影响着世界的和平与发展。总体和平、局部战争,总体缓和、局部紧张,总体稳定、局部动荡,是当前和今后一个时期国际局势发展的基本态势。

世界上发达国家与发展中国家贫富差距日益扩大,各国的普遍发展与两极分化的矛盾异常突出,部分发展中国家的经济发展停滞,贫困化现象加剧。南北问题是影响世界和平与发展的核心问题。而世界要和平,人民要合作,国家要发展,社会要进步,是时代的潮流。如何适应这个时代潮流,把中国的事情做好,促进世界的和平与发展,是我们制定政策、开展工作的出发点。

(2)科学技术的飞速发展

20世纪90年代以来,科学技术的发展日新月异。科技革命突飞猛进是当今世界发展的强大动力。科学技术的迅速发展促使世界历史转向信息时代。信息一方面促使生产方式发生了根本变化,另一方面促使人们的生活方式、交往方式甚至思维方式都发生了根本变革。科学技术作为第一生产力,出现的这种新发展,必然会引起各相关产业乃至人类生产关系作出新的变革。然而与此同时,科学技术高速发展对于我国来说同样是一柄双刃剑,一方面信息的广泛传播给我国的发展带来了新的动力,另一方面我国的传统经济体系必须产生新的变革。在信息化背景下,实现各个产业的信息化变革,提高生产效率是我们当前的主要任务。因此,我们必须"走新型工业化道路",优先发展信息产业,以信息化带动工业化。另外,在信息时代,知识或智力资源已经成为工业产业发展的重要动力。因此不断地革新,不断地在传统工业中运用最新的科技成果,是关系我国存在和发展的关键。

(3)经济全球化的不断深入

全球经济联系不断紧密是当今世界经济发展的基本特征。在科技迅速发展的今天,各项资源依然能够完成在全球范围内的分配,各国、各地区经济的生产、贸易、金融、投资这四个方面已经实现相互依赖、相互渗透。投资者的眼光已经逐渐破除地区的限制,封建思想对于当今经济发展的影响越来越小。经济全球化,是资本主义制度社会化大生产发展的必然结果。科技给社会化大生产的实现带来了可能,资本、技术、人力等生产要素在科技的带领下已经能够在全球范围内实现优化配置。

经济全球化给我国的发展带来了新的机遇。在经济全球化的时代里,整个世界都是我们国家发展的舞台。正如江泽民所说:"当今世界经济的发展,要求我们必须勇于和善于参与经济全球化的竞争，充分利用好国外和国内两种资源、两个市场。”[①]自然地，在西方国家主导的经济全球化规则下，经济全球化还给我国的发展带来了其负面影响。当然对于任何一个发展中国家来说，经济全球化都是一把“双刃剑”。因此，在参与经济全球化的过程中，我国应以更加积极的姿态，更加广阔的意识参与全球经济竞争中。通过有效地竞争一方面实现中国特色社会主义建设稳步前进，另一方面切实维护国家安全、经济安全和文化安全。因此，我们应当全面地、清醒地全球经济发展的形势，沉着冷静应对，积极稳步参与，不断增强自身竞争力，提高自己在经济全球化进程中的话语权，维护本国的经济安全，促进社会主义现代化高速健康发展。

(4)多极化的政治格局

自苏联解体，东欧剧变，主导世界政治格局的“两极”被彻底打破，世界进入了“一超多强”的时代。在这个时代发展中，世界的发展正在经历一个新的矛盾，被美苏斗争所掩盖的地区、民族、宗教等问题逐渐开始凸显。国际恐怖主义、宗教极端主义、民族分裂主义成为见诸报端的三个新名词。

虽然世界许多地区仍旧处于战乱和不安之中，然而和平与发展仍旧是整个世界的主要趋势。人们追求平等和自由的脚步将不会停滞。在这种趋势的影响下，人们将不断突破固有的政治和经济规则的束缚，进入到一个更加民主和自由的环境之中。因此这种趋势既有利于推动建立公正合理的国际政治经济新秩序，又有利于世界和平与安全，符合各国人民的利益。

政治格局多极化、经济全球化极大地影响着世界各民族的生活和生产方式。在看待这些问题之时，我们一定要用冷静的意识、客观的态度、宽广的视野，运用马克思主义的方法清醒地认识当今世界的发展给我国带来的机遇和挑战。

---

① 江泽民.论有中国特色社会主义[M].北京：中央文献出版社，2002，第193页

世界经济政治的这种复杂变化必将是一个漫长、曲折而又复杂的过程。这必然对我们党的工作提出了新的要求。新的要求必然呼唤着新的理论。而“三个代表”重要思想正是在这样一种时代背景下产生的新理论。“三个代表”重要思想回答了在世界经济政治深刻复杂发展的过程中,党应该站在什么样的历史角度,朝向什么样的方向发展的问题。

2.基本国情

“三个代表”重要思想是江泽民运用马克思主义立场、观点、方法,在分析研究中国基本国情发展的新变化以及中国特色社会主义发展需要的基本问题前提下,对党的发展做出的正确判断。中国的基本国情发生的新变化,总结起来共有以下六个方面。

(1)社会主义经济成分发生变化

改革开放以后,中国特色的社会主义经济成分发生了新变化。各种所有制经济在改革开放的大潮下竞相角逐,同过去公有制占据中国经济的全部来说,发生了很大变化。在党召开的十四大会议上,明确的提出了“目前中国经济体制改革的目标就是要迅速建立适合中国国情的社会主义市场经济体制”,决定一旦提出,国内的经济体制就发生了重要的变化,以前的计划经济体制已经被打破,取而代之的是社会主义市场经济。对于中国发展来说,市场经济的提出是一个全新的体验,在市场经济体制下,国内的经济成分、不同阶级的利益分配和人们不同的就业方式都面临着巨大的变革,还有人们的价值观念、意识形态等都要发生新的变化。因为这一形势对我国的基本环境产生了根本性影响,所以党在各个方面都要不断改革过去的领导方式,实现符合时代要求的方式变革。

(2)社会阶层构成发生变化

随着我国经济、政治、科技、文化的不断发展,我国社会阶层也发生了巨大变革。一方面,传统的农民肩负了国家发展中农民和工人的两个角色,担当了国家发展的根本动力。另一方面,知识分子逐渐从象牙塔中走出,融入工人队伍之中,融入我国经济其他阶层之中。

民营企业和外资企业的工人、受聘于外资企业的管理技术人员、个体户、私营企业主、第三产业中诞生的新社会阶层逐渐获得我国社会的认可,在有中国特色社会主义的实践和全面建设小康社会的过程中发挥了不可磨灭的作用。

(3)社会组织结构发生变化

流动的农民工大军是这个时代最显著的特征,也是我国当代难以承受的痛。农村城镇化的过程中,我国社会把农民逐渐由单一的角色个体变成多重角色个体。过去的社会组织结构逐渐显示出被打破的迹象。

(4)就业方式和人们的利益关系发生变化

由于劳动性质、就业方式、分配方式的不同,人们的利益关系发生了重大的变化,不同地区、不同行业、不同部门、不同岗位的收入必然会出现差别,有的差别悬殊。在这种情况下,即要求我们党能够更好地代表全体人民的根本利益和不同社会群体的具体利益。

(5)人们的交往领域和交往方式发生变化

随着经济全球化和信息科技对我国产生的新影响,我国居民的交往领域逐渐由地区拓展到全国,由国内拓展到国外。外国人来华投资办厂、经商、搞金融、发展文化和各种社会事业已成为潮流。中国到外国投资办企业、搞经济文化交流活动也是方兴未艾。中外交流活动频繁是我国不断开放的必然结果。

(6)党员和干部队伍发生变化

随着我国经济的不断发展,党员和干部队伍不断扩大。到目前为止,全国已有 8300 多万党员,更有大批优秀的领导干部,但另一方面也给党的建设提出了新任务。如何培养这些年轻党员干部坚定党性,始终团结在党中央周围,为我国人民办实事、做好事是我们党要严肃面对的历史课题。

国内情况的这些新变化,正是“三个代表”重要思想的国情依据。

（二）“三个代表”重要思想的发展进程

“三个代表”重要思想的酝酿、提出、理论体系的形成，及其作为党的指导思想地位的确立经历一个相对比较长的历史过程。

1. 酝酿时期——从 1989 年到 2000 年 2 月

从 1989 年的十三届四中全会到 2000 年 2 月江泽民赴广东视察之前，是“三个代表”重要思想的酝酿与轮廓形成时期。这一时期，中国改革开放和现代化建设在经受了严峻考验之后又进入一个新的发展阶段。江泽民在 1989 年 6 月举行的中国共产党第十三届四中全会上，任命为中国共产党的总书记，从那次会议之后，就形成了以江泽民为代表的新一届的中央领导，继承了毛泽东、邓小平两代中央领导集体开创的宏伟事业，领导中国继续向前发展。因此我们说，在这个时期以江泽民为主要代表的中国共产党人，特别关注并且严肃对待党的建设问题并不是偶然的，而是势在必行。

党的中央领导亲自看到了国际上苏东那些国家的共产党由于无法解决国家的问题而丧失国家的执政能力，甚至有些已经没有了共产党和国家。党的中央领导很多也经历了中国国内的政治斗争而带来的伤害和损失，也明白了这些政治斗争给国家带来的危害，所以江泽民等人便认真思考，思考在中国如何避免苏东剧变的重演、如何加强中国共产党的凝聚力和战斗力以防止中国社会的动荡、如何在党的领导下把中国特色社会主义建设推向前进。确切地说，以江泽民为代表的中国共产党人就是如何坚持和改善党的领导、如何提高和改进党的执政水平和执政能力的问题，更准确地说，就是在中国“建设什么样的党、怎样建设党”等一系列重大的理论和现实问题进行了认真的思考。这是一个关系党和国家命运和前途的头等重要的问题。因此，在新一代领导集体刚刚诞生之时，就已经强调大力加强党的建设问题。从那个时候开始，第三代领导集体对这一问题的探索从未间断。

这时期在党建方面，中共中央提出了一系列重大部署和举措。如仅在1989年，新班子出任后的短短几个月内就连续发出了如7月份的《关于近期做几件群众关心的事的决定》、8月份的《关于加强党的建设的通知》、11月份转发中纪委的《关于加强党风廉政建设的意见》和12月份通过的《关于坚持和完善中国共产党领导的多党合作和政治协商制度的意见》以及同月的《为把党建设成为更加坚强的工人阶级先锋队而斗争》的讲话等一系列重要指示。此后，在党的十三届六中全会、十四届四中全会、十四届六中全会等一系列重要会议中或者中共十四大、十五大上等代表大会上，都对党建问题进行了专门地论述或决议。此外，党的领导人也在各种场合反复强调党建问题，并在全党开展了以“三讲”为主要内容的党性党风教育活动。

1994年，中共十四届四中全会通过了《中共中央关于加强党的建设几个重大问题的决定》。该《决定》对党建面临的新形势新矛盾新问题进行了分析，提出把党的建设确立为党的“新的伟大工程”，以及党的建设的目标。

早在1995年9月27日，江泽民在中共十四届五中全会召集人会议上指出：“我们的高级干部，首先是省委书记、省长和部长，中央委员和中央政治局委员，一定要讲政治。我这里所说的政治，包括政治方向、政治立场、政治观点、政治纪律、政治鉴别力、政治敏锐性。在政治问题上，一定要头脑清醒。”

在1997年中国共产党召开的第十五次会议上，提出了“面向新世纪的中国共产党”的主要命题，对中国共产党有了更高的要求，在会议中也更加明确了对于党的建设新方向和新思路，对于全党人员的思想政治教育、全党人员的工作作风等需要加强管理。在十五大之后，以江泽民为主要代表的中国共产党人继续探索面向新世纪的党的建设问题。

为了更好地贯彻执行的那个的路线、方针和政策，确保社会主义现代化建设的胜利进行，1998年11月21日，中共中央作出在县级以上党政领导班子、领导干部中深入开展以“讲学习、讲政治、讲正气”为内容的党性党风教育意见。12月25日，中共中央召开电视电话会议，对在县级以上党政领导班子、领导干部中深入开展以“讲学习、讲政治、讲正气”为内容的党性党风教育进行动员部署。

1999 年初，中央正式开展在全党党员干部中进行以“讲学习、讲政治、讲正气”为内容的“三讲”教育。这一年“三讲”教育全面展开。至同年底、次年初，省部和中央国家机关司处以及绝大多数地厅局领导干部的“三讲”教育，取得了明显成果，并告一段落。总的看来，这一时期有关党建最重要的会议及其成果，即江泽民所说的“党的十四届四中全会和十五大提出的党的建设新的伟大工程”。

2. 形成时期——从 2000 年 2 月到 2001 年

从 2000 年 2 月江泽民赴广东视察到 2001 年中国共产党成立 80 周年大会召开之前是“三个代表”重要思想正式提出、形成时期。

21 世纪之交，江泽民就如何加强新时期党的建设问题进行了大范围的调研，多次主持召开了党建工作座谈会，发表重要讲话，并赴广东、江苏、浙江、上海等地考察。在这个过程中，江泽民明确提出了“三个代表”重要思想。

2000 年 1 月 14 日，他在中央纪委第四次会议上提出的“四个始终”，为“三个代表”思想的提出奠定了基础。2000 年 2 月 24 日，江泽民在广州巡视中召开了一次有关党的建设工作的座谈会，在这次会议中，江泽民也是第一次明确了“三个代表”重要思想的内涵和思想。他还指出，“办好中国的事情取决于党的思想、作风、组织、纪律状况和战斗力、领导水平。只要我党坚持‘三个代表’重要思想，就能永远立于不败之地，得到全国各族人民的衷心拥护并带领人民不断前进”。随后，5 月 8 日至 15 日，江泽民在赴江苏、浙江和上海等地考察期间召开的党建工作座谈会上作了重要讲话，重申这一思想，并号召全党深入基层，总结实践，积极探索，开拓前进，按照“三个代表”的要求，加强党的建设。同年 10 月，在中国共产党召开的十五届五中全会上，江泽民在会议中发表了重要讲话,在讲话中提到了对全党人员的具体要求,也总结和分析了国际上那些共产党执政的失败原因和经验教训,再一次提出了需要全党人员深刻体会“三个代表”重要思想的内涵和意义,对全党人员在以后的工作中起到规范的作用。2001 年 1 月,江泽民在召开的全国宣传部长会议上,再次阐发了“三个代表”重要思想,并要求全党把对“三个代表”重要思想的研究、阐述和宣传引向深入。在此背景下,党的理论工作者深入总结研究,形成了关于“三个代表”重要思想的严谨表述,即我们党要始终代表着中国先进生产力的发展要求,代表着中国先进文化的前进方向,代表着中国最广大人民的根本利益。由此,“三个代表”重要思想成为新时期一切工作的行动指南。

3.发展时期——从 2001 年 7 月到 2002 年

2001 年 7 月 1 日,江泽民在纪念建党 80 周年大会上的讲话,全面阐述了“三个代表”的科学内涵和基本内容。《在庆祝中国共产党成立 80 周年大会上的讲话》则是“三个代表”重要思想形成的标志性成果。此后,在 2002 年的“5·31”重要讲话中,江泽民更加明确地指出了高举邓小平理论的伟大旗帜,全面贯彻“三个代表”重要思想,开创建设有中国特色社会主义事业新局面。特别是当他谈到社会主义文化建设时,首次提出要“用‘三个代表’要求统领社会主义文化建设”。这为即将召开的中共十六大确立“三个代表”重要思想的指导地位,奠定了直接的思想准备。

2002 年 11 月 14 日,中共十六大通过的《中国共产党章程》,将“三个代表”重要思想连同马克思列宁主义、毛泽东思想、邓小平理论一起作为党的行动指南。2007 年 10 月 21 日,中共十七大通过的《中国共产党章程》,仍然坚持了这一点。这表明,“三个代表”重要思想已经得到全党乃至全国人民的认同,并且经得起时代的考验。

(三)准确把握“三个代表”重要思想这一科学体系

江泽民 2000 年 2 月 25 日在广东省考察工作时,在总结和分析全党所面临的问题、全党的历史经验和全党应如何适应新形势的变化的过程中，第一次对"三个代表"重要思想进行了具体的阐述。在中国共产党成立 80 周年的会议上对"三个代表"重要思想的科学内涵进行了详细表述，进一步探讨了在中国需要建设一个什么样的党，如何建设党的问题。

1. 代表中国先进生产力的发展要求

江泽民在 2001 年"七一"讲话中，对何谓"始终代表中国先进生产力的发展要求"的内涵，作了系统阐述，其要旨是："党的理论、路线、纲领、方针、政策和各项工作，必须努力符合生产力发展的规律，体现不断推动社会生产力的解放和发展的要求，尤其要体现推动先进生产力发展的要求，通过发展生产力不断提高人民群众的生活水平。"①这一理论观点，坚持了马克思主义基本原理，继承、丰富和发展了毛泽东和邓小平关于解放和发展生产力的思想。

(1)发展生产力的地位：发展是党执政兴国的第一要务

"第一要务"，是指相对于党的各种繁重的任务而言，发展始终是第一位的任务、根本的任务、中心的任务，党和国家的其他事务都要围绕这个"第一要务"来进行。

江泽民在立足于我国基本国情的基础上，认为发展依然必须坚持以经济建设为中心，不断开拓促进先进生产力发展的新途径，为不断提高人民群众的生活水平、解决社会发展过程中的矛盾、完成祖国和平统一大业、推进世界和平和发展提供强大的物质基础，从而充分体现社会主义制度的优越性。

"发展先进生产力"的"发展"，主要是指生产力的发展，还包括政治发展和文化发展；既是指社会的全面进步，又包括人的全面发展。

(2)发展生产力的依靠力量：充分发挥全体人民的积极性主动性创造性

江泽民强调："要集中全国人民的智慧和力量，聚精会神搞建

---

① 江泽民文选(第 3 卷)[C]. 北京：人民出版社，2006，第 272—273 页

设，一心一意谋发展。"[①]人民是发展的主体，改革的主体，也是实现自身利益的主体。因此，把发展作为执政兴国的第一要务，就必须尊重人民群众的利益和要求，集中人民群众的智慧和在实践中所创造的经验，从而更好地调动人民群众为实现自己利益而开拓创新和勤奋工作的主动性和积极性，使发展获得深厚的群众基础和持续不断的动力。在社会思潮多元化的今天，人民群众利益多样化，社会阶层分化也呈现出新的局面，我们要把人民群众的积极性引导好、保护好、发挥好。

我们要调动有利于社会主义现代化建设事业的一切积极因素，江泽民提出"必须尊重劳动、尊重知识、尊重人才、尊重创造"这"四个尊重"。改革开放以来，邓小平和江泽民分别提出过"尊重知识、尊重人才"，"尊重劳动、尊重人才"，"尊重创造、尊重创新"等思想概念。江泽民把这些思想观点集中起来，以"四个尊重"的形态确定为党的重大方针，体现了对马克思主义劳动和劳动价值理论的继承和发展，体现了在社会主义市场经济条件下对人才和人力资源的高度重视。在"四个尊重"中，核心是尊重劳动。劳动是整个马克思主义学说的逻辑起点。长期以来，我们党高度重视马克思主义劳动观的教育，使"劳动创造了人类""劳动创造了世界"的观念深入人心。江泽民在十六大报告中提出："要尊重和保护一切有益于人民和社会的劳动。不论是体力劳动还是脑力劳动，不论是简单劳动还是复杂劳动，一切为我国社会主义现代化建设作出贡献的劳动，都是光荣的，都应该得到承认和尊重。"[②]在劳动形态多样化的情况下，尊重劳动必然要尊重知识、尊重人才、尊重创造。

(3)发展生产力的现实途径：大力推动科技进步和制度创新

江泽民指出，在当代，科学技术已成为先进生产力的集中体现和主要标志。因此，要大力推进科技进步和创新，大力实施人

---

① 江泽民文选(第 3 卷)[C]. 北京：人民出版社，2006，第 539 页

② 江泽民文选(第 3 卷)[C]. 北京：人民出版社，2006，第 540 页

才强国战略，不断用先进科技改造和提高国民经济，努力实现我国生产力发展的跨越；要推进产业结构优化升级，以信息化带动工业化，以工业化促进信息化，走出一条科技含量高、经济效益好、资源消耗低、环境污染少、人力资源优势得到充分发挥的新型工业化路子。

江泽民还提出，发展要靠制度创新。为此，必须坚持和深化改革，“对于仍然存在的不适应先进生产力和时代发展要求的一些落后的生产方式，既不能脱离实际地简单化地加以排斥，也不能采取安于现状、保护落后的态度，而要立足实际，创造条件加以改造、改进和提高，通过长期努力，逐步使它们向先进适用的生产方式转变。”[①]要深化国有资产管理体制改革和国有企业改革，进一步探索公有制特别是国有制的多种有效实现形式；在更大程度上发挥市场在资源配置中的基础性作用，健全统一、开放、竞争、有序的现代市场体系。

2.代表中国先进文化的前进方向

江泽民在2001年的“七一”讲话中，对何谓“始终代表中国先进文化的前进方向”的内涵，作了系统阐述，其要旨是：“党的理论、路线、纲领、方针、政策和各项工作，必须努力体现发展面向现代化、面向世界、面向未来的，民族的科学的大众的社会主义文化的要求，促进全民族思想道德素质和科学文化素质的不断提高，为我国经济发展和社会进步提高精神动力和智力支持。”[②]这一要旨坚持了马克思主义基本原理，继承、丰富和发展了毛泽东新民主主义文化和邓小平社会主义精神文明建设的思想。

(1)文化在社会主义发展和人类社会进步中的地位

文化不仅是一个政党在思想上精神上的旗帜。江泽民在1997年党的十五大报告中第一次提出：“有中国特色社会主义的文化，是凝聚和激励全国各族人民的重要力量，是综合国力的重

① 江泽民文选(第3卷)[C].北京：人民出版社，2006，第275页

② 江泽民文选(第3卷)[C].北京：人民出版社，2006，第276页

要标志。”[①]

江泽民以历史唯物主义关于生产力和生产关系、经济基础和上层建筑的基本矛盾学说为依据，站在不断体现社会主义优于资本主义的特点的高度，论证了代表中国先进文化的前进方向，也是我们党始终站在时代前列、保持先进性的根本体现和根本要求。“坚持什么样的文化方向，推动建设什么样的文化，是一个政党在思想上精神上的一面旗帜。”[②]从现实上看，社会主义现代化事业是物质文明和精神文明相辅相成、协调发展的事业，发展先进生产力必然要求建设先进文化，必然要求有与之相应的先进文化作指引和保证。

江泽民在许多讲话都强调，当今世界的竞争，归根到底是综合国力的竞争，综合国力竞争的实质，是知识总量、人才素质和科技实力的竞争，而文化直接就是综合国力的重要标志。文化不仅仅是为某一阶段政治任务服务的工具，也不仅仅是其转化为物质力量的功能，而它本身就具有基本的社会价值，这就提升了文化的地位，反映了文化的前进方向。

(2)社会主义先进文化建设的内容

对于建设中国特色社会主义文化的内容，江泽民指出，那是以马克思主义为指导、以培育“四有”(有理想、有道德、有文化、有纪律)公民为目标，发展面向现代化、面向世界、面向未来的、民族的科学的大众的社会主义文化。这一界定是毛泽东提出的新民主主义文化建设的纲领和邓小平提出的“三个面向”的有机统一，其实质在于突出中国社会主义先进文化的建设，无论在内容和形式上，都要将传统和未来、民族和世界、普及和提高结合起来，这就使文化建设有了更丰富的内涵。

为了培养“四有公民”，江泽民提出文化建设要帮助人们树立“三观”(正确的世界观、人生观和价值观)，掌握“四科”(科学知

① 江泽民文选(第2卷)[C].北京:人民出版社,2006,第33页

② 江泽民文选(第3卷)[C].北京:人民出版社,2006,第277页

识、科学方法、科学思想、科学精神），增强“五大意识”（自立意识、竞争意识、效率意识、民主法制意识、开拓创新精神）。江泽民还提出：“法治属于政治建设、属于政治文明，德治属于思想建设、属于精神文明……我们要把法制建设与道德建设紧密结合起来，把依法治国与以德治国紧密结合起来。”[①]这一论述，进一步拓展了我们对文明的理解，使我们能更全面地认识社会主义现代化目标和“三个代表”要求的内涵。党所领导的社会主义事业的发展目标，是富强、民主、文明的现代化强国，富强是物质文明，法制化的民主是政治文明，第三个文明是特指精神文明。代表先进生产力的发展要求，是发展物质文明；代表先进文化的前进方向，是发展政治文明和精神文明；“三个文明”最后落脚到代表中国最广大人民的根本利益上。

为了将依法治国和以德治国更好地结合起来，江泽民在2001年的“七一”讲话中，强调加强社会主义思想道德建设是发展社会主义文化的重要内容。他认为，在社会主义市场经济条件下，在人们日益注重物质利益原则，市场竞争愈益激烈的情况下，更需要有正确道德观念的支撑，更需要增强遵守社会道德和法律规范的自律意识，“如果只讲物质利益，只讲金钱，不讲理想，不讲道德，人们就会失去共同的奋斗目标，失去行为的正确规范。”[②]

(3)发展社会主义先进文化的途径

江泽民指出，要“牢牢把握中国先进文化的发展趋势和要求，坚持以马克思列宁主义、毛泽东思想、邓小平理论为指导，立足于建设有中国特色社会主义的实践，着眼于世界科学文化发展的前沿，不断发展健康向上、丰富多彩的，具有中国风格、中国特色的社会主义文化”。[③] 这里所提出的理论指导、实践基础和面向世界问题，明确了社会主义文化建设的根本途径。

江泽民还提出，文化要“重在建设”。所谓“重在建设”，是以

---

① 江泽民文选(第3卷)[C].北京：人民出版社，2006，第200页

② 江泽民文选(第3卷)[C].北京：人民出版社，2006，第278页

③ 江泽民文选(第3卷)[C].北京：人民出版社，2006，第276—277页

我为主，着力繁荣先进文化，使先进文化能“充分体现时代精神和创造精神”，且“具有世界眼光”，从而具有“感召力”。

江泽民还强调，创新是一个民族进步的灵魂，是国家兴旺发达的不竭动力。他认为，创新既是指科技创新，又包括理论创新、体制创新和其他创新，因此不仅要建立国家的创新体系，还要树立全民族的创新意识。这就突出了文化观念的创新在繁荣文化中的作用。

3. 代表中国最广大人民的根本利益

江泽民在2001年的“七一”讲话中，对何谓“始终代表中国最广大人民的根本利益”的内涵，作了系统阐述：“党的理论、路线、纲领、方针、政策和各项工作，必须坚持把人民的根本利益作为出发点和归宿，充分发挥人民群众的积极性、主动性、创造性，在社会不断发展进步的基础上，使人民群众不断获得切实的经济、政治、文化利益。”①这一论述体现了把最广大人民群众的切身利益实现好、维护好、发展好，把他们的积极性引导好、保护好、发挥好的重要思想，坚持了马克思主义基本原理，继承、丰富和发展了毛泽东为人民服务和邓小平“三个有利于”标准的思想。

(1)代表中国最广大人民的根本利益和人民群众的主体地位的统一性

江泽民运用历史唯物主义关于人民是历史主体的原理，论述了尊重社会发展规律与尊重人民历史主体地位的一致性。他强调指出：“最大多数人的利益和全社会全民族的积极性创造性，对党和国家事业的发展始终是最具有决定性的因素。”②马克思认为，人类社会发展的规律，就是人的活动的规律。而人作为历史主体所作的行为选择的依据，就是对经济、政治和文化利益的追求，人类的历史就是人们产生新的需要而又不断实现这种需要的历史。其中，决定历史发展趋势的，是占人口最大多数的人民群

① 江泽民文选(第3卷)[C]. 北京：人民出版社，2006，第279页

② 江泽民文选(第3卷)[C]. 北京：人民出版社，2006，第539页

众的需要。人民群众对利益的追求所引起的持久的历史变迁，决定了历史的方向；人民群众利益如何实现，决定了历史的进程。历史活动是群众的事业，所谓人类社会发展的规律，即存在于人民群众对利益的追求及其实现的过程中。因此，首先尊重人民群众的利益和愿望，就是尊重历史发展的规律；而尊重社会发展规律，坚持为共产主义崇高理想而奋斗，就必须尊重人民群众的历史主体地位，为广大人民群众谋利益，并实现人民群众的利益。这是中国共产党建党的根本出发点，也是党的力量源泉。

(2)妥善处理好人民群众的长远利益和眼前利益的关系

人民群众的长远利益和实际利益是统一的。要将人民群众的实际利益与其长远利益统一起来。人民的利益包括眼前利益和长远利益。我们党所做的一切，从根本上说，是代表了人民的长远利益的。江泽民提出："在整个改革开放和现代化建设的过程中，都要努力使工人、农民、知识分子和其他群众共同享受到经济社会发展的成果。改革越深化，越要正确认识和处理各种利益关系，把个人利益与集体利益、局部利益与整体利益、当前利益与长远利益正确地统一和结合起来，把最广大人民群众的切身利益实现好、维护好、发展好，把他们的积极性引导好、保护好、发挥好。"①

随着改革开放的深化，市场化经济体制深入发展，人民利益出现多样化趋势，在利益关系多样化的今天，党要注意维护人民群众应该得到的和已经得到的利益。党不仅要使人民群众不断获得切实的经济利益，而且要在社会不断发展进步的基础上，使人民群众不断获得切实的政治和文化利益，从而使人民群众朝着共同富裕的目标稳步前进。

(3)妥善处理好人民群众的整体利益和各方面利益的关系

江泽民提出："人民群众的整体利益总是由各方面的具体利益构成的。我们所有的政策措施和工作，都应该正确反映并有利

---

① 江泽民文选(第2卷)[C].北京:人民出版社,2006,第262页

于妥善处理各种利益关系，都应认真考虑和兼顾不同阶层、不同方面群众的利益。”[①]满足最大多数人的利益要求，这始终关系党的执政工作的全局，关系国家经济政治文化发展的全局，关系全国各族人民的团结和社会安定的全局。

在建设中国特色社会主义的进程中，建立在共同奋斗目标的基础之上的人民群众的根本利益是一致的，这就是通过建设中国特色的社会主义经济、政治和文化，促进社会主义物质文明、政治文明和精神文明的协调发展，实现中华民族的伟大复兴，以不断提高自身的物质文化生活水平，在政治上享有广泛的民主权利。

在社会深刻变革的条件下，我国社会经济成分、组织形式、就业方式和分配方式日益多样化，决定了人们的利益关系的多样化和分化。此时，中国共产党要真正代表好最广大人民的根本利益，所制定的方针政策，就必须妥善处理各方面的利益关系，正确反映和兼顾不同方面群众的利益，把一切积极因素充分调动和凝聚起来，使全体人民朝着共同富裕的方向稳步前进。

四、科学发展观

科学发展观强调以人为本，强调实现经济社会全面、协调、可持续发展，其最终目的是为了实现最广大人民的根本利益。

（一）科学发展观的形成

科学发展观的形成，总体来说经历了三个阶段，分别是基本命题阶段、形成理论阶段以及确立重要地位阶段。

1.基本命题阶段

科学发展观形成的基本命题阶段从2003年春抗击“非典”开始直到2003年10月党的十六届三中全会的召开。在抗击“非典”胜利之后，和谐发展的方针首先被提出，到了十六届三中全会

① 江泽民文选（第3卷）[C].北京：人民出版社，2006，第279页

召开的时候，科学发展观的基本命题首次被提出。在抗击“非典”胜利之后，国家及政府加大了对公共卫生的重视和管理力度，同时提出了经济社会协调发展、城乡协调发展、区域协调发展预计人与自然协调发展的方针政策，在 2003 年 10 月召开的党的十六届三中全会上，中共中央审议通过了《中共中央关于完善社会主义市场经济体制若干问题的决定》，其中对贯彻落实上述协调发展政策进行了详细的规定和要求，并提出，要坚持统筹兼顾，协调改革发展过程中各种利益之间的相互关系；坚持以人为本，树立全面、协调、可持续的发展观。这是科学发展观首次被正式提出。

2. 形成理论阶段

科学发展观的形成理论阶段从 2003 年 10 月中央召开党的十六届三中全会到 2004 年 3 月胡锦涛在中央人口资源环境工作座谈会上进行发言。在党的十六届三中全会之后，胡锦涛以及党的其他领导在多次讲话中对科学发展观的内涵进行了补充和完善。

2003 年 11 月，中央经济工作会议召开，在会议上，经济工作组提出了坚持立党为公、执政为民的政绩观；2004 年 2 月，在中央党校举办的省部级主要领导“树立和落实科学发展观”专题研究班上，温家宝、曾庆红等中央领导先后进行了发言，对科学发展观的内涵进行了阐述和报告；同月，中共中央发布《中共中央国务院关于促进农民增加收入若干政策的意见》，这项意见的发布对于农民增产增收具有重要意义，体现了以人为本的科学发展观精神；2004 年 3 月，胡锦涛在中央人口资源环境工作座谈会上对科学发展观的具体内容和要求进行了系统地阐述。

3. 确立重要地位阶段

科学发展观确立重要地位的阶段从 2004 年 3 月之后到 2005 年 12 月。2004 年 9 月，在十六届四中全会上，党中央明确提出科学发展观的内涵，要以人为本，坚持全面协调可持续发展，在十六届四中全会上，党中央不仅对科学发展观的内涵进行了明确定义，而且总结了国内外在发展问题上的经验教训，站在历史的新高度，进一步对我国全面建设小康社会的新阶段将要面临的问题和解决方法进行了解答。2005 年 10 月，十六届五中全会上审议通过了《中共中央关于制定国民经济和社会发展第十一个五年规划的建议》，《建议》明确提出我国制定“十一五”规划要以邓小平理论和“三个代表”重要思想为理论指导，全面贯彻落实科学发展观，“十一五”规划是科学发展观从理论转化为实践的第一个五年规划。2005 年 12 月 15 日，胡锦涛在青海考察工作结束后，发表了《全面贯彻落实科学发展观，推进经济社会又快又好发展》的重要讲话，在讲话中，胡锦涛对科学发展观的指导作用和内涵作了重要概括。他指出：“科学发展观是我们党坚持以邓小平理论和‘三个代表’重要思想为指导，在准确把握世界发展趋势、认真总结我国发展经验、深入分析我国发展阶段性特征的基础上提出的重大战略思想，是对经济社会发展一般规律认识的深化，是指导发展的世界观和方法论的集中体现，是推动社会主义经济建设、政治建设、文化建设、社会建设全面发展必须长期坚持的指导方针。”

（二）科学发展观的发展

科学发展观在经过了上述三个阶段之后，不仅通过各项建议政策得到了确立，并且还在之后的两年中得到了新的发展。

2006 年 10 月，党的十六届六中全会上通过了《中共中央关于构建社会主义和谐社会若干重大问题的决定》，该项提案中明确确立了以科学发展观为指导思想统领全国经济社会发展的地位。

2007 年 10 月，党的十七大明确提出：“科学发展观的第一要义是发展，以人为本是核心，基本要求是全面协调可持续，统筹兼顾是根本方法。”

科学发展观是在坚持毛泽东思想、邓小平理论、“三个代表”重要思想基础之上发展起来的，从新阶段的实际出发、适应现代化建设需要的重要思想。科学发展观在形成过程中不仅吸取国内外的发展经验，而且重视对观念的创新和丰富，是符合中国国情，同时体现我国政党特征的指导思想。对于科学发展观内涵的明确定义，意味着我国共产党面向新世纪的全面发展观的形成。

（三）科学发展观的理论体系

科学发展观的内涵十分丰富，涉及包括政治、经济、社会、文化在内的多项发展内容。不仅有关于社会生产力和经济基础的问题；而且还涉及经济基础和上层建筑之间关系的问题。因此，我们应当准确把握科学发展观的科学体系，准确认识其科学内涵，才能真正使科学发展观在实践中贯彻落实，更好地推动我国社会经济的全面发展。

1. 第一要义是发展

科学发展观的内容丰富，其中首要含义就是发展，自此我们也能看出来发展在科学发展观这一科学体系中的重要性。发展是当代世界的主体，同时也是中国的主题，是我党执政兴国的首要任务，同时对于我国全面建设小康社会，加快推进社会主义现代化发展具有重要意义。对于“发展是科学发展观的第一要义”，我们可以从以下四个角度进行解读。

（1）“发展才是硬道理”“发展是执政兴国第一要务”

“发展才是硬道理”“发展是中国共产党执政兴国的第一要务”这两句话分别出自邓小平和江泽民，也同时和“发展是第一要义”有着密切关系，它们都肯定了发展在党治理国家中的重要地位。

科学发展观是建立在邓小平理论和“三个代表”重要思想的理论基础之上的，继承和发扬了邓小平理论以及“三个代表”重要思想中关于发展的重要思想，它们之间一脉相承。以胡锦涛为核心的党中央在这些宝贵的理论基础上，站在新阶段的历史高度，从我国新阶段的具体实际出发，提出适应全面建设小康社会目标的理论——“科学发展观”的概念，这使我党对于发展问题形成了新的认识和理解。

(2)根本着力点是要创新发展思路

坚持科学发展观,不是一味的对发展进行否定、批评和阻碍,而是要创新发展思路,用新的理念和方式实现更好更快的发展。要充分认识到坚持发展是“第一要义”同贯彻落实科学发展观之间的关系并积极处理,通过贯彻落实科学发展观来实现科学发展。

在21世纪的前二十年里,我国必须紧紧抓住时机加大力度发展社会经济和民主政治,让这二十年成为我国重要的战略机遇期。

从国际情况来看,发展和和平仍然是当今时代的两大主题,争取较长时间的和平环境和较稳定的周边关系是不难实现的,而世界科技发展日新月异,经济全球化和全球经济一体化的日益推进使得国家各国在世界经济中的分工更加明确,同时也给我国加快经济发展提供了机会。

从国内局势来看,存在很多推动经济发展的有利条件。因此,必须创新发展思路,在改革开放的进程中寻求发展的新局面和新突破,也只有这样才能紧紧抓住并充分利用战略机遇期,实现既定的战略目标。

“发展是科学发展观第一要义”概括出发展在科学发展观中的首要地位,是认知和贯彻落实科学发展观的重要关节。

(3)发展是指社会的全面进步

发展不单单是指经济的增长,而是指整个社会的全面进步。讲发展,我们首先想到的一定是经济,因为只有经济的发展、社会生产力的进步,才能从根本上改善人民群众的生活水平,给社会发展提供基础条件。但是如果只重视经济的发展,而忽略了社会其他因素的进步,那么就很有可能造成人们的生活需求同社会其他因素不相适应的问题。因此,重视发展,要注重整个社会的全面进步,根据人们生活需求的改变和增长来确定社会的发展方向和具体内容。在经济增长的同时,我们必须要注重社会文化的进步和人民素质的提升,关注人和人之间的和睦关系的维持以及良好社会风气的形成和保持。

2.核心是以人为本

坚持以人为本,是科学发展观的核心内容和本质所在。科学发展观中的“以人为本”是指以人民群众的根本利益为原则和根本,坚持发展为了人民、发展依靠人民、发展成果属于人民的思想路线。具体来说,坚持以人为本为核心,就是要在发展经济的同时努力提高人民群众的生活水平,提高人民群众的人文素养和道德素质;并且给人民群众的自我发展提供平台和环境。我们可以从以下三个角度来理解“科学发展观的核心是以人为本”。

(1)以人为本是科学发展观的核心目标

以人为本体现了马克思主义的基本观点。马克思曾经说过,未来的社会的社会形势将是以每个人的全面发展为基本原则的。我们从事的是建设中国特色的社会主义伟大事业,当然要坚持以人为本的思想。贯彻落实科学发展观,促进国家经济全面增长的核心和最终目标就是要推进人民生活水平的提高、满足人民群众日益增长的物质和文化需求,从而促进人的全面发展。要实现人的全面发展要经历漫长的过程,在这个过程中我们要始终坚持贯彻落实科学发展观,不断为实现促进人的全面发展的核心目标创造基础和条件。

(2)以人为本是科学发展观的核心内容

科学发展观的内涵丰富,涵盖领域全面,但是其核心内容还是以人为本,具体来说,就是要将实现、维护、发展最广大人民的根本利益作为科学发展观落实的出发点和最终目的。全面理解“以人为本”,要将其同“五个统筹”联系起来;同全面、协调、可持续联系起来,不能将其看做一个孤立于全面、协调、可持续以及“五个统筹”之外存在的独立个体。“以人为本”作为科学发展观的核心内容,在很大程度上影响着科学发展观中的其他内容,其他内容都是围绕“以人为本“来展开的。

(3)以人为本是科学发展观的核心价值

中国共产党的宗旨是全心全意为人民服务,党的一切努力都是为了人民群众的利益受到维护、保障和发展。在这样的指导思想下，坚持以人为本不仅是继承和发扬“三个代表”重要思想的集中体现，同时也是坚持立党为公、执政为民的本质要求。

我党提出贯彻落实科学发展观的根本目的就是为了实现、维护、发展人民群众的根本利益，尊重人民的主体地位，促进人的全面发展，推动共同富裕的实现。以人为本就是坚持各项工作为了人民，做到发展为了人民、发展依靠人民，劳动成果属于人民。也就是要让党全心全意为人民服务的宗旨在发展中得以体现。

在发展的目的上，首先要坚持人民群众的根本利益不动摇，只有实现了最广大人民的根本利益，才能证明发展是以人为本的。离开以人为本的“发展“不是科学的发展，不是我们需要的发展。

3.基本要求是全面协调可持续发展

科学发展观的基本要求是全面、协调、可持续发展。这一重要思想的提出，不仅是对科学发展观科学内涵的解释，同时也给当代中国的发展提出了本质要求。我们可以从三个方面要理解科学发展观的这项基本要求，即全面、协调、可持续。

(1)全面推进政治、经济、文化、社会建设

全面协调可持续发展的第一个要求是全面，所谓全面，就是指一个国家或地区在发展现代化的进程中所实现的政治、经济、文化、社会等方面的进步是统一步伐的，它能促进国家发展目标向整体性、统一性发展。全面发展是贯彻落实我国科学发展观、促进经济社会发展的重要方向，同时也是人类社会发展规律、社会主义建设规律以及我党执政规律的具体表现。

全面发展是完善中国特色社会主义事业总体布局的时代要求。目前我国的现代化建设决定了我国的发展必须要遵循整体性、协同性的全面发展方针，但同时，不能忽略的是，我国发展的历史阶段性决定了我们不能完全脱离历史和现实国情，凭空想象出推进社会进步的方法，我国的现代化建设必须要以我国的社会生产力水平为基本依据，在社会生产力发展的基础上促进其他项

目的整体进步。

可以看出，将全面发展作为科学发展观的基本要求之一，不仅体现了我党立足于现实和时代背景，并且反映了我党在发展这一问题上的探索和实践。

全面发展的科学内涵在于推进全面建设小康社会以及促进人的全面发展的双重进步。

全面建设小康社会，作为我国新阶段经济社会发展的重要环节，不仅要追求实现经济社会内部各因素的协调和全面发展，并且为人的全面发展提供了环境、奠定了基础。同时，促进人的全面发展也是全面建设小康社会的核心目标。因此，全面发展作为一项科学发展观的基本要求，不仅标志着我国已经形成了更加科学合理的发展的实践标准，同时已经成为我国促进人的全面发展的历史性建构过程。

(2)促进现代化建设各环节各方面的协调发展

科学发展观基本要求之一的协调，就是指一国或地区在实现现代化建设的过程中要努力维持各方面、各环节之间的协调发展，促进生产力与生产关系、经济基础与上层建筑之间的结构优化。

协调发展作为科学发展观的基本要求，强调在现代化建设的同时推动所有环节的协调发展，它不仅是中央领导在现代化建设中长期探索获得的思想指导以及对传统经验的继承和发展；同时也是对发展中国家在现代化建设中的经验的总结和吸取，也是优化我国现代化发展的结构的现实要求。

在具体协调过程中，我们不仅要把握好协调发展的总体要求，而且要对重点问题和关键环节进行慎重、准确地处理。从当前我国的发展情况来看，无论是生产力以生产关系之间的矛盾关系的协调处理；还是上层建筑与经济基础之间的矛盾关系的协调处理；抑或是现代建设过程中各方面各个环节的协调处理，从本质上来看都是利益问题的协调。也就是说，在目前我国，随着经济的全面发展和经济成分的丰富，社会利益格局也在不断的发生着变化，不同的阶层开始对利益产生了不同的诉求，如果处理好不同阶层之间的矛盾及冲突，是我国宏观经济发展能够实现整体协调的重要环节。

(3)坚持走可持续发展道路

坚持可持续的发展道路是科学发展观基本要求的第三个内容。所谓可持续发展是指一个国家在推动现代化建设的同时实现的劳动成果不仅能满足当代人对生存和生活发展的需求，而且不会对后代的生存发展造成危害。

中国共产党一直高度重视可持续发展在现代化建设中的重要作用和要求，不仅在改革开放以来建立了多项基本国策和战略方针，而且在党的十七大上明确的将可持续发展提升成为我国现代化建设中的基本要求和战略任务。

根据数据研究显示，到 2020 年，我国的经济总量将达到 35 万亿元，人口数量将达到 14.5～14.9 亿，依照这样的预估进行计算，我国的环境承受压力将是 2000 年的 5 倍以上，因此，如果环境质量保持不变，那么资源消耗和污染将更加严重。因此，建设资源节约型、环境友好型社会已经成为我国现代化建设过程中不可绕道的重要课题。

党的十七大上对于建设资源节约型、环境友好型社会进行了详细的阐述："坚持节约资源和保护环境的基本国策，关系到人民群众的切身利益以及中华民族的生存和发展。因此必须将建设资源节约型、环境友好型社会放在工业化、现代化发展战略的突出位置。"

4.根本方法是统筹兼顾

统筹兼顾是我党在长期改革、建设中总结出的一条宝贵经验。坚持统筹兼顾，就是要认识并妥善处理存在与我国社会主义事业发展的各种关系，统筹城乡、区域、经济社会、人与自然等之间的关系，统筹各种阶层之间的利益冲突，统筹国内国际两个大局，树立长远观念，在国际形势不断发展的过程中抓住机遇、迎接挑战，统筹良好的国际关系。在国内环境中，总揽全局、抓住现代化建设中的重点问题逐一突破。对于统筹规划是科学发展观的根本方法这一思想，我们可以从以下几方面进行理解。

(1)统筹兼顾是我党一贯的思想和工作方法

从毛泽东时期到邓小平时期，再到江泽民时期和胡锦涛时期，统筹兼顾一直都是我党的工作方法和思想方法。统筹兼顾，是指在思考和工作过程中，善于总揽全局，协调各种利益群体之间的关系，缓解各阶层之间的矛盾和冲突，通过协调和相互促进推动事物的全面发展和整体效益的提升。

(2)坚持“八个统筹”思想

“八个统筹”思想首先在党的十七大上被提出，“八个统筹”具体是指：统筹城乡发展、统筹区域发展、统筹经济社会发展、统筹人与自然和谐发展、统筹国内发展与对外开放、统筹个人利益与集体利益、统筹局部利益与整体利益以及统筹当前利益与长远利益。

第一，统筹城乡发展。统筹城乡发展就是协调城乡在建设发展过程中的不平衡的问题，本质就是促进城乡二元经济结构的转变。

当前我国的农村发展，无论是经济发展，还是社会文化发展，都远远滞后于城镇，农民收入增长缓慢，收入水平低，不能保障自己的基本生活水平。农村社会经济增长缓慢已经成为制约我国经济发展的重要问题，并直接导致了城乡差距的扩大。

统筹城乡发展首先要将推动农村经济发展作为重要的环节，加大力度支持农业、农村、农民问题的解决。将农业问题作为我国国民经济发展的重要问题进行统筹分析，建立城乡一体的经济体制，促进城乡经济社会协调发展。

统筹城乡发展还要注重的一个环节就是完善农村的土地制度。农村经济制度的核心是土地家庭承包经营制，完善土地制度，能在很大程度上保证农民的收入，保障农民的基本生活水平。

统筹城乡发展还要调整国民收入的分配结构，改变原有的对城镇和农村居民实行两种不同待遇的模式，加快城乡居民收入分配的统一机制的建立。

第二,统筹区域发展。我国幅员辽阔,由于自然条件的差异和地理位置的区别,我国各地区在发展中一定存在着各种各样的差距,并且这种地域间的差距还有日益扩大的倾向。改革开放以来,我国东部、中部、西部地区的发展越来越不平衡,尤其是东西部之间的经济差距越来越大,这对我国社会的整体发展已经造成了非常大的阻碍。因此,统筹区域发展成为我国社会发展过程中的重要问题。

我国的东部地区不仅地理位置优越,而且具有先进的科学技术,在资源能量、科学技术、经济发展水平等各方面都明显优于西部地区。

统筹区域发展要求政府加强对各区域之间的协调和监管,将东部地区占优势的资金、技术以及人才等与西部地区的资源、市场、人力进行优势互补,促进东西部地区的协调发展。

统筹区域发展,实现东中西部地区之间的优势互补,逐渐改善我国区域之间经济发展不平衡的状况,是全面建设小康社会的必然要求。通过积极开发西部地区,振兴西部和中部地区经济,对于优化我国的经济发展格局具有重要意义。

第三,统筹经济社会发展。统筹经济社会发展,就是要解决在社会发展的过程中,其与经济发展不协调的问题。统筹经济社会发展的本质就是在经济发展的同时,促进社会的全面发展,推动社会进步与经济发展相适应。

统筹经济社会发展,促进社会进步同经济发展相统一,要求我们兼顾社会其他方面的发展以及经济增长,在发展经济的同时,也要重视社会中的其他问题,加大力度解决社会发展过程中出现的矛盾和问题,促进经济社会的协调发展。

第四,统筹人与自然和谐发展。统筹人与自然和谐发展就是就是要尊重自然的客观规律,在发展经济的同时遵循自然规律;不破坏自然规律,将保护环境和节约资源作为重要的前提条件,同时将合理开发放在更加重要的位置,正确处理好人的发展同自然规律之间的关系，促进两者和谐共存。

统筹人与自然和谐发展，首先要求我们做到改变片面追求经济增长的发展思路，调整发展方向，以维护环境、尊重客观规律为基础和前提。同时，我们要遵循“在保护中开发，在开发中保护”的重要原则，坚持计划生育的基本国策，控制人口数量，提高人口素质。其次，要加大力度处理经济增长同资源使用和环境保护之间的关系，推动人口增长和社会生产力发展相协调、经济增长和环境相适应。

第五，统筹国内发展和对外开放。统筹国内发展和国外开放就是要在经济发展的基础上，重视国际和国内两个市场，充分利用国内和国外两种资源。

统筹国内发展和对外开放首先要做到协调国内市场和国际环境之间的关系。在发挥国内市场的优势的基础上，充分利用国外市场的条件，将扩大内需作为出发点，将扩大内需与扩大外需结合起来。其次，要善于利用国内和国外两个市场，将利用国内资本和利用外资相结合，促进国内发展和对外开放的协调发展。

第六，统筹中央和地方关系。统筹中央和地方的关系，就是不仅要加强宏观调控，维护中央的权威地位；同时也要尊重人民群众，将发挥人民群众的积极性作为发展的重要基础。

统筹中央和地方的关系首先要求我们要尊重基层群众的创新精神和创造力；其次要合理分配中央和地方的政治权限的管理范围，做到事权与财权相匹配。不仅要维护中央的领导地位，同时也要强调地方积极性的发挥，促进中央和地方的共同发展。

第七，统筹个人与集体、局部与整体、当前与长远利益。统筹个人与集体利益、局部与整体利益以及当前与长远利益就是要在注重集体利益、整体利益以及长远利益发展的同时，充分重视个人利益、局部利益以及当前利益，调动各方面、各阶层、各环节的积极性，促进个人利益与集体利益、局部利益与整体利益、当前利益与长远利益的协调发展。

统筹个人与集体利益、局部与整体利益以及当前与长远利益首先要求在集体利益、整体利益、长远利益面前，个人利益、局部利益以及当前利益要充分服从，并且要解决好这三对利益之间的关系。其次，要从全局的角度监控经济发展，不仅要顾全大局，实现集体利益、整体利益以及长远利益，同时还要充分调动基层群众的积极性，维护基层群众的根本利益。

第八，统筹国内国际两个大局。统筹国内国际两个大局就是要在发展国内市场和社会经济的同时，放眼世界，充分利用国际市场为我国的改革开放提供良好的国际环境。

统筹国内国际两个大局，首先要深刻认识到国内局势与国际局势、国内政务同对外交往之间的密切关系。其次要充分利用国际形势中的机遇，为国内的发展创造条件和良好的环境。

(3)总揽全局、重点突破

作为科学发展观的根本方法，统筹兼顾不仅要求我们从上述八个角度或方面对经济发展和社会进步进行协调调控，同样也要求我党要以总揽全局、重点突破为基本工作方向。不仅要统筹规划、抓住整个发展大局中的主要问题，同时要加大力度解决关系到人民群众最根本利益的重点环节。

总揽全局就是要求共产党在统筹兼顾发展问题时，要站在全局的战略高度上对全局进行思考、谋划、指导和配合，着重解决牵动全局的主要问题。总揽全局是体现党的执政能力的具体表现，对于完善党的领导体系、优化党的领导方式具有重要意义。

总揽全局要求要善于抓住重点环节和主要问题进行着力解决，而不是使用平均量解决所有问题。重点突破则是对全局中的重点问题进行逐一突破。从一定意义上来说，抓住了重点也就抓住了全局，丢掉了重点也就失去了对全局的控制。

五、十八大以来马克思主义中国化的新进展

2012 年 11 月 8 日中国共产党第十八次全国代表大会在北京

召开。会上通过了胡锦涛所做的《坚定不移沿着中国特色社会主义道路前进为全面建成小康社会而奋斗》报告。这份报告包含了中国共产党最新的马克思主义中国化理论，指导中国社会主义建设向全面建成小康社会的奋斗目标前进。

（一）全面建设小康社会的阶段性成果

从过去的十年以来，我国在全面建设小康社会的道路上走得越来越稳健，在经济、政治、文化等多方面的体制改革上都取得了重大的进展。

首先，在经济上，我国综合国力大幅提升，经住了全球金融危机的巨大考验。2011 年，我国国内生产总值达 47.3 万亿元人民币，已居全球 GDP 总量第二位，成为世界主要市场。第一、二、三产业发展都十分迅速，在关键技术领域取得重大突破，例如载人航天技术、载人深潜技术、超级计算机技术、高速铁路等等。人民生活水平持续改善，居民收入较快增长，家庭财产稳定增加。我国人民衣食住行用等条件取得明显进步。

其次，在政治上，我国政治体制改革持续推进，民主法治建设迈出新的步伐。我国是世界人口大国，经过十多年的建设，我国逐渐完善全球最大的民主政治体系，实行城乡按相同人口比例选举人大代表，基层民主不断发展。我国社会主义法治建设成绩也较为显著，中国特色社会主义法律体系依然形成。另外，我国在行政体制、司法体制和工作机制改革上都已取得明显进展。

最后，在社会文化服务上，我国已经在全国范围内深入开展社会主义核心价值体系建设，文化体制改革效果显著。在我国各个地方，公共文化服务体系建设都已有重大进展，文化产业、文化创作在部分地区已经成为一项支柱产业。在教育方面，我国已经完全建立起覆盖全国的免费义务教育体系，能够保证适龄儿童、青少年入学。在社会保障上，覆盖城乡的新型合作医疗建设初步建立，新型社会救助体系基本形成。

（二）全面建成小康社会

1. 全面建成小康社会是中国特色社会主义事业建设的新要求

党的十八大提出全面建成小康社会的重要目标既是对十六大以来党全面建设小康社会取得成就的肯定，也是对党在十六大、十七大确立的目标基础上提出的新要求。党之所以提出这一新要求，是因为以下这些原因：

首先，全面建设小康社会取得重大进展。十六大以来的十年发展，胡锦涛带领全国各族人民，在党的思想路线的指导下，朝着全面建设小康社会的目标迈出了坚实步伐，取得了一系列的历史性成就。总体上看，我国经济建设、政治建设、文化建设、社会建设、生态文明建设在这十年中上了一个大台阶。

其次，发展的一系列阶段性特征集中体现。新世纪，在我国全面建设小康社会的过程中，新的阶段性特征逐步显现。我国经济社会发展达到一个新的历史阶段，虽然取得了一些历史成绩，但是发展中仍然存在着不平衡、不协调、不可持续的问题。

再次，我国发展的国际环境有了深刻变化。世界多极化、经济全球化、文化多样化、社会信息化朝向前所未有的深度发展。国际经济政治环境陷入空前复杂的状态。我国急需提高自身实力，应对国际挑战。

2. 全面建成小康社会新要求的特点

党的十八大报告从五个方面对全面建成小康社会的目标提出了新的要求：一是“经济持续健康发展”，二是“人民民主不断扩大”，三是“文化软实力显著增强”，四是“人民生活水平全面提高”，五是“资源节约型、环境友好型社会建设取得重大进展”。[①]这五个要求分别从经济发展、人民民主、精神文明建设、人民生活质量、生态文明建设对全面建成小康社会做出了要求，同我国中

---

① 认真学习党的十八大精神人民日报重要报道汇编[C]. 北京：人民日报出版社，2012，第18—19页

国特色社会主义事业道路的总布局是一脉相承的。

党的十八大报告对全面建成小康社会目标提出的新要求有以下六个鲜明特点：

第一，发展目标具有连续性。全面建成小康社会的目标是在全面建设小康社会的目标上提出的，是长期性与阶段性的统一。党的十六大和十七大确立的全面建设小康社会的目标，描绘了到2020年中国特色社会主义事业发展的宏伟蓝图。经过十年的发展，我国的现实情况充分满足目标的具体要求，十八大报告在此基础上确立的全面建成小康社会的发展目标是对这一目标的深化，而不是另立一套新的目标。

第二，这些要求具有一定的针对性，是为了解决当前和今后一个时期，我国社会发展中存在的突出矛盾和问题。我国社会的发展存在一些问题。党的十八大报告提出这些具体的要求就是要从根本上解决这些问题，实现发展质量与发展效益在人民生活水平上的统一。

第三，这些要求十分注重改革开放，认为改革开放是全面建成小康社会的根本途径。在21世纪的第二个十年，我国现代化建设不仅要重点解决突出矛盾和问题，更要在重要领域和关键环节上迈出实质步伐。社会主义政治体制和市场经济体制要在发展中更加完善，为全面建成小康社会提供制度保障。

第四，生态文明建设是全面建成小康社会新要求的突出特点。生态文明建设一方面制约着人民的生活质量，另一方面则制约着我国社会主义事业的发展速度。小康社会的突出特点之一就是人民的生活质量能够有显著提升，社会主义事业发展速度较为平稳。因此强调生态文明建设，是全面建成小康社会的关键因素。

第五，提出了两个“翻一番”的新要求，既鼓舞人心又切实可行。党的十八大报告在经济持续健康发展的目标要求中提出，到2020年“在发展平衡性、协调性、可持续性明显增强的基础上，实现国内生产总值和城乡居民人均收入比二〇一〇年翻一番”。[①]把城乡居民人均收入同国内生产总值一起列为中国发展的具体要求在我国的发展目标中尚属首例，对我国社会发展来说具有重要的意义，充分显示了科学发展观中人文的核心地位。

第六，必须坚持党的领导。党的十八大报告指出：“必须坚持党的领导。”[②]中国共产党是领导中国特色社会主义事业向前发展的坚强核心。中国共产党的领导地位是经过艰苦卓绝的努力确立的，是历史的选择，是人民的选择。中国共产党的领导作用是不断解决中国现实问题，实现中国向前发展的政治保证。坚持党的领导地位就必须坚持立党为公、执政为民。中国共产党是中国人民的先锋队，坚持人民的主体地位，始终把实现好、维护好、发展好最广大人民根本利益看做党的的工作的根本出发点和落脚点。

---

① 认真学习党的十八大精神人民日报重要报道汇编[C].北京：人民日报出版社，2012，第18页

② 认真学习党的十八大精神人民日报重要报道汇编[C].北京：人民日报出版社，2012，第16页

第六章　马克思主义中国化的经验启示

我党的光荣传统之一就是善于并不断地总结和学习历史经验与教训。我党在推进马克思主义中国化的历史进程中，积累了丰富的经验，同时也吸取了教训，本章将对马克思主义中国化的经验启示做探究，以对马克思主义中国化的新发展指明方向。

第一节　坚持马克思主义

始终高举马克思主义大旗，用马克思主义来指导我们的事业，是马克思主义中国化的基本经验之一。

一、始终坚持并运用马克思主义

（一）为保证中国革命和建设取得成功始终坚持马克思主义

正是由于马克思主义揭示了人类历史与人类社会发展的最一般规律，是中国共产党的党魂，是中国革命和建设的根本指导思想，是党永不变质和事业成功的根本思想保证，所以中国共产党要坚持马克思主义。只有深刻理解了这一点，马克思主义信念才会稳稳地扎根于人们的心里，社会主义现代化事业必胜的信念也才会稳稳地扎根于人们的心里，我们要在实践中自觉坚持马克思主义。

中国共产党在成立以来的九十多年中，主要干了两件大事，一件是革命，一件是建设。这两件大事，都是为了完成先人的遗志和中国人民的夙愿,实现中华民族的独立解放和繁荣富强。其中,前者是后者的基础和前提,后者是前者的目的和延续。这两件大事,都是在马克思主义特别是中国化马克思主义指导下搞成功的,是围绕建立和巩固社会主义制度、实行人民民主、解放和发展生产力进行的。我们坚信这一点,在推进马克思主义中国化的进程中,离开了马克思主义的指导与支持,我们的事业是不会成功的。

马克思主义中国化是这样一个过程,我党带领人民进行社会主义现代化建设与推进马克思主义中国化是同一过程中同时并存的两个方面,它们是互为因果和前提的。

一是中国共产党以马克思主义为基本理论来指导革命,取得了新民主主义革命的伟大胜利,建立了人民政权。二是中国共产党运用马克思主义指导所有制改造,取得了社会主义改造的伟大胜利,在中国建立起了社会主义制度。三是中国共产党运用马克思主义指导改革开放,使社会主义现代化建设取得了伟大成就,使全国人民的生活总体达到小康水平。

中国共产党在革命和建设中所取得一切胜利和成就,都是马克思主义的胜利,没有马克思主义的指导,就没有这一个个伟大胜利。中国共产党九十多年奋斗的全部实践,都是围绕建立和建设社会主义这个主题展开的。历史和实践都已证明了马克思主义的科学性,证明了马克思主义对中国社会发展的巨大指导作用,这就是我们要始终不渝地坚持马克思主义的根本原因所在。

(二)深刻理解马克思主义是我党坚持马克思主义的首要原则

只有深刻了解马克思主义,才会相信马克思主义,从而树立马克思主义的信仰。我们要懂马克思主义、信马克思主义。而“懂”和“信”的前提是“学”。不学习马克思主义,就不会了解马克思主义,就谈不上相信马克思主义。

1. 要学习马克思主义

马克思主义之所以是科学,因为它是在批判地吸取人类一切积极的思想成果、概括现代科学的一切成就、总结无产阶级革命和社会主义建设的经验教训基础上形成和发展起来的。马克思主义对人类社会发展的客观规律作出揭示，对资本主义的根本矛盾和发展趋势同样作出揭示，指明了未来社会的发展方向和无产阶级解放的正确道路，体现了合规律性与合目的性的统一，具有严密的逻辑性和充分的说理性，并在实践中证明了思想魅力和理论价值。

2. 要科学掌握马克思主义

马克思主义并不是一个个具体理论观点的堆积，而是一个完整的科学体系，涉及多个学科领域，如哲学、政治经济学、科学社会主义及其他社会科学和自然科学，丢掉任何一个部分，都会破坏马克思主义理论的系统性，影响马克思主义的自身价值。而且，马克思主义的各个组成部分是紧密结合、密切联系的，其中，科学社会主义是它的理论核心和主体内容；马克思主义的哲学和政治经济学，特别是唯物史观和剩余价值学说，则是它的最切近、最坚实的基础，不懂得马克思主义的哲学和政治经济学，就不可能真正理解和掌握科学社会主义。

3. 要领会马克思主义的精神实质

马克思主义的精神实质为：广大劳动人民联合起来，利用暴力革命建立无产阶级专政的社会主义制度，彻底废除私有制，打破无产阶级身上的枷锁，并在此基础上，大力发展生产力和人民民主，进而最终消灭阶级、消灭剥削，实现共产主义，实现全人类的解放和每个人自由而全面的发展。由此可见，在马克思主义的理论链条中，无产阶级革命—社会主义建设—实现共产主义，是它的三个最主要环节；这三个环节中的每一个环节，前者都是后者的基础和前提，后者都是前者的目的和延续。

4. 要学习并思考马克思主义

孔老夫子说得好："学而不思则罔，学而不思则殆。"学习其他知识是这样，学习马克思主义也是这样。我们要确立对马克思主义的坚定政治信仰，就要把信仰建立在理智的基础上，建立在真懂的基础上，通过怀疑、思索、比较，达到理性的信仰。对马克思主义也要怀疑，要允许人们怀疑，因为马克思主义是真理，而真理是不怕怀疑、经得起怀疑的。

5.要学习并实践马克思主义

马克思主义集中体现在马克思主义的著作中，这些著作既是前人对当时社会问题的深刻分析，又是对革命和建设的经验教训的科学总结，是前人留给我们的宝贵精神财富。所以，向书本学习是学习马克思主义的一条重要途径。马克思主义不仅存在于书本里，而且存在于实践中。因此，学习马克思主义还要注重向实践学习，善于读无字之书，这也是毛泽东学习马克思主义的一条重要经验。这里讲的实践也分两类：一类是社会实践，特别是党和人民进行革命、建设的伟大实践；另一类是个人的工作和生活实践。

6.要将“挤”和“钻”的精神渗透到马克思主义的学习之中

马克思主义既不神秘，也不浅显。说它并不神秘，是因为马克思主义是真理，而真理是很朴实的道理。马克思主义是无产阶级的理论，是与实际相结合的理论，最讲实际。说马克思主义也不浅显，是因为它不是简单的道德律令和行动指令，而是博大精深的理论体系，包含着许多深刻的道理，不是轻易就能掌握的，对一些党员、干部、群众来说，学理论的难度还是相当大的。这就需要发扬“挤”和“钻”的精神。没有这种精神，要学好马克思主义是很难想象的。“挤”，就是挤时间，利用一切时间学习马克思主义理论。“钻”，就是一学到底，深入进去，不弄懂弄通决不罢手。毛泽东给我们树立了“挤”和“钻”的典范，无论是战争年代行军打仗，还是建设时期外出视察，他都随身携带马列著作，一有时间就拿出来阅读，在上面圈圈点点，批注所思所想，终于达到了融会贯通的境界。

（三）坚持马克思主义，关键在于自觉运用马克思主义

成语说得好，“学以致用”。学习的目的在于运用。读书是学习，应用也是学习，而且是更重要的学习。学会运用，对于坚持马克思主义具有非常重要的意义。我们要在实践中透彻理解马克思主义，感受和体验它的强大指导功能，更加坚定对马克思主义的信仰。在运用中坚持马克思主义，是我们党的一条重要经验。

1.坚持以马克思主义为指导来分析解决中国革命与建设中的具体问题

坚持以马克思主义为指导来分析解决中国革命与建设中的具体问题，既能充分发挥马克思主义的指导功能，深入透彻理解马克思主义，对社会主义社会抱有必胜的信念，又能在中国人民的伟大事业中取得成功。马克思主义的生命力和价值就在于它能够指导实践，能够解决革命和建设中遇到的各种问题，如果不被运用，它的价值就不可能实现，它的生命也就停止了。

2.在运用中坚持马克思主义，就是要坚持理论与实际相结合

坚持理论与实际相结合，需要具备三个基本条件：一是要真正懂得，深入理解马克思主义，二是要切实了解实际情况，三是要实现二者的有机结合。要想真正做到理论联系实际，其根本前提就是要切实把中国的实际搞清楚，弄明白。要深入实际，深入群众，广泛开展调查研究，了解真实情况，切实摸清世情、国情、党情、军情，以此作为研究问题的出发点，并用马克思主义的观点去分析它、研究它，区分本质与现象、必然与偶然，制定出解决问题的政策、办法和措施。

3.在运用中坚持马克思主义，一定要防止教条主义和经验主义

教条主义者不管我国实际情况，适用的不适用的，一起搬来，唯本本是从，以为上了书的就是对的，把马克思主义的个别词句、个别结论到处生搬硬套，常常用理论去框实践，而不是用实践去检验理论。经验主义者则相反，他们看不到马克思主义理论的巨

大指导作用，拒绝理论指导，以为只有具体经验才是可靠的，拘泥于狭隘的个人经验，甚至把局部经验当做普遍真理。教条主义和经验主义都是主观主义，它们是以主观与客观相脱离、理论与实践相分裂为特征的。在我们的队伍中，一些人不能很好地运用马克思主义，要么只会搬来书本上的知识来指导实践，要么只相信前人的经验，他们正是教条主义的经验主义的代表人物，因而都不能很好地坚持马克思主义。因此，真正的马克思主义者绝不是只会搬书本知识的人，也绝不是只依赖前人经验的人，真正的马克思主义者将马克思主义普遍真理运用于具体的实践中，在吸取前人有益经验的基础上来进行社会实践活动。懂理论的人，要向实践方面学习，要勇于参加实践，在革命和建设的工作实践中，在接近工农群众中，在将马克思主义运用于具体的社会实践中，不断发现马克思主义的魅力光辉。

二、将坚持与发展马克思主义有机结合

作为同一问题的两个不同方面，坚持马克思主义和发展马克思主义这二者是密切联系、相互促进和制约的。只有把坚持和发展统一起来、有机结合起来，才能不断推进马克思主义理论创新，推动党的事业健康发展。

（一）坚持和发展是辩证统一的

1. 坚持马克思主义和发展马克思主义是辩证统一的

一方面，坚持是发展的前提。没有坚持，就谈不上发展。我们所要发展的是马克思主义，而不是其他什么主义。如果离开坚持讲发展，就很有可能脱离马克思主义的轨道，走到邪路上去。另一方面，发展是坚持的必要条件。我们坚持马克思主义的根本目的，就是用以指导实践。而实践是不断向前发展的，新情况、新问题层出不穷。马克思主义只是为我们指出了社会发展总的趋势和方向，提供了分析和解决问题的总的方法论原则，不可能提

供现成的答案。我们必须根据时代条件的变化不断发展马克思主义，使之适合新的实践需要。如果离开发展讲坚持，就会把马克思主义教条化，导致思想僵化，使马克思主义失去生命力，就是主观上想坚持，也坚持不住、坚持不好。因此，对于马克思主义，要在坚持的前提下发展，在发展中坚持，发展是最好的坚持。

2. 坚持和发展马克思主义的辩证统一，具体体现在马克思主义的变与不变的辩证统一

始终坚持马克思主义，就是使自己成为一个马克思主义者，用马克思主义的思维方式和做事态度来进行社会实践，这些基本的东西不能变，也不能丢。但坚守不是保守僵化。发展是变，因为发展意味着突破和超越，意味着吸收借鉴人类一切优秀的思想文化成果，根据时代和实践的发展变化提出的要求，对马克思主义经典作家的某些具体观点、提法作某种程度的校正或改变。没有这种突破、超越或改变，也就没有马克思主义的丰富和发展，马克思主义就会失去生命力和指导作用。但突破、超越或改变不能触动根本，不是另起炉灶，不能另搞一套，更不能搞“西化”“儒化”，那样就从根本上违背了马克思主义。中国共产党人就是在变与不变的统一中坚持和发展马克思主义，推进马克思主义中国化的。在这一进程中，不变的是马克思主义的本质和灵魂，变的是马克思主义的具体内容和形式。

3. 做到坚持和发展的统一，要求正确处理好继承与发展的关系问题

任何事物现有发展状态与发展水平都是建立在一定的前人努力研究成果之上的。任何新的思想理论体系都是在继承前人提供的思想资料基础上形成和发展起来的，都会在前人的思想体系中找到它的理论根基，这就是意识形态的历史继承性。故而，继承是发展的前提和基础，没有继承，没有能够真正学懂弄通，发展马克思主义又有何之谈呢？同样，一种新的思想理论体系又是根据新的社会历史条件、总结新的实践经验提出来的，它总要在前人的基础上有所发明、有所创造、有所前进才能立得起来。因

此，发展是继承之最，是最好的继承。没有发展，就会使马克思主义逐渐与群众脱离，逐渐失去群众，也就谈不上什么真正的继承。正是在这个意义上，邓小平、江泽民、胡锦涛一再强调，一方面，“老祖宗不能丢”，丢了就会丧失根本；另一方面，“要说老祖宗没有说过的新话”，如果老是那么一套，不能解决新问题，马克思主义就会因缺乏吸引力、说服力而失去群众。

（二）坚持和发展相统一，要以科学的态度对待马克思主义

对待马克思主义有两种根本不同的态度，不言而喻，一种是科学的态度，另一种是非科学的态度。只有以科学的态度对待马克思主义，才能真正做到对马克思主义进行坚持和发展。

1. 要从阶级性与科学性的统一的角度来看待马克思主义

马克思主义是属于无产阶级的理论武器，无产阶级只有用马克思主义来指导自己进行社会实践活动，社会实践才能进展下去。它集中反映了无产阶级的愿望和要求，代表了无产阶级的根本利益，具有鲜明的阶级性，它公开申明自己是为无产阶级服务的。马克思主义既具有鲜明的阶级性，同时又具有严密的科学性，它批判地吸取了人类历史上一切优秀的思想文化成果，深入研究了当代社会的历史发展，深刻分析了人类社会的基本矛盾运动，深刻揭示了人类社会发展的最一般规律特别是资本主义社会的矛盾危机与发展前途，对社会主义必将取代资本主义作出了明确论断。马克思主义是合规律性与合目的性的有机统一，其阶级性和科学性之间并不存在矛盾，因为实现共产主义既是符合无产阶级利益的，又是合乎人类社会发展规律的。

2. 要从世界观和方法论的统一的角度来看待马克思主义哲学

一切哲学都是世界观和方法论的统一体，都具有世界观和方法论两种功能，马克思主义哲学同样如此。在一个很长的时期内，我们在马克思主义哲学的教育和宣传中，比较强调它的世界观和意识形态功能，而对它的方法论功能则重视不够、研究不透，有时甚至把它变成了纯粹的政治斗争工具，在某种程度上降低了

马克思主义哲学的吸引力，影响了其指导作用的发挥，这是一个严重的教训。

3. 要从绝对真理与相对真理的统一的角度来看待马克思主义

同任何真理一样，马克思主义作为一种社会科学的真理也具有相对性。沿着马克思开辟的道路前进，我们就会一步步逼近真理；离开了这条道路，除了谬误和迷惘之外，我们什么也得不到。马克思主义同一切真理一样，是绝对真理与相对真理的统一。说它是绝对真理，是因为它来自实践，揭示了人类社会发展的最一般规律，并经过了严格的实践检验，它的基本原理是推不倒的。说它是相对真理，是因为它没有也不可能穷尽人世间的一切真理，它也要继续接受实践的检验，并随着时代、实践和科学的发展而不断向前发展。

（三）坚持和发展相统一，坚持以实践为基础

马克思主义是在实践中不断发展的科学，它来自实践，又指导实践，并在指导实践的过程中，实现自身价值，接受实践检验，不断丰富和发展自己。实践性是马克思主义的最鲜明特征，是其生命力和价值的根本所在。离开人民群众的社会实践，马克思主义既没有来源，又没有动力，也没有意义。所以，真正发展马克思主义，离不开社会实践，特定的社会实践要用适应于这个特定实践的马克思主义理论成功来指导，唯有此，才会取得马克思主义的成功。这就是中国共产党人坚持和发展马克思主义的全过程，也是我们党的一条基本经验。

（四）坚持和发展马克思主义，必须加强对党的理论进行不断建设与完善

坚持和发展马克思主义，都要靠人。只要越来越多的人真正懂得马克思主义，真诚信奉马克思主义，自觉传承马克思主义，马克思主义就能后继有人。

1. 坚持用马克思主义对全党进行武装，对人民进行教育

只有被广大人民群众所掌握的马克思主义，才能变成改造世界的强大物质力量，以至于实现其价值，并同时获得自己传播和延续的主体。马克思主义作为无产阶级解放条件的学说，既反映了人类社会发展的客观规律，特别是资本主义社会发展的特殊规律，又符合无产阶级和广大劳动群众的根本利益，故而，它与人民群众之间存在着天然的亲和力，能够掌握群众；反过来讲，无产阶级的革命斗争迫切需要坚持以马克思主义为指导，只有掌握了马克思主义的人民群众才能认识到自己的利益并组织起来，自觉地为自己的利益而斗争，他们创造历史的活动才能从盲目变成自觉，由“必然王国”进入“自由王国”。

2. 铸就一支强大的马克思主义理论队伍

马克思主义中国化，实则就是将马克思主义的基本原理与中国的革命、改革和建设紧密结合起来，马克思主义中国化的过程离不开中国的革命知识分子来推动。中国共产党内的马克思主义理论家在这一过程中发挥了纽带和桥梁的作用，成为马克思主义与中国实际、中国人民群众之间不可或缺的中介环节。没有这个中介，马克思主义和中国实际就是两张皮，就是两条永远不相交的平行线，马克思主义中国化和中国化的马克思主义都无从谈起。

3. 不断提升党的各级领导干部的马克思主义理论素养

作为党的事业的领导中坚，我们党的各级领导干部，特别是高级领导干部，都担负着一个地区或部门、领域的领导重任。他们的政治立场、政治信仰是否坚定，政治倾向、价值取向是否正确，政治敏锐性、政治鉴别力强不强，是否具有良好的道德形象和很强的领导能力，对党的事业影响极大，在一定意义上甚至可以决定党、国家和军队的性质，决定党、国家和军队建设的发展方向，决定党的事业成败和社会主义的前途命运。因此，提升党的各级领导干部特别是中高级领导干部的马克思主义理论素养，是

加强党的思想理论建设的关键环节。

第二节　坚持实事求是

推进马克思主义中国化，就要坚持实事求是，只有在实事求是的基础上，马克思主义中国化才能在中国的土地上生根、开花、结果。

一、立足中国的基本国情，一切从实际出发，坚持马克思主义基本原理与中国实际相结合

（一）以中国的基本国情为立足点

在当代中国，一切从实际出发，首要的就是立足基本国情，一切从社会主义初级阶段的实际出发。中国共产党的全部理论和实践活动，只有符合我国的基本国情这个最大的实际，才能正确领导全国人民共同努力，把改革开放和社会主义现代化建设事业不断推向前进。

深刻认识和把握我国的基本国情，即社会的性质及所处的历史阶段，是中国共产党提出科学理论和制定正确路线方针政策的基本依据，也是做好各项工作的重要前提。特别是认清中国社会的性质，是认识和把握国情的首要问题，是认清其他一切问题的前提和基础。

实践证明，我党只有坚持实事求是的思想路线，坚持在我国基本国情的基础上制定国家的大政方针，我们的抉择就是切实可行的，我们的改革就是卓有成效的。马克思主义中国化的几大理论成果指引着中国革命和建设取得了巨大的成功，究其根本原因就在于，它牢牢建立在对我国基本国情的科学判断基础之上，把立足中国国情作为最大的从实际出发，作为指导中国革命、建设、改革和发展的根本依据。

（二）一切都要从客观实际出发

在尊重客观事实的基础上，才能做到从实际出发。要从联系中去掌握事实。马克思主义是以事实而不是以可能性为根据的，马克思主义者在制定路线、方针、政策时，要依据事实。

一切从实际出发，要做到尊重客观规律性和发挥主观能动性的统一，也就是解放思想、实事求是。我党在各项工作中，要坚持实事求是思想路线，立足于自身实际，解放思想，运用马克思主义的立场、观点和态度来应对新的挑战因此，解放思想和实事求是体现了马克思主义认识论尊重客观规律性和发挥主观能动性的统一，体现了实际工作中马克思主义的科学态度和辩证方法的统一。

（三）中国基本国情角度界定

其一，在对中国国情分析的过程中，不能总是站在宏观的角度，同时也还要注意从中观与微观的角度进行分析。在实践中，对当前的国情、世情和党情进行分析，可以从分析形势的视角入手。

在实际工作中，究竟要从什么角度对中国的基本国情进行分析，是宏观、中观，还是微观，则要取决于分析者究竟想要达到什么目的来决定。需要注意的是，这些不同的分析角度之间并不存在着矛盾，而是一种互补的关系。不论是采用哪一种分析角度，坚持一切从实际出发，通常都能够得出正确的结论，从而制定出正确的方针政策。

其二，对于一个国家来说，其国情是不断变化着的，是动态发展的，而中国也是如此。随着时代的不断向前推进，经济和社会的不断向前发展，中国的国情总是会不断发生着变化。如毛泽东所说："运动在发展中，又有新的东西在前头，新东西是层出不穷的。研究这个运动的全面及其发展，是我们要时刻注意的大课题。"对我国基本国情的把握，要动态来看，决不能静止来看。从微观而言，每年都有变化。从中观而言，每过一段时间都会有较显著的变化。党对社会主义初级阶段理论的认识，也应与时俱进。

二、中国共产党立足中国的基本国情、一切从实际出发的历史经验

（一）坚持辩证唯物主义和历史唯物主义的认识论，高度重视并始终坚持调查研究

要想客观、准确、全面地认识世界，调查研究是一项重要方法。我们要立足于中国的具体实际，全面地、深入地做调查，通过调查研究来认识国情，必须切实注意两个问题。

1. 客观世界处于不断的发展变化之中

国情实际上也是一个处于不断发展变化之中的动态过程，是动态和静态的统一。这就决定了调查研究需要不断地、反复地进行。从马克思主义认识论来看，一个正确的认识，往往需要经过由物质到精神、由精神到物质的不断反复，也就是要由实践到认识、再由认识到实践的多次反复才能完成。马克思主义中国化的历史充分证明，要正确认识国情，需要不断地、反复地进行。中国共产党对中国国情的科学认识和正确把握，实际上也就是一个不断地、反复地进行调查研究的过程。

2. 调查研究的两种形式

调查研究包括深入实地进行调查研究和以听取汇报的形式进行调查研究两种形式。相比较而言，前者更为可靠一些。因为后者受主观因素的影响较大，它的实效有赖于整个社会的求实与求真的风气。毛泽东在新中国成立前的调查研究，主要采取前一种形式，因而能够较为准确地把握当时中国的国情。

（二）坚持不断加强马克思主义理论的学习，提高全党认识和把握国情的能力

“中国共产党对中国国情的科学认识和正确把握，来源于对

马克思主义理论的坚持不懈地学习。‘马克思主义的书是要读的，并且必须读好’。在对待马克思主义的态度上，‘讲学习’是一个大前提。邓小平曾经反复强调，全党的各级干部首先是领导干部，一定要在繁忙的工作中挤出时间来搞学习，特别是学习马克思主义的基本理论，以增强我们工作中的原则性、系统性、预见性和创造性。”①

中国共产党历来对马克思主义理论的学习予以高度重视。从党的历史上看，每次革命和建设发展到重大历史关头，面临着新形势和新任务的时候，就是需要进一步认识和把握国情的时候，都特别强调要加强马克思主义理论的学习。

学习马克思主义，主要是学它的基本原理，要把马克思主义的基本原理转变为自身看问题、解决问题的立场和态度。在当前的改革深入背景下，在多元文化思潮的社会环境下，世情、国情和党情都处在急速的发展变化之中。我们要及时把握这种世情、国情和党情的新变化，坚持基本路线不动摇，不封闭僵化，不改旗易帜，以老老实实的态度学习马克思主义。

（三）坚持以革命和建设、改革的实际问题作为出发点，以对基本国情的认识和把握为重点

具体国情和基本国情都是国情。而一个国家的政治、经济、文化和社会等方面的具体情况则属于具体国情的范畴。基本国情指的是一个国家的社会性质、矛盾关系、阶级关系和发展阶段等方面的状况。基本国情是在认识和把握具体国情的基础上，经过从实践到认识、再从认识到实践的不断反复而获得的，是上升到理论层面的规律性认识。

我国的基本国情是我国不仅现在而且今后很长一段时期都将处于社会主义初级阶段。我们必须牢牢掌握当代中国的基本

① 肖浩辉. 马克思主义中国化研究[M]. 长沙：湖南人民出版社，2008，第205页

国情，从实际出发，才能确保社会主义现代化建设在正确的轨道上进行。

（四）坚持和弘扬科学的学风——马克思主义学风，毫不动摇地进行反倾向斗争

对马克思主义持正确科学的态度，就是将我国的具体实际与马克思主义的基本原理结合起来。对待马克思主义有个学风问题。所谓学风问题，简言之，就是对待理论和实际的立场、态度和思想方法问题。马克思主义在本质上是实践的科学，它之所以是科学，就是因为它始终严格地以事实为根据。实践总是处在不停的变动中，马克思主义也必然随着实践的发展而不断地发展。这就要求我们必须用科学的、发展的态度，而不是机械的、教条的态度对待马克思主义。

认识和把握中国国情，必须坚持科学的学风——理论联系实际的马克思主义学风。马克思主义给我们提供了一种观察世界、认识国情和分析问题的正确思路和科学方法。马克思主义的重大贡献并不在于提出了多少具体的结论，而在于它提供了观察、分析和研究问题的根本科学方法——唯物主义的辩证方法。中国化马克思主义的理论成果集中体现了马克思主义的学风。

学风正则事业兴。反之，党的事业就不会一帆风顺。我党在马克思主义中国化的历程中，走了不少弯路，曾经付出过很大的代价。突出的表现，就是在新民主主义革命以及社会主义革命和建设中，多次犯了“左”的或右的错误。

究其根本原因，正是主观脱离了客观实践，马克思主义基本原理没有与中国具体实践相结合，这一共同的认识基础，决定了“左”和右的错误往往相伴发生，在反右的过程中极易发生“左”，在反“左”的斗争中则容易出现右。在党的重大历史转折关头，这一特点往往表现得更加突出。

纵观党的发展，我们得出这样的经验总结：在发扬马克思主义学风的基础上，将马克思主义普遍真理与中国的具体实践结合

起来，毫不动摇地开展反倾向的斗争。要将认识和把握中国国情，与坚持和发扬马克思主义学风、正确地开展反倾向斗争统一起来。

（五）坚持用马克思主义的广阔眼界来审视世界，敏锐地把握时代发展的脉搏

中国化马克思主义是从中国的历史和现实中来的。同时，中国的存在和发展也离不开世界，中国化马克思主义的形成和发展还有其时代和国际的根据。就国情来看，任何国家的国情都是国内因素和国际因素的辩证统一。任何一个国家的发展，都不可避免地要被打上时代和国际因素影响的烙印。这就要求我们必须坚持用马克思主义的广阔眼界来审视世界，敏锐地把握时代发展的脉搏，从国际和国内的关系中认识和把握国情。

实践表明，能否正确把握时代主题和国际局势，不仅对人们能否正确地认识国情有重要的作用，并且对本国制定方针、政策、路线也会产生很大的影响。20 世纪 70 年代末 80 年代初，邓小平对国际局势和时代主题的新认识开始在酝酿之中。通过对国际局势长时间的观察与研究，邓小平准确把握住了时代特征和国际形势的新特点，在 1984 年提出，当前的主要问题是和平和南北问题，其中的南北问题实际上指的就是发展问题。在党的十三大中，就将邓小平的这一战略思想概括为“和平与发展是当代世界的主题”。这一论断，对国际形势的变化进行了深刻的总结，同时还丰富并发展了马克思主义关于战争与和平的理论，为中国共产党在新的历史条件下把握国情，制定内外政策提供了科学的依据。

在这一科学时代观的指导下，党对新时期国情的认识上升到了更加理性的层次。在国内，根本的问题就是发展，发展是硬道理，发展是党执政兴国的第一要务；在国际，反对以霸权主义为核心的国际旧秩序，建立有利于世界和平与发展的世界政治、经济新秩序，根本上也是为我们的国内建设和对外开放争取有利的国

际环境。

中国共产党领导中国人民进行革命和建设、改革的九十多年历程，就是把马克思主义的普遍真理与中国革命和建设、改革的具体实际相结合，坚持一切从实际出发，立足中国国情，一切从中国的实际出发，独立自主地探索自己发展道路的历程。在这一方面，中国共产党积累了极其宝贵而又丰富的历史经验。

第三节　坚持依靠人民群众

人民群众是历史的主体，同时也是马克思主义中国化的主体。人民群众只有掌握了理论，理论才能转化为现实，理论也才有实际价值。

一、人民群众在马克思主义中国化中的主体作用

（一）人民群众的理论诉求是马克思主义中国化的动力

从根本上来说，只有人民群众的理论诉求，才是马克思得以中国化并在中国进行传播的原因。如果人民群众在变革社会实践的过程中，没有对马克思主义产生诉求，那么就不会出现马克思主义中国化。

（二）人民群众的理论取向是马克思主义中国化的坐标

人民群众的知识素养、接受能力、思维方式、审美习惯，要求马克思主义通俗化、具体化、生活化、本土化。在毛泽东思想形成并发展的过程中，融入很多人民群众喜闻乐见的语言、形式与贴近人民群众实际生活的内容。此外，在中国特色社会主义理论体系形成的过程中，邓小平同样注意适应人民群众的理论取向与理论诉求，善于利用人民群众之中流传甚广的语言，如“摸着石头过

河”“不管白猫黑猫，捉到老鼠就是好猫”“发展才是硬道理”来表达中国特色社会主义理论的基本观点。

（三）马克思主义中国化理论成果是领袖人物与人民群众二者良性互动的结果

马克思主义中国化的每一次创新都是在领袖和人民群众的良性互动的基础上取得的。在马克思主义中国化过程中，领袖和人民群众良性互动规律最典型的表现，就是家庭联产承包责任制的推行。1978年党的十一届三中全会开启了改革开放的历史新时期。家庭联产承包责任制，与传统社会主义生产经营模式相冲突，不为当时社会所接受。而邓小平尊重农民在实践中的创造精神，强调要实事求是，从实际出发，把发挥农民的积极性、发展农业生产作为确定一切农村政策的出发点，提出了家庭联产承包责任制，安徽省凤阳县小岗村18户农民为了摆脱贫穷和饥饿，实行包干到户，签下了生死合同。这带动了全国农村农业生产和农民的积极性。这是中国农村的一场历史性变革。“农村搞家庭联产承包，这个发明权是农民的。农村改革中的好多东西，都是基层创造出来，我们把它拿来加工提高作为全国的指导。”

二、“一切为了群众”——推进马克思主义中国化的根本保证

毛泽东曾明确强调：“我们这个队伍完全是为着解放人民的，是彻底地为人民的利益工作的。”[①]邓小平非常看重人民群众的切身利益，只有人民群众拥护、人民群众赞成、人民群众高兴、人民群众答应的政策才是好政策。江泽民提出“三个代表”重要思想，这“三个代表”代表了广大人民的根本利益，代表了人民群众的物质利益，代表了人民群众的精神利益。胡锦涛提出科学发展观的思想，把人置身于发展的核心位置。新时期习近平提出“中国

---

① 毛泽东选集（第3卷）[C].北京：人民出版社，1991，第1004页

梦”,中国梦也就是每个中国人的梦,就是要实现广大人民群众的梦想。

实践证明,只要我们始终代表中国最广大人民的根本利益,保持党同人民群众的血肉联系,我们的事业就能得到广大人民群众的拥护和爱戴,就能获得无穷无尽的力量,就能战胜一切困难,立于不败之地。这是马克思主义中国化得以实现的根本和基础。

三、马克思主义民族化、现代化与群众路线相结合

马克思主义要想中国化,必须先进行马克思主义民族化。马克思主义民族化,实质上是马克思主义如何让中国人民接受并指导其实践的问题。在马克思主义中国化的过程中,如果忽略人民群众这一最根本的问题,马克思主义就很难在中国社会中生根、发芽和成长。实现马克思主义中国化的成功推进,首要的就是要解决马克思主义的现代化问题,实质也就是人民群众的现代化问题。群众路线与马克思主义民族化、现代化紧密相连,即群众路线与马克思主义中国化紧密相连。

四、马克思主义世界化与群众路线相结合

当前在经济全球化不断发展的过程中,马克思主义中国化也应当置于全球化背景之下才能得到更好的发展。应当明确的是,只有在人民群众的身上,马克思主义中国化与中国化马克思主义的世界化才能真正结合起来,也只有在人民群众真心拥护中国化马克思主义的前提下,其才可以真正走向世界。此外,马克思主义中国的过程中,不仅要立足于中国的基本国情,同时也还要注意放眼全球,也就是说,马克思主义中国化过程,不仅是中国人民接受马克思主义的过程,同时也是中国人民走向世界和中国化马克思主义在国际上发挥重要作用的过程。人民群众要自觉、主动地把马克思主义中国化、世界化紧密结合,在此基础上,发展马克

思主义,推进马克思主义中国化。

五、树立群众观点,尊重人民的首创地位

"人民,只有人民,才是创造世界历史的动力。"人民群众是社会实践的主体,是人类历史的创造者,是社会发展的推动者。一切为了人民,一切依靠人民,是马克思主义政党最鲜明的政治立场。

马克思主义中国化理论成果得以形成的一个重要原因是,中国共产党人注重从人民群众的生动实践中总结经验和汲取智慧。人民群众的丰富实践和伟大创造,是马克思主义中国化理论成果发展创新的不竭源泉。无论是在革命战争年代还是在和平建设年代,人民群众始终是我党的坚实后盾。在改革开放之后,获得很多的成功的发展经验,实际上都是从基层群众中得出的。邓小平多次指出,"改革开放中许多东西都是群众在实践中提出来的,我们的功劳是把这些新事物概括起来,加以提倡。"江泽民也多次强调,"好办法不是从天上掉下来的,也不是我们头脑里固有的,归根到底来自于人民群众的实践。"

全面建成小康社会,实现美丽中国梦,是全国各族人民创造美好幸福生活的共同事业。在这一伟大历史进程中,中国共产党牢固树立人民群众是历史的创造者的观点,坚定地相信群众,紧紧地依靠群众,尊重人民群众的主体创造地位和首创精神,热情支持、鼓励、保护、引导人民群众的伟大创造,最大限度地调动人民群众的积极性、主动性、创造性,并在此基础上深刻总结人民群众丰富的实践经验,从中凝聚力量、汲取智慧,不断推进中国化马克思主义创新发展。

第四节　坚持理论创新

马克思主义中国化本身就是一个不断创新的过程,马克思主

义中国化的理论成果不断在创新。马克思主义中国化要坚持与时俱进,直接导致理论的创新。在这里,我们具体说一下我国革命和建设的不同阶段,马克思主义中国化的理论创新。

一、新民主主义革命阶段马克思主义中国化的理论创新

在新民主主义革命时期,毛泽东思想是马克思主义中国化理论创新的集中体现。以毛泽东为核心的党的第一代中央领导集体坚持一切从实际出发,创建了中国革命必须走农村包围城市的革命道路。事实证明,这条道路是正确的。在毛泽东思想理论体系中,理论创新的观点不止农村包围城市的革命道路理论,统一战线理论、党的建设理论、社会主义社会矛盾理论等,均属于创新性理论成果。

二、社会主义革命阶段马克思主义中国化的理论创新

(一)社会主义基本政治制度方面

在社会主义基本政治制度方面,以毛泽东为核心的中国共产党根据当时中国的国情,使用马克思主义来指导中国革命实践,并且还创造性地提出了人民民主专政的理论,建立了人民民主专政的国体和人民代表大会制度的政体。此外,还将马克思主义统一战线的理论和政党学说与中国实际结合起来,从而建立起了具有中国特色政党制度——一党领导与多党合作有机统一。中国共产党还将马克思主义的民族学说来指导中国民族问题的解决,并且提出了民族区域自治制度。此外,还将马克思主义关于人民民主的基本原理同中国具体实际结合起来,建立了基层群众自治制度。

(二)社会主义基本经济制度方面

在社会主义基本经济制度方面,以毛泽东为核心的党的第一

代中央领导集体把马克思主义关于革命转变的学说运用于中国的实际情况，开辟了一条适合中国特点的社会主义改造的道路：对个体农业，遵循自愿互利、典型示范和国家帮助的原则，创造了从具有社会主义萌芽性质的互助组，发展到半社会主义性质的初级生产合作社，再发展到完全社会主义性质的高级生产合作社的过渡形式。对个体手工业的改造，也采取类似的方法。对资本主义工商业，创造了委托加工、计划订货、统购包销、委托经销代销、个别企业的公私合营、全行业公私合营等一系列从低级到高级的国家资本主义过渡形式，实现了和平赎买。社会主义三大改造完成后，我国初步建立了以国有经济和集体经济为主体的具有鲜明中国特色的社会主义基本经济制度。从 20 世纪 50 年代以来，我国的公有制经济就不是单一的形式，而一直是全民所有制经济和集体经济的联合体，这种公有制形式的多样性为改革开放以来我国基本经济制度的进一步发展和完善提供了重要的基础和参照。“在我国的经济构成中，尽管在一些时期个体经济和其他经济成分受到限制，但是它们从来就没有真正被消除，这也为改革开放以后实现经济成分多样化提供了基础。”①

（三）社会主义意识形态方面

在社会主义意识形态方面，以毛泽东为核心的党的第一代中央领导集体高度重视社会主义意识形态建设，抓住文化思想领域的突出问题，在纠正错误的过程中大力宣传马克思主义基本原理，并把它运用到文化建设的实践当中，积极推进马克思主义被广大人民群众所接受的步伐，逐步确立了以马克思主义为核心内容的社会主义意识形态。

---

① 侯惠勤．马克思主义中国化理论创新 30 年[M]．北京：中国社会科学出版社，2008，第 80 页

三、社会主义建设阶段马克思主义中国化的理论创新

中国共产党在领导革命、建设和改革的长期实践中，不断探索和发展具有中国特色的社会主义社会建设理论，创造性地提出了构建社会主义和谐社会战略思想，并把提高构建社会主义和谐社会的能力作为竞加强执政能力建设的主要任务之一。和谐社会理论的提出，丰富和发展了马克思主义关于社会主义社会建设的理论，为开创中国特色社会主义事业新局面提供了重要的理论指导。

马克思和恩格斯所构想的共产主义社会就是和谐社会的最高境界，实现"每个人的全面而自由的发展"是对和谐社会最经典的诠释。马克思在他的《1844年经济学哲学手稿》，以及他与恩格斯合著的《德意志意识形态》《共产党宣言》等著作中，一再提倡社会和谐。在人与社会的关系上，马克思指出，正像社会本身生产作为人的人一样，社会也是由人生产的。他认为，人是社会的人，社会是人的社会。换句话说，人应当融入社会，社会应当融入人，这才是高度和谐。按照马克思、恩格斯的设想，未来社会将在打碎旧的国家机器、消灭所有制的基础上，消除阶级之间、城乡之间、脑力劳动和体力劳动之间的对立和差别，极大地调动全体劳动者的积极性，使社会物质财富极大丰富、人民精神境界极大提高，实行各尽所能、各取所需，实现每个人自由而全面的发展，在人与人之间、人与自然之间都形成和谐的关系。列宁在领导苏联进行社会主义建设的过程中，对于建设社会主义社会也提出了一系列重要思想，这些科学设想为构建社会主义和谐社会指明了前进的方向。

和谐社会概念的提出，其前提正是承认一个社会有不同的阶层、不同的价值观存在、不同的利益要求需要调整。关键是执政党要正视差别和矛盾的存在，既不夸大，也不缩小。处理和解决矛盾的方式和途径不能简单化，企图长期用高度集中的计划经济

体制及政府权威的“严密”安排，或用阶级斗争的方式“从天下大乱到天下大治”去寻求社会和谐，都无法真正实现构建和谐社会的理想，只有合理运用经济的、政治的、文化的、法律的等多种手段化解矛盾、解决冲突，将“不同”统一于社会主义伟大旗帜之下，坚持社会主义道路，维护广大人民的根本利益，激发社会主义的创造活力，促进社会发展，才能实现社会的动态和谐。

第七章　马克思主义核心主题及其在当代中国

随着经济的发展和社会环境的变化，马克思主义也必须随着时代的变化和做出相应的调整才能适应变化的社会实际，特别是在和谐文化建设、共产党执政理论创新和生态文明建设等方面。

第一节　马克思主义和谐文化建设

马克思主义中国化不仅仅是马克思主义基本原理与中国实际相结合，也是或者说首先是两种文化的结合。文化发展的历史证明，只有文化精神相通的文化之间才有对接和融合的可能。马克思主义与中国传统文化在历史背景、基本概念和命题等方面都不完全相同，但在文化精神上即在和谐价值的追求上是相通的。这正是马克思主义在传入中国后能够迅速地被中国人民接受，并与中国传统文化相互融合的重要原因。探索马克思主义与中国传统文化的文化精神，寻找它们在文化精神上的相通点，是马克思主义哲学中国化研究的重要任务，也是中国特色社会主义文化建设必须面对的课题。

一、和谐文化精神是马克思主义中国化的纽带

实际上，不同文化之间的交流与融合，只有建立在对不同文化的文化精神的深入研讨和认知的基础上才能取得预期的效果。鸦片战争以后，不论是以“中体西用”为原则的洋务运动、维新变

法还是孙中山先生的三民主义试验，都是东西文化融合的尝试。其失败的教训之一就在于对中西文化精神缺乏深入的检讨。而中国共产党人始终把马克思主义的研究与中国传统文化的研究结合在一起，并把这种研究始终作为重大理论任务与中国的实践相结合。因此，在马克思主义中国化的进程中，和谐文化精神是贯穿始终的主线之一，是中国化马克思主义一脉相承的集中体现之一。马克思主义中国化的深入推进同样离不开这种精神。

从毛泽东思想到邓小平理论到“三个代表”重要思想再到中共第十八次全国代表大会以来一系列重大成果，无不是在和谐文化精神主导下马克思主义哲学中国化的伟大成果，无不是中国化马克思主义的和谐文化理论形态的典范。中国共产党成立之日就确立了共产主义这一伟大的理想目标。共产主义社会是一个高级形态的和谐社会，从而决定了中国共产党的一切决策、一切行动——包括斗争与革命——都是服务于这一和谐社会发展目标的。党的十六大以后，以胡锦涛为核心的党中央正式提出了建设社会主义和谐社会的任务，不仅彰显了中国共产党人对和谐的追求，而且进一步明确了中国共产党确立的当代中国社会发展的阶段性目标——社会主义和谐社会——的和谐本质。中国共产党第十八次全国代表大会描绘了全面建成小康社会、加快推进社会主义现代化的宏伟蓝图，以习近平为总书记的党中央明确提出要实现中华民族伟大复兴的“中国梦”。

在中国化马克思主义发展进程中，也曾有过阶级斗争至上的时期，也曾过分强调阶级斗争，以至于在一定程度上冲淡了和谐价值的理想，并把中国社会的发展推到艰难曲折的发展阶段。但这一曲折的历史阶段从反面证明了和谐文化精神在马克思主义中国化进程中的重要作用。反思 1957 年“大跃进”以及此后连续不断的政治运动——特别是“文革”——发生的原因，从根本上说就是因为不仅抛弃了或者说偏离了马克思主义，而且抛弃了民族的传统的文化精神。从哲学上说，抛弃了马克思主义创始人坚持的唯物史观；从价值取向上看，抛弃了马克思主义和中国传统文化共有的和谐精神。“大跃进”是对生产力与生关系和谐的否定、对人与自然和谐的否定,而“文革”则是对身心和谐、人际和谐、人与自然和谐的全盘否定。但中国共产党人终能拨乱反正,回归和谐的主旋律。党的十一届三中全会以后,中国共产党领导中国人民走上了一条正确的和谐社会建设的道路。

二、中国传统文化中的和谐思想

(一)儒家的和谐文化思想

1. 以“礼”为制度的社会和谐文化

春秋战国时期被称为中国思想的“元典时代”,对后世产生重大影响的思想经典都出自于这一时期,特别是以孔子为代表的儒家思想。

“礼”在儒家思想,尤其是在孔子的思想中占有十分重要的地位。孔子所推崇和憧憬的周代社会,被描绘为一个尊卑有别、长幼有序、各安其分、彬彬有礼的和谐社会。而春秋乱世的特点,就是“不和”,其根源,在于“礼崩乐坏”。当然,更深的原因则在于人(特别是当权者)的私欲和不仁。所以孔子要“克己复礼”,要仿效周代建立一个礼让有序的和谐社会。

礼的外在的表现就是仪式,就是制度。作为仪式和制度,礼的意义在于“别”,即把不同的人和群体,通过礼的形式相互区别开来。比如什么样的人、什么角色和身份,是通过穿什么衣服、戴什么帽子、如何行动来表示的。礼的内在的实质,就是一种“君君臣臣、父父子子”的封建等级秩序,是通过外在的仪式和制度来实现这种等级秩序的。因此孔子说:“礼云礼云,玉帛云乎哉?”[①]而礼的最终目的,则是实现社会的有序和谐。孔子的学生有若说:“礼之用,和为贵。先王之道斯为美。小大由之。有所不行,知和

① 论语·阳货

而和，不以礼节之，亦不可行也。”[①]在儒家看来，社会不可能是没有区别的一团和气。孔子说：“君子和而不同，小人同而不和。”[②]社会不能靠取消差别来实现和谐。

2. 以“仁”为核心的道德和谐文化

人是有区别的，这种区别又不是一种基于平等基础上的区别，而是有社会规定的高低贵贱、尊卑富贫的等级基础上区别，要想使低贱者安、卑贫者乐，孔子提出了“仁”。仁就是有爱人之心、爱人之举。“仁者爱人”。当然这种“爱”不是基督教所宣扬的“博爱”，而是有差等的、有区别的“仁爱”。即所谓“爱有差等”。这种有差别的爱表现在语言上，就是君明臣忠、父慈子孝、兄友弟恭、夫敬妻贤，等等。其基本价值理念就是：一方面，处于上的君、长者、尊者对处于下的臣民、少者、卑者要体恤，要给予他们最基本的生存条件，不能一味夺取，把他们“逼上梁山”。孟子的“使民以时”、“节用而爱人”的“民本”或“人本”思想，其含义正在于此。

3. 以“修身”为要务的精神和谐文化

儒家认为，一个社会混乱无序、民不聊生，不管是外在的礼崩乐坏也好，或是内在的仁道不行也好，其最根本原因是人（特别是在上者、治人者）的私欲膨胀，得不到节制的缘故。为了解决这一根本问题，孔子提出了“克己”的要求。对于人的本性的认识，孔子后的儒家主要分为两派，即性善论与性恶论。性善论以孟子为代表，后成为儒家思想的主流；性恶论以荀子为代表，后来成为法家思想的主流。性善论认为人性本善，只是由于受到社会的影响而改变。因此要通过加强自身的修养来消除社会的不良影响，从而达到至善的境界。在至善的境界中，人的内心、精神和谐了，家庭和谐了，社会上人与人和谐了，整个社会也就和谐了。这就是中国传统的“修身、齐家、治国、平天下”的圣人之道。

修身的关键是“克己”，也就是说做人要节制自己的欲望情

---

① 论语·学而

② 论语·子路

感。节制欲望情感并非禁灭欲望情感，而是把欲望情感控制在合理的范围之内。“喜怒哀乐之未发，谓之中，发而皆中节，谓之和。中也者，天下之大本也；和也者，天下之达道也。致中和，天地位焉，万物育焉。”[①]“富与贵，是人之所欲也。”[②]“富而可求，虽执鞭之士，吾亦为之。”[③]儒家学说是入世的、积极的、现实的学说，就在于儒家学说正视现实的合理的人的需求和欲望，只不过要通过道德的修养来规范这些需求和欲望。在孔子那里，天理（其实是社会的普遍要求）和人欲是可以统一、应该统一的。即所谓“从心所欲，不逾矩”。不过到了程朱理学却把这二者对立起来，演变成要“存天理，灭人欲”，走入了死胡同。但总的说来，孔孟思想中以“克己修身”为要务的道德方法，是为了达至人的精神和谐，从而在根本上保证社会的和谐。

（二）道家的和谐文化思想

在中国传统的和谐文化思想中，道家追求的是人与自然的和谐、人类万物的和谐，是“天人合一”。道家思想和儒家思想一起成为影响中国传统文化形成的最主要的思想资源。而道家思想和儒家思想被后人不断地结合和实践，构成了整个中国传统文化发展的精髓和脉络。

1. 绝圣去智，回归人性和谐

在面对分崩离析、纷争不断、生灵涂炭的社会现实时，以老子、庄子为代表的道家认为，其根源在于人类的知识化、智力化、文化化。在所谓圣人的教导下，人变得聪明了，于是就有了更多的欲望野心、更多的阴谋诡计。因此，要平息社会的纷争，恢复社会的平静和谐，只有把这些后天的社会化的因素去掉，回到人类初期的混沌状态，回到人的自然本性。老子说：“挫其锐，解其纷，

① 中庸

② 论语・里仁

③ 论语・述而

和其光，同其尘。”[①]庄子说：“夫赫胥氏之时，民居不知所为，行不知所之。含哺而熙，鼓腹而游，民能以此矣。及至圣人，屈折礼乐，以匡天下之形；悬跂仁义，以慰天下之心。而民乃始堤跂好知，争归于利，不可止也。此亦圣人之过也。”[②]“故绝圣去智，大盗乃止。擿玉毁珠，小盗不起。焚符破玺，而民朴鄙。掊斗折衡，而民不争。殚天下之圣法，而民始可与论议。擢乱六律，铄绝竽瑟，塞瞽旷之耳，而天下始人含其聪矣。灭文章，散五采，胶离朱之目，天下始人含其明矣。毁绝钩绳而弃规矩，攦倕之指，而天下始人有其巧矣。”[③]

2. 封闭自洽，回归社会和谐

老子看到天下纷争常常是在一个大的社会环境中所发生的，如国与国之间，诸侯与诸侯之间，甚至是村社与村社之间，因此，道家所向往的另一理想的和谐社会是封闭自给的小型社会。“小国寡民”“鸡犬之声相闻，民老死不相往来”。[④] 给人们描绘了一个人与人之间“无欲”、“无为”、“无争”，彼此和谐相处、宽大为怀，人人“甘其食、美其服、安其居、乐其俗”的理想社会。

3. 天人合一，回归自然和谐

老子提出：“人法地，地法天，天法道，道法自然。”[⑤]道家认为，人主要要和自然界达成和谐一致，即“天地与我并生，而万物与我为一”[⑥]的境界。“故至德之世，其行填填，其视颠颠。当是时也，山无蹊隧，泽无舟梁，万物群生，连属其乡。禽兽成群，草木遂长。是故禽兽可系羁而游，乌鹊之巢可攀援而窥。夫至德之世，同与

---

① 老子

② 庄子·马蹄

③ 庄子·胠箧

④ 老子

⑤ 老子

⑥ 庄子·齐物论

禽兽居，族与万物并，恶乎知君子小人哉。”[①]老庄所憧憬的和谐社会，是人类与自然的完全融洽，是整个宇宙的和谐。以此为基点，道家特别注重个人心身、或者是形神之间的关系，并希望通过领悟体验的方式找到人和自然最为契合和适应的境界。

（三）墨家的和谐文化思想

墨家主张“兼爱”，并以“非攻”为途径，试图建立一个平等和谐的理想社会。墨家学说的创始人墨翟认为，当时的“大害”是国与国之间的战争、人与人之间的争夺。其之所以如此，他认为是由于人之不相爱。他主张国与国之间、人与人之间，都应该“兼相爱，交相利”。并且，墨子把“兼爱”的理想落实到了一些具体的事物上，他号召人们具体地实行相互帮助，“有力者疾以助人，有财者勉以分人，有道者劝以教人。”[②]在互相帮助之下，“老而无妻子者，有所侍养，以终其寿；幼弱孤童之无父母者，有所放依，以长其身。”[③]相对于儒家学说，墨子的思想更多的是站在下层人民的角度考虑，他所希望建立的和谐社会也是完全平等的社会。

另外，法家思想繁盛于儒家之后，在秦国大一统和设立国家法度方面起过重要的作用。法家也希望通过严格的立法和制度来确保社会的秩序，以达到平衡安定的目的。

在中国传统的和谐文化思想中，既有糟粕、消极的一面，也不乏积极的、具有启示意义的一面，值得我们今天构建和谐文化时认真汲取。

三、马克思主义的和谐思想

（一）人与自然的和谐

人是自然界的产物，源于自然，与自然存在着内在的紧密关

① 庄子·马蹄

② 墨子·尚贤下

③ 墨子·兼爱下

系。人存在于大自然之中，永远依存于大自然，脱离自然的人类和人类社会是不可想象的。因此，对于任何一个社会来说，它首先要解决的就是人与自然之间的和谐关系。这是人类社会赖以存在和发展的先决条件和首要前提。马克思、恩格斯对于人与自然的和谐关系作过深入的探讨，在这方面，他们虽然没有给我们留下鸿篇巨制，但是他们所留下来的关于人与自然关系的论述至今仍然给我们诸多启示。在人与自然的关系上，恩格斯在《自然辩证法》中进行过专门的探讨。他说，"我们不要过分陶醉于我们人类对自然界的胜利。对于每一次这样的胜利，自然界都对我们进行报复。"①恩格斯的这段话，包含了十分深刻而丰富的内涵，揭示了人与自然和谐关系的本质规律。首先，人在改造自然界的过程中，存在着对象化和异化的矛盾关系。人类每时每刻都要与自然界打交道，并在改造自然界的过程中获取生活资料。人类进行物质生产活动的过程，同时也就是人的劳动本质的对象化过程。人把自己的劳动本质通过具体的实践活动物化在一定的劳动产品中，这就是人的本质的对象过程。伴随着这种劳动活动的对象化，也必然发生自然界对人类的反作用。这种反作用超过一定的限度，就会造成自然界本身平衡的破坏，人与自然和谐关系也会被破坏，就会产生异化。其次，人类在改造自然的时候必须服从自然。再次，在人与自然的关系中，人既是主体又是客体。自然界不会自动满足人，人只能通过改造自然才能从自然中获取物质财富。在改造的活动中，人是能动的、积极的和创造性的主体，而自然则是受动的客体。但是，人对于自然的改造又不是随心所欲的，必须服从和遵循自然本身的客观规律。人源于自然并服从于自然，从这个意义上讲，人相对于自然界来说又是客体。关于人与自然的和谐，马克思在《1844 年经济学哲学手稿》等早期著作中，从哲学的本体论高度作了概括的论述。他指出，在资本主义的异化状态下，不仅人与人的产品、劳动活动、类生活以及人与人

① 马克思恩格斯选集(第 4 卷)[C].北京:人民出版社,1995,第 383 页

之间发生了异化，而且人与自然也发生了异化。他甚至认为，在资本主义制度下，人类能够感受音乐的耳朵和感受颜色的眼睛都被物化了，因此，在资本主义那里，人道主义和自然主义是相分离的。而共产主义就是要通过人对这种异化进行扬弃，从而达到人道主义和自然主义的和解，乃至使人的感觉器官得到解放。

（二）异化的扬弃与社会的和谐

马克思《1844年经济学哲学手稿》（以下简称《手稿》）在批判资产阶级国民经济学的过程中，系统地论证了劳动异化的思想，并在此基础上提出了通过扬弃异化达到人与自然、人与社会、人与人以及人与自身和谐的共产主义思想。

"异化"在《手稿》中具有特定的含义，它是指在资本主义私有制条件下，人与自己的劳动对象、劳动活动以及与他人和社会都处在相互离异和敌对的关系中。

马克思认为异化劳动产生的深刻的社会根源是：工人同他的劳动对象和劳动活动发生异化的敌对关系，之所以发生这种关系，是因为在他之外站着另一个异化的、敌对的、强有力的"人"成为这一对象和这种活动的主体，这个"人"就是资产阶级。工人的劳动活动，不仅生产出异己的对象和异己的本质，而且生产出一个跟劳动格格不入的、站在劳动之外的非工人阶级以及这个阶级同工人的关系。因此，资本主义社会的异化劳动是以私有制为基础的，以劳动和资本分离为特征的资本主义私有制是有产阶级和无产阶级对立的现实基础，是异化劳动存在的经济根源。马克思认为私有制是造成异化劳动的直接现实原因，但不是最终根源，异化劳动作为一种劳动方式与人的本质力量的发展程度相联系，它们才是私有制产生的最终根源。正是在批判异化劳动的基础上，马克思初次发挥了他的共产主义思想。在马克思之前，粗陋的平均主义的共产主义主张均分私有财产，消灭一切差别包括才能和个性差别，以此扬弃异化。他把扬弃异化的思想建立在私有制发展的必然规律之上。在扬弃异化的手段上，马克思主张以消灭私有制为前提，并且必须通过工人解放这种政治形式的革命来加以实现。马克思设想，在共产主义条件下，人才能真正占有自己的本质，由于它保存了以往发展的全部财富，这种对人的本质的重新占有就是完全的、自觉的、积极的和进步的，而且它真正使人与自然以及人与人之间的矛盾获得了解决，使社会达到了高度的和谐。由此可以看出，在马克思恩格斯关于共产主义的思想中，和谐既是人类为之奋斗的一个重要的价值目标，也是评判人类解放程度的一个重要的价值标准，它是未来社会主义社会和共产主义社会的重要本质特征。

四、构建社会主义和谐文化的总体思路

（一）社会主义和谐文化的科学内涵

1. 社会主义和谐文化是一种承认矛盾与冲突的和谐思维

古今中外的哲学家们在阐释和谐、和谐文化与和谐社会的思想中，和谐就包含着矛盾与冲突的概念，在矛盾与差异中寻求和谐的理论。孔子说，君子和而不同，小人同而不和。这与古希腊哲学家毕达哥拉斯强调在差异中实现协调的和谐思想以及赫拉克利特强调在对立中实现和谐是一致的。

和谐文化认为世界万物都是一个独立的个体，事物之间存在这样那样的差异，完全相同的有生命的个体是没有的，所以，世界就是一个矛盾的世界。但是，矛盾并不代表战争，矛盾也不代表必然的冲突。万物同生而不害，万物并行而不悖，其实就说明了这个道理。所以，和谐文化不是否定矛盾与冲突，和谐文化的实质就是首先承认矛盾、差异与冲突存在的合理性，然后寻找协调矛盾、解决矛盾的方法。

比如，世界上的国家差别很大，矛盾很多，“和谐”相处能否实现？我们认为，和谐的思想同时也是和平的思想。和谐就是反对以战争手段来解决与矛盾与冲突，因为战争本身就是一种不和谐

的表现，是一种最糟糕的解决问题的形式。建立国际新秩序，就是在政治多极化、文化多元化与经济一体化之中建立和谐的外交关系。和谐的辩证法主张多元化和宽容，主张多样性的统一，主张和平与团结。观点的不一致是认识差异的表现，不同观点的交流有利于提高认识。相对于人类社会整体利益来说，暴力的破坏作用在客观上造成了重大的损失。和平与发展是国际社会的共同愿望，尽管现在的国际环境错综复杂，但我们应该共同努力去实现某种有机的和谐。中国政府结束了冷战思维，实行安邻、睦邻、富邻的和谐外交论，就在做这样的努力。我们相信，这种和谐的处理矛盾的方法必将受到国际社会的认同，其作用也将日益增强。

2.社会主义和谐文化是一种主张对话与协调的和谐方法

有差异就有矛盾、就有斗争，这是事物的辩证法，是不可回避的事实。解决矛盾的方法无非是缩小差异，最后达到协调矛盾的结果。平等有序的和谐理念告诉我们，要缩小差异，缓和与解决矛盾，一定要采用对话与协调的方式来处理。不同利益主体之间的协调，对话是有效的手段。在我们社会主义国家内部，对待差别既需要靠社会的分配和运行机制来解决，也需要靠思想观念和行为方式的交流沟通来协调。崇尚对话、重视沟通，并着力建设对话与协调机制，使不同利益群体的声音能得到充分表达，不同利益群体的意见能得到充分尊重，并尽力协调各方利益，把矛盾和冲突控制在一个合理的范围内，使之不影响整个社会的稳定和正常运行。对话的特点是善于倾听，就是通过倾听与表达，发出自己的声音，让对方听到；就是让不同的观点有公开表达的途径与平台，对话与交流是理解的开始，倾听与对照是理解的深化。没有通畅的表达意见的机制与渠道，下情无法上达，同样上声无法下传，沟通的障碍是目前造成我们社会许多问题的根源。俗话说，愤而有泄，淤积成灾。公平、畅快、自由的对话与交流方式，历来是解决问题、化解矛盾的有效方法。

3.社会主义和谐文化是一种面向世界和未来的先进文化

作为一种和谐文化，首先需要面向现代化，现代化作为一个世界性的历史过程，是指人类社会从工业革命以来所经历的一场急剧变革，这一变革以工业化为推动力，导致传统的农业社会向现代工业社会的全球性的大转变①。现代化是一个世界经济与社会发展的方向与过程，一个国家强大自立于民族之林的基础。一种先进的文化只有通过自我不断的扬弃才能够获得它新生，才可以保持其强大的生命力，才可以展现其自我的适应性。因此，鼓励和提倡和谐文化朝着现代化的方向发展和前进，不断适应现代化的步伐并与时俱进，进行自我改造和更新。同时，和谐文化还是面向世界的文化。面向未来，面向现代化在本质上就是面向世界。现代化就是西方国家最先开始的近代历史过程，也是其他国家正在进行的过程。现代化本身已经成为世界性的问题。当然，从文化社会学的观点看，中国文化如果不注重面向世界，那么它就只可能局限于与周围社区文化进行自发的交流，从而容易局促在一个小的范围之内，形成自我小中心。所以，和谐文化是面向世界的文化，需要有世界的眼光。和谐文化虽然提出于中国，实践于国内，有着地域限制，然而，其目光应该放大、放宽，与世界相适应，与世界同步发展。

（二）构建社会主义和谐文化的基本原则

1.以人为本和人的全面发展相统一的原则

文化建设在根本上是人的建设，关键是全面提高人的素质。科学发展观视野中的和谐文化建设，就是要在文化的价值层面贯彻“以人为本”的发展理念，把最广大人民群众的根本利益、人的全面发展作为文化发展的出发点和落脚点，在文化的技术层面坚持文化的包容性和开放性，保持和增强文化自身的创新能力，使

① 罗荣渠.现代化新论——世界与中国的现代化进程[M].北京：商务印书馆，2004年，第17页

我国的文化发展能够反映时代要求和推动社会全面进步，以促进人的全面发展。这就要求我们在文化建设中.要把服务于人民群众作为首要任务，切实保障人民群众的文化权益，千方百计地满足人民群众的精神文化需求。

2.从实际出发的原则

和谐文化的建设要结合当前的实际，主要从以下两个方面入手。

第一，从社会主义初级阶段的实际情况出发。建设和谐文化，不能脱离社会现实，要符合社会发展阶段和人民群众的思想道德水平。从总体上说，我国的社会发展还处在，并将长期处在社会主义初级阶段，这一阶段还面临着人口、资源、环境等问题，社会成员的生活状态和发展条件存在很大差异，思想道德水平也不尽相同。因而，和谐文化建设应从社会主义初级阶段的实际出发，区分不同对象和层次，鼓励先进，团结多数，引导不同社会阶层的人分步骤、分阶段地进行和谐文化建设，并且要意识到和谐文化的建设是一个长期曲折的过程。我们建设的和谐文化，是与我国现阶段经济、政治、社会发展以及生态环境状况相协调的文化体系，是与时代发展潮流与社会主义和谐社会要求相适应的文化体系。

第二，从建设社会主义市场经济的实际情况出发。从市场经济本身的特性和发展趋势来看，市场经济是以市场机制为基础进行资源配置的一种经济形式。经济主体的一切经济活动都掩盖在交换关系之下，经济运行扑朔迷离，形势趋势难以把握，风险隐患随时存在。社会主义市场经济体制的建立，一方面为和谐文化建设注入蓬勃生机和活力，但同时市场经济的负面效应也给和谐文化建设带来新的时代难题，突出表现在社会道德"滑坡"日益严重，一些领域和行业的道德状况更是令人担忧。这反映在经济生活和社会生活之中，反映在人与人的关系处于严重的失调之中。这就要求我们做到：一方面，建设社会主义和谐文化始终把社会利益、集体利益、国家民族长远利益放在首位，要坚决反对并抵制拜金主义、享乐主义、极端个人主义等不和谐文化。另一方面，我们必须把社会主义和谐文化指导思想、目标任务和原则与市场经济的文化性质、任务、要求紧密结合起来，吸取市场经济文化的精华，剔除有悖于社会主义和谐文化的糟粕。此外，我们还要立足于社会主义市场经济的现实，与时俱进，不断从内容和形式上去加强、改善社会主义和谐文化建设。

3. 持继承与创新相统一的原则

中华民族的传统文化是个宝库，蕴藏着众多的精华，对中国人民和中国历史的发展起着重要作用。对此，一定要继承，不能丢掉。对传统文化的继承，必须有科学态度，要继承精华，去除糟粕，不能全盘照搬。

中华民族优秀文化传统是中华文化世代传承的结晶，是当代中国和谐文化发展创新的坚实基础。我们要以科学和理性的态度对中华民族优秀的文化传统进行梳理和挖掘。例如，构建和谐世界的主张是中华文化和平精神在当今时代的升华，它为构建和谐世界贡献了极其宝贵的精神资源。就实现当今世界不同国家、不同地区、不同民族、不同文化的和谐相处这一目标而言，“以和为贵”为其提供了积极的价值导向，“和而不同”可以作为其指导思想，“协和万邦”可以作为其共同理想。以“己所不欲，勿施于人”为原则，反省自身，化解国与国、民族与民族间的矛盾冲突；以“己欲立而立人，己欲达而达人”为原则，帮助不发达国家实现共同发展；以“与邻为善”、“以邻为伴”为原则，与周边国家和地区建立睦邻友好关系；“仁民爱物”为原则，尊重各国人民的人权，不损害其他国家的尊严和利益。

4. 国外文明成果借鉴与批判并重的原则

推进社会主义和谐文化建设，需要以开放的心态和眼光，在世界层面广泛开展文化对话与交流，增强社会主义和谐文化建设的动力。积极开展文化交流，吸收优秀的外来文化成果，是社会主义和谐文化发展的重要渠道。综观世界文化发展史不难看出，不同国家、不同民族的文化互相开放、互相交流、互相吸收，同时又不断分化，这是各民族文化发展的一条规律。要正确对待外来文化，积极吸收人类所创造的一切优秀文化成果。

社会主义和谐文化在承认和尊重文化多样、差异的同时，还主张要正视文化的差异性。和谐文化的核心是“和”，但“和”并不是没有矛盾和斗争，也不是排斥矛盾和斗争，而是既承认矛盾、冲突和差异，又解决矛盾、冲突，使诸多异质要素、各种不同文化对立统一，求同存异，形成总体的平衡、和谐。所以，和谐文化不但不主张抹杀文化之间的矛盾、冲突和差异，反而更加正视这些矛盾、冲突和差异，正是在处理矛盾、化解冲突和协调差异的过程中，体现了和谐文化精神的宝贵价值。但同时，和谐文化鼓励人们用适当的方式来解决矛盾、冲突和斗争。和谐文化在选择解决矛盾的方式方法时，不是要激化和扩大矛盾，而是尽最大努力弱化这些矛盾的强度，通过寻找和扩大共同点，取得有利于矛盾各方的最佳结果。

（三）构建社会主义和谐文化的目标任务

1.倡导民主法制意识

社会主义民主，是指人民享有管理国家和社会事务的权利，即人民当家做主。社会主义法治，是指根据法律治理国家和社会，实行依法治国。民主法治，就是社会主义民主得到充分发扬，社会主义法制得到健全，依法治国基本方略得到落实，各方面积极因素得到广泛调动。民主法治是社会主义的本质要求和基本特征。社会主义和谐社会首先应当是民主法治的社会。民主和法治是构建社会主义和谐社会的两大支柱。因此，和谐文化建设就是要健全民主法律制度，培养和提高公民的民主法治意识，形成良好的民主法治氛围，保障民主和法治的贯彻落实。

2.追求公平、正义

社会主义和谐社会是一个体现公平和正义的社会。和谐文化作为和谐社会的思想保障和价值体现，必须弘扬社会的公平正义理念，营造一个公平正义的和谐社会氛围。公平正义是构建和谐社会的基石，追求公平正义反映了人类社会发展的美好理想。随着改革的深化，我国社会目前正处于重大转型时期，一些不公正的新老社会问题不断呈现出来，甚至矛盾激化，严重影响了社会主义和谐社会的构建。只有公平得以实现，正义得到伸张，社会才会有和谐可言。和谐社会的文化是高扬公平正义旗帜的文化。从我国现阶段的情况看，受社会生产力不发达、不平衡这一根本因素的制约，彻底消除不公正现象，完全实现人与人之间的和谐，这是一个长期的历史过程。但同时也应看到，通过一系列行之有效的措施，可以扭转目前社会发展中的失衡现象，逐步建立起既存在差别又充满活力、不断进步的和谐社会，促进人与人之间的和谐。

3. 营造诚信友爱氛围

诚信友爱是中华民族的传统美德，诚信友爱是构建和谐社会的道德基础，诚信友爱的缺失正严重阻碍着当前我国社会主义和谐社会的构建，因而迫切需要加强和谐文化建设，营造全社会诚信友爱的文化氛围。诚信友爱道德建设是保证我国政治、经济、文化和社会建设协调发展的精神支撑。

4. 建造充满活力安定有序的社会

社会主义和谐社会是充满活力又安定有序的社会。这在和谐文化建设中的体现和要求是以“百花齐放、百家争鸣”促进文化大发展大繁荣，同时又以社会主义核心价值体系保障社会和思想文化领域的安定有序。

充满活力，就是能够使一切有利于社会进步的创造愿望得到尊重，创造活动得到支持，创造才能得到发挥，创造成果得到肯定。社会主义和谐社会不是平平静静的社会，更不是众声喧哗的社会，社会主义和谐社会应该是充满生机活力的社会，是需要和能够不断激发发展和创造的社会。

安定有序，就是社会组织机制健全，社会管理完善，社会秩序良好，人民群众安居乐业，社会保持安定团结。建设和谐社会需要安定有序的局面。和谐本身是一种有序状态，构建安定有序的和谐社会，就是要达到这样一种和谐的状态。和谐社会所要求的安定有序，应是积极、良好、持续、健康的安定有序，是在不断解决社会矛盾和社会冲突基础上的安定，是在社会发展与进步的进程中实现的有序，而不是“捂、盖、瞒”下的安定，更不是静止的、绝对的、“一潭死水”的有序。社会主义和谐社会应该是人与人、人与社会、社会群体与社会群体、社会阶层与社会阶层之间和谐相处的社会。要实现社会的安定有序，就必须努力做到人人平等、和而不同、互惠互利。只有这样，社会成员之间才能达到团结和睦，实现社会的安定有序。

5.人与自然和谐发展

人与自然的关系是人类生存与发展的基础关系。

在人类历史发展进程中，人与自然的关系曾经经历过依附、开发和掠夺等不同阶段。在生产力水平极端低下的原始社会，人类依附于自然，人与自然的关系处于一种原始的和谐状态。随着青铜器、铁器等生产工具的发明和使用，特别是农业、畜牧业出现以后，人类开始更大规模和更有效地利用自然、改变自然，人类进入了开发自然的阶段。当然，这一阶段人类开发利用自然的能力还很有限，对自然界还没有造成过大的破坏。但是，随着科技进步和社会生产力水平的进一步提高，特别是近现代大工业出现以后，人类“征服自然”、“统治自然”的欲望不断膨胀，毫无节制地向自然界索取和掠夺一切能够满足人类欲望的东西。这种对自然界的掠夺式开发利用，一方面对自然界造成了严重的破坏，另一方面也导致了自然界对人类的报复和惩罚。走人与自然和谐发展之路，保护和改善生态环境，提高资源利用效率，这是我们重新审视人与自然关系之后作出的理性选择。和谐社会目标的提出，为改善人与自然的关系、促进二者的和谐发展指出了努力的方向，也提出了更高的要求。

2002 年党的十六大把增强可持续发展能力、促进人与自然和谐共处作为全面建设小康社会的四大目标之一。2005 年，胡锦涛明确地将“人与自然和谐共处”作为社会主义和谐社会的重要内涵之一。2012年党的十八大报告首次正式提出要建设社会主义生态文明。这是我们党对自然界和人类社会发展规律的认识不断深化而得出的科学结论。

五、社会主义和谐文化建设的实现路径

(一)以社会主义核心价值体系和核心价值观为根本,推进社会主义和谐文化建设

纵观人类发展史,任何一个时期的文化价值观都是多样的,我们必须尊重这种主体价值观的差异性,鼓励人的个体发展。在尊重、包容多样的前提下,应当积极培育壮大主导价值观,大力弘扬主旋律,努力在多元中立主导、在多样中谋共识。古今中外,所有国家都非常强调社会主导文化、主导价值的建设,以此来整合、规范、引领多元的社会文化、社会价值,确保社会的良性运行和政权巩固。因此,在构建社会主义和谐文化时要以社会主义核心价值体系和核心价值观为根本。

第一,把握指向,体现国情。在我国核心价值体系建设的指向上,首先要体现社会主义的本质要求,体现它的先进性。其次要体现人类社会的发展要求,体现它的时代性和发展性。再次要体现制度层面的约束性,既可作用于每个人,但又不是对每个人的具体要求。最后要充分体现它的民族性和可实践性。我们的核心价值观应由民众来参与提炼,而不应由政府来发文规定,应由民众在实践中来感悟,而不应只由几个学者来论证确定。

第二,妥善处理好几对关系,体现价值的普世性。一是要处理好国家、社会、个人的关系。既要尊重个人的价值诉求,又要强调个人服从国家的利益,遵守社会的共同规则和秩序,在服务社会中寻求个人价值诉求的实现。二是要处理好情、理、法的关系。尤其要防止法对社会道德的打击。三是要处理好传统与现代的关系。根植于传统又不囿于传统。四是整体性与层次性的关系。既要有统一的价值要求,又要根据不同层次、不同群体设计不同

的价值要求，实现核心价值观与社会公德、职业道德、家庭美德、个人私德、官员官德的有机统一。五是知与行的关系。既要明确应该是什么，也要给出如何践行的实践路径，做到知行合一。

第三，根植于优秀传统文化，从优秀传统文化中汲取营养。价值观既具有时代性，又具有历史的承继性。建构我国社会价值体系的根基在于先人们给我们留下来的宝贵文化财富特别是儒学文化价值观。在传统儒学文化价值观中，讲仁爱、重民本、国为先、守诚信、崇正义和敬天地、尚和合的生态伦理观以及仁、义、礼、智、信，诚、勇、忠、孝、悌等价值规范，反映了人们处世、行事、立世的基本准则，不仅从道德伦理层面维系了中国社会的有序运动，助推中华民族创造了辉煌灿烂的历史文明，而且在当下仍极具普世价值。传承、弘扬优秀传统文化，还要高度重视革命战争年代先烈们用鲜血换来的优秀革命传统的传承和当代中国特色社会主义宝贵实践经验的进一步提炼，通过革命历史传统和中国特色社会主义宝贵实践经验的学习宣传，增强全体人民对马克思主义的信仰，对建设中国特色社会主义的信念，对现代化建设的信心，对党和政府的信任，为科学发展的实践提供强大的精神文化动力。

（二）以中华优秀传统文化建设提升文化软实力

中华传统文化绵延数千载始终未曾中断，已经并且必将继续对人类文明进程产生深远的影响。中华优秀传统文化建设是提升文化软实力的途径之一。

在世界局势复杂多变的形势下，中华优秀传统文化注重人格、注重伦理、注重利他、注重和谐的东方品格和释放着和平信息的人文精神，对于反思和消解当今世界个人至上、物欲至上、掠夺性开发以及霸权主义、强权政治等种种令人忧虑的价值观和现象，对于追求人类的安宁与幸福，提供重要的思想启示。另一方面，建设中华优秀传统文化能提高我国文化产业在国际上的竞争力。中华文化的智慧理念、悠久历史和丰富多彩的文学艺术是我们发展文化产业的宝贵资源和财富。1998 年，美国迪斯尼制片公司以中国的花木兰故事为题材，制作完成了动画片《花木兰》，在全球获得了很好的票房收入。2008 年，美国梦工厂借用中国的熊猫形象，制作了动画片《功夫熊猫》，同样取得了成功。这些都充分说明中华文化与现代文化产业结合所具有的巨大的经济潜力，而目前我们在这方面做得还远远不够。中华优秀传统文化建设主要可从以下工作来重点进行：

第一，积极构建弘扬中华优秀传统文化的国家战略体系，加大支持保障力度，掌握工作的主动权和主导权。中国具有丰富的文化资源，但今天中国的文化生产力却比较落后，且不说与美国等文化强国相比，就连深受中华文化影响的日本和韩国在发展文化生产力方面都已占尽先机。特别是近年来“韩流”的迅速兴起，尤其值得我们深思。

第二，认真研究和提炼中华传统文化中有益的思想价值，着力彰显中华文化以人为本的核心价值观与追求和谐的根本精神。创造是最好的传承，当前我们大力弘扬中华传统文化，最基本也最艰巨的工作就是要厘清中华传统文化中有益的思想价值，对这些思想价值进行适应时代和社会要求的创造性转化，特别是要注重对以人为本的核心价值与追求和谐的根本精神进行创造性转化。比如，中华传统文化虽然有天道即人道的民本思想，中国的和谐精神。

第三，将中华优秀传统文化融入国民教育和精神文明建设的全过程，特别是努力为青少年培育“中国心”。要通过占领学校、媒体、网络等重要阵地，采取人民群众喜闻乐见的丰富多彩的文化形式，围绕中华优秀传统文化开展广泛、深入、持久的宣传教育。青少年是祖国的未来，他们正处在形成世界观、人生观、价值观，形成民族和国家认同的关键阶段，让广大青少年真心喜欢、真情热爱中华文化，是决定弘扬中华文化的实际成效的关键环节。我们要通过不懈的努力，为中国的下一代培育“中国心”、塑造“中国魂”。

第四，营造有利于中华优秀传统文化传播和创新的制度环境和文化氛围。弘扬中华文化的一个前提条件和内在要求就是要积极营造百花齐放、百家争鸣、尊重差异、包容多样、鼓励创新、宽容失败的和谐环境和氛围。文化的建设有其自身的规律性，它需要进行自由的学术探讨和艺术创造。只要是实事求是和心平气和的理性探讨，我们都应当充分尊重。如果没有这样的宽容的制度环境和文化氛围，弘扬中华文化的工作就不能正常进行。

（三）推动文化管理体制改革，大力推进和谐文化创新

1. 宏观管理体制方面：转变政府职能

通过改革，建立健全宏观的和谐文化管理体制是和谐文化体制建设的重要内容。

（1）健全宏观文化管理体制

由于文化本身的双重属性，决定了中国和谐文化建设必须坚持先进文化前进方向，必须加强党对和谐文化建设的领导。党对文化事业的领导，主要体现为文化发展方向和文化教育发展重大战略的领导，在文化体制改革中，就是坚持党委统一领导，始终掌握对重大事项的决策、对资产配置的控制权、对宣传内容的终审权和对主要领导干部的任免权。而对和谐文化的发展、建设的具体战略、具体事务，由各级政府进行具体管理和具体组织实施，特别是按照和谐文化发展规律和人民群众不断增长的文化需求，建立职责明确、反应灵敏、运转有序、统一高效的宏观调控体系，确保全体公民享受到和谐文化发展成果、参与文化活动、开展文化创造和公民文化成果受到保护等基本文化权利的实现，确保和谐文化的不断发展和文化市场的规范，推动和谐文化软实力的不断提高。

（2）理顺中央与地方条块之间文化宏观管理关系

针对中央政府和地方政府文化宏观管理权限不够清晰造成的文化宏观调控能力不强、管理混乱、效率低下和条块分割形成的行业壁垒、区域壁垒、市场分割等问题，应进一步明确中央政府

作为国家代表在制定文化教育发展战略、文化发展和管理政策、促进全国平衡协调发展等方面的职能和地方政府制定本地文化发展规划、执行国家文化政策、促进区域文化发展等职责，按照市场经济的要求，逐步破除行业间、地区间形成的封锁和壁垒，促进和谐文化资源的有序、合理流动。

(3)推动政府及相关管理部门宏观职能转变

适应市场经济和行政管理体制改革的要求，将政府及相关管理部门对文化管理的职能转变为以宏观管理和综合服务为主的社会职能，主要做好和谐文化的制定规划、完善政策、强化服务、宏观管理的工作。为此，首先，要在文化管理的指导思想上进行创新，突破传统体制下的“文化事业”理念，突破文化完全从属于意识形态的桎梏，彰显文化的相对独立性和本身的发展规律，恢复文化艺术娱乐大众、满足人民精神需要的属性，发展文化生产和文化服务的商业属性。其次，要在职能定位上更加突出社会服务，强调建立服务型政府和服务型机构，强调行政管理为文化建设、文化发展提供公共服务。最后，加强宏观管理职能建设，也就是逐步实现从办文化向管文化的转变，将主要职能从具体的文化事务管理向制定文化政策、监管文化市场、合理配置文化资源转变，强化宏观文化管理、调控，维护民族文化传统，维护公共文化安全。

(4)推动文化市场综合行政执法改革

按照有利于促进文化繁荣发展，有利于加强文化市场管理、有利于提高公共文化服务能力的要求，将近年来实践证明行之有效的文化市场综合行政执法改革在全国推广和实施，对现有的文化、广播影视、新闻出版等有关文化行政执法队伍进行调整归并，组建文化市场综合行政执法机构，在公安、工商等相关部门支持下实施统一执法，改变多头执法、重复执法、分散执法的状况，维护文化市场的稳定、公平和正义。

2. 改善文化生产的微观运行机制

文化产品生产和文化服务的微观运行机制，是决定文化生产和服务是否能达到预期目的的重要方面。我国现行文化生产和服务的微观运行机制，是为了适应计划经济模式的文化体制而建立的，这与市场经济体制严重脱节，与现代科技发展形势和和谐文化的发展不相适应。由于这些具体制度的制约，使文化产品的生产和服务与人民群众的需求脱节，与市场脱节，既影响了公益性文化事业面向社会、面向人民的服务功能的发挥和公共文化服务体系的完善，也影响了文化产品的生产经营，阻碍了文化产业的壮大，束缚了文化生产力的解放和发展。通过文化体制改革，激活文化产品生产和服务的微观运行机制，已成为和谐文化建设和文化发展的迫切需要。

(1)引入和完善市场机制

充分发挥市场配置和优化文化生产资源、生产要素的基础性作用，减少行政配置和分配资源，是市场经济对文化生产和服务的基本要求。

必须在文化产业领域进一步贯彻“创新体制、转换机制、面向市场、壮大实力”的改革要求，完善文化企业法人治理结构，探索文化企业股份制改造，建立和完善企业运作机制，以市场为导向，以效益为核心，逐步突破垄断壁垒，创造竞争、开放的市场环境，以利市场机制作用的充分发挥。

在市场经济体制已基本建立并不断趋于完善的形势下，公益性文化事业和公共文化服务体系建设同样要面向市场，要面向群众，改善服务，增强活力，同样要讲投入产出和效率。因此，公益性文化事业和公共文化服务体系建设，也需要引入市场机制，激活服务机制，激活内部活力。

(2)建立文化绩效评价机制

无论是公益性文化事业、公共文化服务体系建设，还是国有或者国有控股的文化企业，都要建立和实施绩效评价机制，对其社会效益、经济效益进行全面评价。通过绩效评价，促进公共文化服务质量标准体系、公共文化机构评估系统和绩效考核机制的建立和完善，促进公益文化事业服务的改善和效率的提高，促进公共文化服务体系建设真正落到实处，惠及全民，在政府大量投入的公共文化服务体系和公益性文化事业方面，运用投入产出机制，加强成本控制和成本管理，引入政府投入的项目招投标制和项目责任制，确保投入资金发挥最大效益和绩效提高。确保国有经营性文化资产真正发挥其主导作用和保值增值。

(3)建立和完善文化人才培养、选拔的流动机制

人才问题，一直是和谐文化建设和发展的重要内容。各类文化人才的培养，特别是文化研究专业人才、文化产业经营管理人才的培养，是许多经济社会文化发展相对滞后地区的长期任务。为此，要建立政府关注与通过市场实践锻炼成长相协调的人才培养选拔机制，要特别注重文化人才培养选拔与文化产业发展和市场机制相衔接，通过市场培养和发现人才，发展壮大文化人才队伍。文化人才的流动机制不健全，是我国现行文化管理制度的一大弊端。要着力冲破传统文化事业管理中的身份管理制度，以文化人才的合理流动、能进能出、能上能下为目标，激活流动机制，鼓励文化人才流动，形成干事创业的良好人才氛围。

第二节　马克思主义执政理论的创新

党的建设与马克思主义中国化的伟大事业是有机统一的。党的建设服从服务于马克思主义中国化的需要并为其提供根本保证。新时期，我们党已经形成了党的建设新布局，这是党的建设思想逐步成熟的体现；在党的建设中，我们特别强调党的建设的科学化以及马克思主义学习型政党建设，这对于保证马克思主义中国化发展具有特殊重要的意义。

一、党的建设是马克思主义哲学中国化的内在要求

一个政党的进步性不仅体现在其所依托和代表的社会关系的

先进性之中，同时也为其所从事的事业的进步与否所规定。中国共产党是中国工人阶级的先锋队，是中国人民和中华民族的先锋队，其先进性已经为历史所证明，为人民所认可。中国共产党从事的事业是推进和实现人类解放，符合社会历史进步的要求。党自成立之初，就致力于推动马克思主义哲学中国化的伟大事业，并围绕马克思主义哲学中国化的内在要求全面加强党的建设。党的建设的内容、目标都要服从、服务于马克思主义哲学中国化的需要。

政党政治是社会发展到一定历史阶段的产物，它既发生在发达国家的社会变迁里，也存在于后发国家追赶先进水平的过程中。西方发达国家的政党大多属于"自发内生性"的，资本主义生产力为资本主义的发展提供了内在动力，也为资产阶级政党提供了舞台，在与封建贵族利益博弈的过程中，政党应运而生。政党是资本主义现代化进程的产物，同时也促进了资本主义现代化进程以及民主政治的发展。但是，在后发现代化国家，执政党承担着发动和推进现代化的历史重任，美国政治学者亨廷顿在研究了后发现代化国家发展的经验后指出："一个现代化中政治体系的安定，取决于其政党的力量。一个强大的政党能够使群众的支持制度化。政党的力量反映了大众支持的范围和制度化的水平。凡达到目前和预料的高水平政治安定的发展中国家。莫不至少拥有一个强有力的政党。"①政党在发展中国家往往充当新国家的缔造者，同时还要面临国家建设、经济发展和社会转型的重任。在西方先发展国家，政党与国家明显是两码事；但是在后发展国家，两者的关系不是很明确，不仅国家生存，而且经济、社会的发展更多地依赖于政党。

相比西方政党，中国共产党肩负着特殊的使命。首先要实现民族国家的独立，要承担起国家缔造者的重任，其次是要实现国家和民族的富强。中国共产党履行使命的过程就是不断推进马

① 亨廷顿.变化社会中的政治秩序[M].上海：三联书店.1989，第396页

克思主义中国化的过程。马克思主义中国化事业的伟大成就是在党的领导下取得的。党的建设是马克思主义中国化事业发展的内在逻辑，并贯穿马克思主义中国化的始终。只有不断加强党的建设，提高党的领导水平，才能引领马克思主义中国化的方向，实现中华民族的伟大复兴。

二、全党同志要坚定对马克思主义的信仰

党的十八大报告指出："对马克思主义的信仰，对社会主义和共产主义的信念，是共产党人的政治灵魂，是共产党人经受住任何考验的精神支柱。"①这一重要论断，深刻阐明了马克思主义信仰是共产党人不懈的精神追求，揭示了新形势下坚持马克思主义信仰的极端重要性。

实践经验表明，没有信仰的政党和民族就如同在黑夜中失去灯塔的船只，没有奋斗目标和前进方向。不论时代条件如何变幻，马克思主义信仰的光辉依然是全世界无产者奋斗的共同纲领和行动指南。九十多年来，虽然国际风云变幻，但是中国共产主义事业的依然不断向前发展，显示出了其巨大的优越性和生命力。历史的发展告诉我们，什么时间共产党人的精神垮了，共产主义事业什么时间就会走向低潮。美国前总统理查德·尼克松在《一九九九：不战而胜》一书中分析，"东欧共产党人已完全丧失了信仰"，"共产党的意志和信心已经破灭"，"今日东欧进行和平演变的时机已经成熟"。②

中国共产党的发展是以马克思主义为科学根基的，崇高的马克思主义信仰与灵魂始终指导着中国共产党人。毛泽东指出："我们的党从它一开始，就是一个以马克思列宁主义的理论为基础的党，这是因为这个主义是全世界无产阶级的最正确最革命的

① 认真学习党的十八大精神人民日报重要报道汇编. 北京：人民日报出版社，2012，第 52 页

② 张录平. 第五讲　共产党员莫失信念. 长春：党员之友，2000(05)

科学思想的结晶。”[①]邓小平说：“对马克思主义的信仰，是中国革命胜利的一种精神动力。”[②]党从弱小走向强大，就是因为无数仁人志士坚守着这一崇高的历史信仰，在革命和建设的实践中坚持马克思主义的指导地位。可以说，有了马克思主义，中国共产党才有了发展。全党同志要坚持马克思主义信仰，自觉为党和人民的事业而奋斗。

理想信念教育是党建的永恒课题。年轻党员、年轻干部缺乏严格党内生活锻炼和重大政治风浪考验。他们在走上各级领导岗位之后，容易经受不住各种形式的考验与诱惑。对于这些人尤其要加强理想信念教育，否则会出现信仰迷茫、精神迷失等思想战线溃烂现象。江泽民告诫我们：“我们共产党人的根本政治信仰是社会主义和共产主义，世界观是马克思主义的辩证唯物主义和历史唯物主义，这是任何时候都丝毫不能动摇的。”[③]胡锦涛一再强调，“理想的滑坡是最致命的滑坡，信念的动摇是最危险的动摇”。因此，在复杂的斗争环境中，党员、干部要自觉加强理想信念教育。

三、以改革创新精神全面推进党的建设新的伟大工程

（一）以人为本、执政为民，始终保持党同群众的血肉联系

党的十八大报告明确指出，“为人民服务是党的根本宗旨，以人为本、执政为民是检验党一切执政活动的最高标准”。[④] 这一论断进一步强调了我们党的性质和宗旨，提出了新阶段我们党应有

---

① 毛泽东选集（第 3 卷）[C]. 北京：人民出版社，1991，第 1093 页

② 邓小平文选（第 3 卷）[C]. 北京：人民出版社，1995，第 63 页

③ 江泽民. 在纪念中国共产党成立 78 周年座谈会上的讲话[R]. 北京：人民出版社，1999

④ 认真学习党的十八大精神人民日报重要报道汇编[C]. 北京：人民日报出版社，2012，第 53 页

的权利观，对加强我们党的作风建设，密切干群关系具有重大意义。

以人为本、执政为民是检验党一切执政活动的最高标准，首先是由党的性质和宗旨决定的。作为一个马克思主义政党，党的一切活动都应该指向人民群众的根本利益。新时期党员干部要树立马克思主义权力观，从我做起加强党与人民的血肉联系。其次是党执政兴国的必然要求。马克思辩证唯物主义认为，人民群众是历史的创造者。党要对历史负责，最紧要的就是对人民群众负责。我们党始终把人民群众的根本利益放在第一位是从根本上实现执政兴国的表现。再次是党完善执政方略、改进执政方式的具体体现。我们党发展九十多年以来，从革命战争年代走向社会主义建设，所有的活动都是指向人民群众的富强自主。党不断完善自身的执政方式，就是要实现科学执政、民主执政、依法执政。

群众工作是加强党同人民群众血肉联系的核心内容。党的十八大报告提出，“要围绕保持党的先进性和纯洁性，在全党深入开展以为民务实清廉为主要内容的党的群众路线教育实践活动，着力解决人民群众反映强烈的突出问题，提高做好新形势下群众工作的能力。”[①]这一论断其实说明了党加强同人民群众联系的主要方式和党应有的群众工作作风。加强党同人民群众血肉联系的主要方式是着力解决人民群众反映强烈的突出问题。人民群众所反映的问题是人民群众最关系的实际问题。只有把这些问题解决好、落实到位，党的其他工作才能顺利开展。党的群众工作作风应是务实清廉。务实是解决好群众问题应有的工作态度。务实要求党员干部能够正确反映群众的客观实际问题，要求党员干部能够采取合适的方式解决这些客观问题，而不是反映问题时的瞎报、瞒报、谎报，解决问题时的高、大、全式的官僚主义做法和

---

① 认真学习党的十八大精神人民日报重要报道汇编[C]. 北京：人民日报出版社，2012，第 53 页

主观主义做法。清廉是党员干部为官执政应有的工作作风。党执政兴国是为领导人民群众走向社会主义新胜利，而不是为个人搭建谋私利的工作平台。

（二）积极发展党内民主、增强党的创造活力

党的十八大报告指出，“党内民主是党的生命。要坚持民主集中制，健全党内民主制度体系，以党内民主带动人民民主。”[①]这一论断不仅指出了把党内民主在党发展中的关键地位，而且指出了发展党内民主的总思路。

民主集中制是党内民主的主要制度体系，是推进党制度化、规范化、程序化建设的重要方面，是保证党内民主健康发展的根本保障。党的十八大报告总结党内民主发展的经验提出在今后的党建工作中积极发展党内民主的重大举措和工作着力点：第一，保障党员主体地位，落实党员知情权、参与权、选举权、监督权；第二，完善党的代表大会制度；第三，完善党内选举制度；第四，强化全委会和常委会集体领导作用；第五，扩大党内基层民主。

（三）深化人事制度改革与人才队伍建设

党的十八大报告提出，要“深化干部人事制度改革，建设高素质执政骨干队伍”。[②] 人事制度改革说到底是干部队伍建设与人才培养。改革开放以来，我们党提出干部队伍要革命化、年轻化、知识化、专业化，指出干部队伍建设的方向与指导方针。党的十八大报告在过去十年干部队伍建设的经验基础上强调了干部队伍建设的两大原则。

一方面坚持党管干部原则。党的干部队伍建设要坚持贤德

---

① 认真学习党的十八大精神人民日报重要报道汇编[C].北京：人民日报出版社，2012，第54页

② 认真学习党的十八大精神人民日报重要报道汇编[C].北京：人民日报出版社，2012，第54页

并重，注重实效，形成广纳群贤、人尽其才、能上能下、公平公正、充满活力的中国特色社会主义干部人事制度。在党的干部队伍建设过程中，要全面坚持民主、公开、竞争、择优方针，提高干部选拔公信度，不让老实人吃亏，不让投机钻营者得利。另外还要加强和改进干部教育培训，提高关键岗位干部素质和能力。

另一方面要坚持党管人才原则。人才队伍建设是保证党和人民事业兴旺发展的根本之举。第一，加快我国由人才大国向人才强国转型，在全社会形成尊重劳动、尊重知识、尊重人才、尊重创造的风气，确立社会人才优先发展战略。第二，加快实施重大人才工程，加大创新人才、实用人才的培养力度，充分开发国内人才资源，引进海外人才，改革人才发展机制和政策创新体制。

（四）创新基层党建工作，加快服务型党组织建设

基层党组织建设是党同人民群众联系的基础。党的十八大报告明确提出："以服务群众、做群众工作为主要任务，加强基层服务型党组织建设。"①这一重要论断明确显示了基层党建的工作任务和工作方向。

加强基层服务型党组织建设，一方面，是践行党的根本宗旨的必然要求。党要实现为人民服务的根本宗旨必然需要千千万万的基层党员在实际工作中落实党的各项政策。党的基层组织既是反映人民心声的通讯堡垒，也是落实党的政策的战斗堡垒。因此加强基层党组织建设，提高基层党员干部组织群众、宣传群众、教育群众、服务群众的本领是当前党为人民服务的必然要求。另一方面，是新时期完成党的执政使命的需要。实践证明，正是由于基层党组织充分发挥了战斗堡垒作用，才使我们党在革命、建设、改革各个历史时期能够历经磨难而不衰，取得辉煌成就。

加强服务型基层党组织建设，可以从以下三个方面入手。首

① 认真学习党的十八大精神人民日报重要报道汇编[C]. 北京：人民日报出版社，2012，第 56 页

先，注重增强党员服务群众的意识培养。要在广大党员干部群体中牢固树立人民群众是历史创造者的观点，虚心向人民群众学习。其次，扩大基层党组织的覆盖面，要在私营企业和外资企业中建立党组织。再次，健全联系服务群众机制。坚持领导干部下访与接防，引导群众依法表达诉求。

（五）建设廉洁政党，严明党的纪律

党的十八大报告强调要进行党的反腐倡廉建设，严明党的纪律，自觉维护党的集中统一。胡锦涛曾指出："这个问题（指反腐倡廉）解决不好，就会对党造成致命伤害，甚至亡党亡国。"①这一论断把反腐倡廉提升到了与党性命攸关的地位，充分体现了党对腐败危害性的清醒认识和对反腐败斗争的高度重视。

1.进行廉政道德建设

从我国基本国情出发，进行廉政道德建设，应做到以下三个方面：

第一，重视人文精神在社会化腐败面前，我们应该深思，是什么导致了整个社会的腐败。其中重要原因就是我们的精神被物化了，人文精神遭受了冷遇。一个健全的社会离不开良好文化体系的支撑。一个国家文件底蕴越深厚，民风也就更纯洁，公民素质也会随之提高。

第二，大力弘扬中华民族传统美德。在西方文化横行的今天，我们要坚守住我们的道德家园，我们要弘扬中华民族的传统美德。我们要从幼儿时期就开始对其进行道德教育，要把传统道德教育与共产主义道德教育结合起来。香港地区廉政经验之一就是从小学开始进行道德廉政教育。

第三，加强官德官风教育。"国家之败，由官邪也"。官员日常的表率作用直接关系着社会风气的好坏。官德教育要法制化、

① 认真学习党的十八大精神人民日报重要报道汇编[C].北京：人民日报出版社，2012，第57页

行政化，用法律手段推动道德建设。我们要做好宣传教育工作，要在全社会树立典型，要广泛宣传那些艰苦奋斗，不图享受，甘为孺子牛的廉洁干部。在官德官风教育方面，我们认为应从以下两个方面入手：

首先，要加强对领导干部的党风廉政教育。一是加强以马克思主义廉政观为核心的廉政道德教育。二是加强以中国共产党的纪律规定和国家法律法规为主要内容的法纪教育。三是加强以行政伦理为基础的廉洁自律教育。

其次，领导干部自身要切实承担起党风廉政建设的领导责任。领导干部要以身作则，充分认识到廉政文化建设在反腐败大局中的基础性作用和潜移默化的功能，努力推进党风廉政建设。

2.加强廉政制度建设

加强廉政制度建设的最终目标是要形成一个防范权力腐败的制度体系，从而更好地建设社会主义廉政文化。

(1)加强国家反腐倡廉制度体系建设

加强国际反腐倡廉制度体系建设，核心是提高反腐倡廉法制化水平，适时将经过实践检验的反腐倡廉制度和有效做法上升为国家法律法规。国家反腐倡廉制度体系，主要包括公职人员廉政教育、权力监督制约、公职人员薪俸保障和严厉惩治腐败四个方面。

(2)加强党内反腐倡廉制度体系建设

党内反腐倡廉制度体系是国家反腐倡廉制度体系有效发挥作用的保障，可以进一步分为反腐倡廉工作机制、宣传教育制度、党员干部廉洁自律、党内民主监督制度、违反党纪案件处罚制度等方面。要健全党内反腐倡廉制度体系，必须以中国共产党章程为依据，统筹推进党内各项反腐倡廉制度建设。

在反腐倡廉宣传教育制度方面，要适应反腐倡廉教育实践需要，继续完善党内生活制度、理论学习中心制度以及干部培训、管理和考评制度，完善反腐倡廉“大宣教”的工作格局。“搞好反腐倡廉‘大宣教’，就是要在党的领导下，把反腐倡廉宣传教育纳入全党宣传教育的总体部署之中，把方方面面的积极性和创造性引导好、保护好、发挥好，形成整体合力，营造良好氛围”。

在党内民主监督制度建设方面，《建立健全惩治和预防腐败体系2008—2012年工作规划》指出，要完善党的地方各级委员会、常委会工作机制，制定党代表大会任期制的具体实施办法、健全党务公开制度、党内领导干部选拔制度、常委会向全委会报告制度等，并提出了一些具体的制度建设计划，为加强党内民主监督制度提供了着力方向。

在党员领导干部廉洁自律制度方面，需要根据新情况继续完善《中国共产党党员领导干部廉洁从政若干准则》《国有企业领导人员廉洁从业若干规定》等制度规范的相关配套法律，制定有效的执行性制度和措施，使其相对宏观的现实具体化。

在违纪案件查处制度方面，要在已有党内法规的基础上，注意制定《中国共产党纪律处分条例》的配套规定，并注意健全纪检监察机关与检察机关相互移送案件工作制度，并对原有制度加以完善。

(3)不断整合和完善现行制度

改革开放以来，我们虽然也形成了不少制度，但在反腐败方面的制度建设仍是相对滞后的，制度弱化、制度缺位、制度错位等现象较为突出。在现实中，我们不难发现，各级人大虽然是最高权力机关，享有最高监督权，然而重大腐败案几乎没有一起是来自于人大监督，这在很大程度上反映了人大监督尚未充分履行制度赋予它的相应职能。在各级人大代表中，也存在着官员化、行政化的现象，官员代表占据人大代表总数的较大比例，这不利于人大对政府的监督，应通过制度设计将人大代表去行政化、去官员化。司法权也应该具有相对的独立性和自主性，法治原则应该得到尊重和贯彻。要进行司法系统的预算、人事制度改革，改变各级法院在实践中受到行政权牵制的被动局面，以免影响司法公正和法治原则。

第三节　马克思主义生态思想的新发展

人与自然的关系问题是21世纪的人类面对的严峻课题。在人类社会发展的频频剧痛中,人们越来越清醒地认识到,人类需要一种新的文明形态——生态文明。

生态文明是人类文明的崭新形态,是马克思主义生态观的重要内容和时代标志,是我们党对社会主义现代化建设规律认识的新发展,是中国特色社会主义的必然选择和中国特色社会主义理论体系的题中应有之义,也是中国人民与时俱进、在实践中不断发展马克思主义的生动体现。

一、马克思主义经典作家的生态思想

(一)马克思、恩格斯对自然神秘化的批判

马克思和恩格斯没有专门针对自然崇拜的论述,而是通过批判所谓"真正的社会主义"来表明他们对自然崇拜、自然神秘化的态度的。"真正的社会主义"又称"德国的社会主义",是19世纪40年代流行于德国知识分子中的一种小资产阶级社会主义思潮。当时,德国资产阶级反对封建制度的斗争刚刚开始,小资产阶级害怕资本主义的发展和无产阶级革命的兴起,力图保存小生产者的地位,一些代表小市民利益的知识分子便将法国的社会主义、共产主义文献搬到德国,同黑格尔、费尔巴哈的异化,人类的本质,真正的人等范畴结合起来,形成了这种思潮。

马克思和恩格斯在《德意志意识形态》中引述了"真正社会主义"投向"自然怀抱"的精神情怀:"……五色缤纷的花朵……高大的、骄傲的橡树林……它们的生长、开花,它们的生活,——这就是它们的欢乐、它们的幸福……在牧场上,无数的小动物……林马……活泼的马群……我("人"说道)觉得这些动物除了那种在

它们看来是生活的表现和生活的享受的东西之外，它们不知道而且也不希望其他的幸福。当夜幕降临的时候，我看到无数的天体，这些天体按照永恒的规律在无限的空间旋转。我认为这种旋转就是生活、运动和幸福的统一。”①这种描述完全把大自然理想化、神秘化了。马克思、恩格斯指出，在自然界中“人”除了看见鲜花绿草、流水潺潺，可能还会看见许多其他的东西，如：植物和动物之间的残酷竞争；“高大的、骄傲的橡树林”夺去了小灌木林的生活资料，等等。所以，自然界绝不是“真正的社会主义”者想象中童话的乐园，那里面充满了残酷的斗争。自然界真正是个适者生存、弱肉强食的世界，每天都在发生血淋淋的生存斗争。人类社会不能以自然界为榜样，否则只会把自然中的“丛林法则”引入人类社会。

马克思和恩格斯还指出：“真正的社会主义”把自然界各种物体及其相互关系变成神秘的“统一体”，其错误就在于，“把某些思想强加于自然界，他想在人类社会中看到这些思想的实现”②。他们把想象中美好的图景加于自然界，然后再把这种想象中的世界当作人类社会的教材，鼓吹人类社会向自然界学习，于是也就否认了人对自然界的劳动改造。因此，自然崇拜、自然神秘化的最大危害就是否认了人的主体地位，否认了人的主动性和创造性，否认劳动的价值，当然也就否认了人类社会的进步，必然导致倒退的、反动的历史观。

（二）人在改造自然的过程中保护自然

1. 人创造环境

马克思和恩格斯明确提出了“人创造环境”的思想。人和动物不一样，动物是被动性的存在物，人则是主动性的存在物，人类比一切动物强，在于人的主动的创造性。人与动物的本质不同表

① 马克思恩格斯全集(第3卷)[C]. 北京：人民出版社，1960，第556页

② 马克思恩格斯全集(第3卷)[C]. 北京：人民出版社，1960，第561页

现为：首先，现实的人是社会的存在物，是人的实践的结果，脱离了社会性和实践性，人就退化为一般的自然生物。其次，动物只具有被动性，人则是主动性与被动性的统一。动物依靠与自然的完全同化来满足自己的需要，但人是通过把自在的自然转化成为我的自然来满足自己的需要的。最后，自然力、生命力等作为欲望存在于人身上，人的欲望既有物质的，又有精神的，人的精神欲望（当然是在社会实践基础上的）是动物所没有的，它引领着人的实践的方向。人的能动性是使人始终把追求更适宜的环境作为奋斗的目标。马克思和恩格斯主张依靠积极的、能动的实践活动来实现“环境的改变和人的活动的一致”。

2. 人对自然的改造要有所为、有所不为

人是自然性和社会性的统一。其自然性决定了人必须持续地对自然进行改造活动。改造自然的活动是人类生存和发展的物质基础，是人创造历史的基本条件。因此人的“第一个历史活动”就是生产满足这些需要的物质资料，这之后，人才能从事政治、宗教等社会活动，才能从事哲学研究、科学研究等精神活动，进而创造理论体系。所以，社会物质活动是社会精神活动的基础，离开社会物质活动，社会精神活动就停止了，人类的历史也就停止了，人类也将像自然进化史上无数消失的生物物种一样消失了。

人对自然改造的“有所为”主要体现在：通过改造自然来获取物质资料，这一方面的活动一天也不能停止。然而，随着人类改造自然的能力越来越强、人所使用的手段和工具越来越强大，随着科学技术的日益进步，人的活动给自然界带来的负面影响愈益显现出来。环境问题已经直接影响到当代人的生存，更加威胁到后代人的生存和发展。这就要求人对自然的改造还要“有所不为”，即：人必须减少自身行为的盲目性，增强计划性、目的性，这样才能更加合理地进行人与自然的物质变换，进而保护自然环境，这一方面的活动使人成为真正意义上的“人”。

三、改革开放以来马克思主义生态思想在中国的变革与生态实践

以邓小平为核心的党的第二代领导集体从中国的实际出发，正视人与环境、经济发展与环境保护之间对立统一关系，指出，在社会主义初级阶段要以经济建设为中心，经济发展是环境保护的基础，保护环境是社会主义现代化建设的重要任务，形成了经济优先发展环境观。

随着现代化建设的深入，发展的深层次矛盾和问题日益明显。能源和原材料对国际市场的依存度也越来越高，资源相对短缺、生态环境脆弱、环境容量有限，逐渐成为中国发展中的重大问题。如何实现可持续发展，构建和谐社会，是新的历史条件下中国人必须面对和回答的事关民族命运和前途的大课题。以江泽民为核心的党的第三代领导集体，根据中国社会发展的实际情况，把生态环境建设这一问题高度重视起来，提出了实施可持续发展的伟大战略，在现代化建设中形成了可持续发展的环境思想。

胡锦涛把马克思主义生态学说与中国当前国情相结合，提出了全面、协调、可持续的科学发展观，这一理念的核心内容是以人为本，在关于自然与环境的建设问题上注重保护环境、尊重自然，保护人类的长远利益。

(1)实现人与自然的和谐发展

由于传统经济发展方式的高投入、高产出和高污染，使我国的工业化过程伴随着大量废水、废气、废渣的排放而造成了严重的环境污染问题，不合理的自然资源开发导致了森林锐减、生物多样性减少、水土流失和土地的荒漠化等问题，再添上人口增加、资源紧张等问题，严重制约着经济质量的提高，加剧了环境与发展之间，区域发展之间，人口、资源和环境之间的矛盾。因此，走出一条科技含量高、经济效益好、资源消耗低、环境污染少、人力资源优势得到充分发挥的新型工业化之路，是经济健康发展的客

观要求，也是全面建设小康社会，加快经济社会又好又快发展的必然选择。

2004 年在考察江苏时，胡锦涛就讲过，在发展中必须充分考虑资源和环境的承受力，统筹考虑当前规划和未来发展的需要，努力使我们今天所做的一切能给后人留下的是赞叹，而不是遗憾。2005 年 4 月 2 日，在北京参加义务植树活动时，胡锦涛又说，环境是大家共同生活的一个家园，现在讲经济社会可持续发展，可持续发展就得依托环境。他还强调，全社会都要坚持不懈地做好爱护环境、保护环境、建设环境的工作，努力实现人与自然和谐发展的目标。2006 年“两会”期间，胡锦涛参加西藏代表团审议时，特别提到了要搞好西藏的生态保护和建设。自然生态环境是人类社会赖以生存和发展的重要物质基础，社会的和谐建立在人与自然和谐的基础之上。社会主义和谐社会应该是人与自然和谐相处的社会。2008 年 4 月，胡锦涛在海南考察时强调：把建设生态文明、保护生态环境放在经济社会发展的首要位置，做到在保护中发展、在发展中保护。他还指出：良好的生态环境既是经济社会可持续发展的重要依托，也是中华民族生存和发展的根本基础。

(2)发展循环经济

按马克思主义生态学原理，经济发展走工业生态化之路，就必须要实行循环经济，发展清洁的生产方式，节能减排，进而实现人与自然、经济与环境、发展与健康、当代人与后代人利益的协调和共赢。党的十六大之后，胡锦涛指出：“要加快转变经济增长方式，将循环经济的发展理念贯穿到区域经济发展、城乡建设和产品生产中，使资源得到最有效的利用。”具体来说，发展循环经济，就是要达到经济发展和环境保护的双赢。

(3)建设生态文明

生态文明是人类遵循人与自然和谐发展规律、推进经济社会发展取得的物质与精神成果的总和，是以人与自然、人与人和谐共生、全面发展、持续繁荣为宗旨的文化形态。生态文明是绿色文化，标志是绿色环境，是建立在先进生产力基础之上的文化追求，是一种让人民群众普遍感到舒适、感到幸福的文明形态。2008 年 1 月 14 日，胡锦涛在安徽考察工作时的讲话中指出："建设生态文明，实质上就是要建设以资源环境承载力为基础、以自然规律为准则、以可持续发展为目标的资源节约型、环境友好型社会。"党的十七大第一次把建设生态文明作为一项战略任务提了出来，并在报告指出："建设生态文明，基本形成节约能源资源和保护生态环境的产业结构、增长方式、消费模式。""努力在大江南北、淮河两岸实现经济繁荣、人民富足、生态良好的发展目标。"倡导生态文明建设，不仅影响着中国自身的长远发展，也将对全球日益严峻的生态环境问题有着突出的贡献。

(4)完善环境保护的法治体系

环境保护法治体系是国家制定的合理开发利用自然资源、保护改善环境的各种法律、规范共同构成的相互联系、相互补充、内部协调一致的有机整体。它把人类的生存环境作为保护对象，把人们在生产、生活中所产生的同保护和改善环境有关的社会关系作为其调整社会关系的特定领域。胡锦涛在党的十七大报告中明确提出："要完善有利于节约能源资源和保护生态环境的法律和政策，加快形成可持续发展体制机制。落实节能减排工作责任制。"把完善环境法律法规作为实现经济社会又好又快发展的手段和重要保障，有利于从源头上制止环境污染蔓延和生态破坏，有利于资源的优化配置，有利于降低发展成本，减少污染处理的费用，是实现可持续发展的基本条件和重要保证。

党的十八大把生态文明建设纳入了中国特色社会主义事业的总体布局，把生态文明建设放在突出位置，融入经济建设、政治建设、文化建设、社会建设的各个方面和全部过程，中国特色社会主义事业总体布局由经济建设、政治建设、文化建设、社会建设"四位一体"，拓展为包括生态文明建设的"五位一体"，生态文明建设的地位更加明确，这是我党社会主义建设规律在实践和认识上不断深化的重要成果。

习近平指出，在建设生态文明方面，要更加重视和加强对森林资源的建设和开发，同时还要注重加强海洋管理，保护海洋环境。我们要扎实推进生态文明建设，努力建设美丽中国。

四、推进社会主义生态文明建设的重大举措

科学发展观为社会主义生态文明建设提供了重要的指导思想，主张以人为本，全面、协调、可持续的发展。具体来说我们可以从物质、制度、精神三个层面来进行生态文明建设。

（一）从物质层面分析生态文明建设的途径

物质层面的生态文化建设从侧面反映出一个国家的环境保护能力和科技实力。具体可以从两个层面加强建设。

1. 加大对环境保护科技手段的投入和研发

现阶段，环境保护的科技手段已经广泛应用于人民的生产和生活中。例如，在农业生产方面，无公害农药的应用既为人们提供了更加安全、绿色的食品，又保护了土壤等生态环境；再如，污水治理设施和技术的应用更是对保护环境作出了巨大的贡献；此外还有可降解的生活用品等科技手段的应用都不同程度地对推动生态文化的建设起着重要的作用。所谓为生态科技文化是指以科学技术为载体的生态文化。目前，城市空气污染、江湖污、染土地沙漠化等都是我国主要的生态环境问题。目前，北京已开始制定《北京市空气重污染应急预案》，并进一步加大了对环境保护的科技手段投入和研发。环境问题因地而异，不同地方面临的环境问题有所不同，针对这种情况，各级地方政府应该认真分析、实地研究当地的环境问题，结合当地实际情况，与相关科研机构合作建立科研项目，注重环境保护专业人才的培养，为实现可持续发展而不懈地努力。

2. 建设一批生态主题公园和自然保护区

目前地球上很多珍贵物种遭到迫害，濒临灭绝。我国虽然拥

有丰富的动、植物物种，但由于各种原因，很多珍稀物种没有得到及时、有效地保护，许多物种已处于濒危的边缘，而如果继续任其发展而不采取有效的措施加以保护，这些物种将迟早会走向灭绝。为此，可以根据生态特点，建设一批生态主题公园和自然保护区，使珍稀动植物物种以人工饲养或栽培的方式存在于其中，以避免来自各方面的伤害，对其起到保护作用，从而建立起人与自然和谐相处的生态系统。

（二）从制度层面分析生态文明建设的途径

1. 制定环境保护政策

面对生态环境日益恶劣的趋势，国家行政机关制定了一系列的环境保护政策以尽可能地维护人与自然的协调发展。国家必须从宏观政策方面不断地促进和完善环境保护机制的形成，促进资金流向地转移，使其尽可能多地转向无烟产业，引导企业走集约化发展道路。从地方政府来说，应在积极响应国务院制定的《中国应对气候变化国家方案》的基础上，以本地实际情况为依据，切实推进节能减排工作，对于那些环保不达标的高耗能或高污染企业，应依法关闭，对于屡教不改的，应依法予以严厉惩罚。

2. 制定切实可行的环境保护法律法规

对于现代企业行为来说通过制定环境保护法律法规可以对其形成一种强有力的约束。当今社会经济飞速发展，我国所面临的环境问题也日趋严峻，针对这种情况，我国相继出台了一系列环境保护政策，例如，三项政策："'谁污染，谁治理'、'预防为主，防治结合'、'强化环境管理'"；八项制度："'三同时'、'排污收费'、'城市环境综合整治定量考核'、'环境影响评价'和'限期治理'、'排污申请登记与许可'、'集中控制'、'环境保护目标责任'"。从意识形态领域来说，环境保护法已经逐步深入人心，生态文明观已经开始普及到幼儿到大学的教育系统之中，人们最终会养成生态环保活动的自觉行为和习惯。

（三）从精神层面分析生态文明建设的途径

1. 通过教育普及生态价值观

要加强精神层面的生态文化建设，就必须向全社会宣传和普及生态价值观，这是生态文化建设必经的一个过程。对此，早在20世纪80年代，面临工业发展所带来的生态环境恶化，一些发达工业国家就已经开始采取一系列的措施加强精神层面的生态文化建设。其中最重要的一项措施就是将生态环境保护教育贯穿于幼儿园到大学的整个社会教育系统，使人们从小就开始生态价值观，养成保护环境的自觉行为和习惯。这项措施为保护生态环境作出了巨大的贡献，使得因工业发展带来的生态环境问题没有继续恶化下去。我国同样可以借鉴、吸收利用他们的这种成功经验，将生态文化教育贯穿于我国义务教育体系中，并把其作为重要内容在义务教育阶段进行重点讲解。此外，还可以通过其他手段对广大民众进行生态价值观教育，结合我国的具体国情，将其融入艺术、文学、传媒等载体中。在这个过程中，国家也可以发挥重要的作用，通过一些形成补充生态文明教育，比如可以鼓励甚至直接参与制作一些反映生态价值观的文学作品。

2. 通过生态旅游普及生态价值观

随着科学技术和经济的迅猛发展，一方面人们获得了巨大的物质财富，极大地丰富了精神财富；而另一方面，也造成了一系列的全球性生存危机，如资源问题、环境问题、生态问题等。面对这样的情况，人类的环境意识开始觉醒，绿色运动及绿色消费随之席卷全世界。

通过生态旅游，人们开始回归自然、领悟自然并热爱自然，使人们潜在的生态意识得以觉醒，摒弃工业时代践踏自然的“人类中心主义”观念，回归到“人与自然和谐”的观念上来。

参考文献

[1]马克思恩格斯选集(1—4 卷)[C].北京:人民出版社,1995.

[2]马克思恩格斯全集(1、42、46 卷)[C].北京:人民出版社,1956、1979.

[3]列宁选集(1—4 卷)[C].北京:人民出版社,1995.

[4]毛泽东选集(1—4 卷)[C].北京:人民出版社,1991.

[5]邓小平文选(1—3 卷)[C].北京:人民出版社,1993、1994.

[6]邓小平文选(第 2、3 卷)[C].北京:人民出版社,1994、1993.

[7]江泽民文选(1—3 卷)[C].北京:人民出版社,2006.

[8]认真学习党的十八大精神人民日报重要报道汇编[C].北京:人民日报出版社,2012.

[9]董振华.马克思主义哲学十五讲[M].北京:中共中央党校出版社,2014.

[10]潘佳铭,郭勇.马克思主义哲学原理[M].重庆:西南师范大学出版社,2013.

[11]商志晓.文化软实力——提升当代中国文化建设的社会影响[M].济南:济南出版社,2013.

[12]张宁.科学发展观与十六大以来的理论创新[M].北京:中央文献出版社,2012.

[13]田克勤.中国化马克思主义概论[M].北京:中国人民大学出版社,2010.

[14]雷清.马克思主义中国化简明读本[M].北京:中共中央

党校出版社,2011.

[15]包心鉴.马克思主义中国化的基本规律与当代走向[M].北京:人民出版社,2011.

[16]肖前.马克思主义哲学原理[M].北京:中国人民大学出版社,2012.

[17]徐素华.马克思主义哲学在中国传播、应用、形态、前景[M].北京:北京出版社,2002.

[18]郭建宁.马克思主义哲学中国化的当代视野[M].北京:人民出版社,2009.

[19]丁祯彦.哲学的变革—马克思主义哲学中国化问题初探[M].上海:上海人民出版社,1999.

[20]何萍,李维武.马克思主义中国化探讨[M].北京:人民出版社,2002.

[21]段治文.中国化的马克思主义理论概论:毛泽东思想、邓小平理论和"三个代表"重要思想概论[M].杭州:浙江大学出版社,2005.

[22]鄢本凤.社会主义和谐文化建设研究[M].北京:人民出版社,2010.

[23]王少安、周玉清.社会主义和谐文化建设论[M].北京:人民出版社,2010.

[24]富裕方,王旭烽.生态文化概论[M].南昌:江西人民出版社,2012.

[25]余谋昌.生态文明论[M].北京:中央编译出版社,2010.

[26]王明初,杨英姿.社会主义生态文明建设的理论与实践[M].北京:人民出版社,2011.

[27]马力,于春福,杨梅枝.建设社会主义文化强国研究[M].西安:西北工业大学出版社,2012.

[28]傅治平.生态文明建设[M].北京:国家行政学院出版社,2008.

[29]刘仁荣,方小年.毛泽东思想的理论创新研究[M].北

京:人民出版社,2004.

[30]杨耕.为马克思辩护[M].北京:北京师范大学出版社,2004.

[31]黄楠森,庄福龄.马克思主义哲学史[M].北京:北京出版社,1996.

[32]王建辉.马克思主义生态思想研究[M].武汉:湖北人民出版社,2007.

[33]于金富.马克思主义经济学的经典理论与现代观点[M].北京:中国社会科学出版社,2008.

[34]裴小革.建设的经济学——马克思主义经济学中国化研究[M].北京:中国社会科学出版社,2011.

[35]孙居涛.马克思主义经济理论中国化基本问题[M].北京:中国社会科学出版社,2008.

[36]杨耕.当前马克思主义研究中的五个重大问题[J].南京大学学报,2014(4).

[37]刘丽.基于马克思主义批判性思考的哲学启示[J].文化学刊,2015(3).

[38]龙平平.邓小平的历史贡献和深化邓小平理论研究的重点问题[J].党的文献,2013(1).

[39]蒋文程,刘利才,陈昌兴.论中国特色社会主义道路、理论体系、制度的基本内涵及其辩证关系[J].重庆邮电大学学报(社会科学版),2014(1).

[40]于长江.马克思主义理论中的公平正义及其当代解读[J].黑河学刊,2015(4).